DROEMER

Über die Autoren:
Petra Pinzler, geboren 1965, studierte Wirtschafts- und Politikwissenschaft an der Universität zu Köln und besuchte die Kölner Journalistenschule. 1994 begann sie in der Wirtschaftsredaktion der ZEIT. Von 1998 bis 2001 war sie für die ZEIT Korrespondentin in den Vereinigten Staaten und bis 2007 Europakorrespondentin in Brüssel. Seither schreibt sie im Hauptstadtbüro in Berlin über Politik und Wirtschaft. Für ein ZEIT-Dossier zum Thema Freihandel/TTIP wurde ihr 2014 gemeinsam mit zwei Kollegen der Otto-Brenner-Preis für kritischen Journalismus verliehen.
Günther Wessel, geboren 1959, studierte Germanistik, Philosophie und Kunstgeschichte, arbeitet seit mehr als 20 Jahren als freier Journalist und Lektor. Er hat zahlreiche Sachbücher geschrieben und Hörfunkfeatures für alle großen deutschen Rundfunkanstalten verfasst.
Jakob, geboren 2000, studiert Mathematik und Philosophie in Berlin und arbeitet ehrenamtlich bei serlo.org.
Franziska, geboren 2004, ist Schülerin und Aktivistin bei Fridays for Future in Berlin. Gemeinsam mit ihren Eltern haben sie für diese Ausgabe ein Nachwort geschrieben.
Petra Pinzler und Günther Wessel wurden mit ihren beiden Kindern für dieses Buch mit dem UmweltMedienpreis 2018 ausgezeichnet.

Petra Pinzler
Günther Wessel

Vier fürs Klima

Wie unsere Familie versucht, CO_2-neutral zu leben

DROEMER

Besuchen Sie uns im Internet:
www.droemer.de

Aus Verantwortung für die Umwelt hat sich die Verlagsgruppe
Droemer Knaur zu einer nachhaltigen Buchproduktion verpflichtet.
Der bewusste Umgang mit unseren Ressourcen, der Schutz unseres Klimas
und der Natur gehören zu unseren obersten Unternehmenszielen.
Gemeinsam mit unseren Partnern und Lieferanten setzen wir uns für eine
klimaneutrale Buchproduktion ein, die den Erwerb von Klimazertifikaten
zur Kompensation des CO_2-Ausstoßes einschließt.
Weitere Informationen finden Sie unter: www.klimaneutralerverlag.de

UF6

www.blauer-engel.de/uz195

Dieses Druckerzeugnis wurde mit
dem Blauen Engel ausgezeichnet.

Klimaneutral
Druckprodukt
ClimatePartner.com/53160-2004-1006

Erweiterte Neuausgabe Juli 2020
Droemer Taschenbuch

Ein Imprint der Verlagsgruppe
Droemer Knaur GmbH & Co. KG, München

Covergestaltung: Rothfos & Gabler, Hamburg
Coverabbildung: Julian Rentzsch
Covermaterial: 250 g/m² Enviro Value C
Satz: Adobe InDesign im Verlag
Inhaltspapier: 100 g/m² Vivus 89
Druck und Bindung: DBM Druckhaus Berlin-Mitte GmbH
Printed in Germany
ISBN 978-3-426-30273-6

2 4 5 3 1

Inhalt

Einleitung

Der Test und ein Plan fürs ganze Jahr

Dass wir es genau wissen wollten, verdanken wir Franziska. Unsere damals zwölfjährige Tochter kam eines Tages von der Schule nach Hause, setzte sich vor den Computer und guckte nicht die üblichen Youtube-Pferdevideos. Sie öffnete stattdessen eine andere Webseite: den Klimabilanzrechner der Umweltorganisation WWF. Mit dessen Hilfe kann man ganz einfach seinen ökologischen Fußabdruck kennenlernen, also herausfinden, ob sich das eigene Verhalten auf den Rest der Welt auswirkt. Und wenn ja, wie.

Franziska füllte mit Papas Hilfe den Fragebogen aus – und das Ergebnis war ziemlich niederschmetternd: Unsere Familie ist, so das Ergebnis in aller Kürze, durch unsere Art zu leben für 42 Tonnen CO_2 im Jahr verantwortlich. Dadurch, dass wir Auto fahren, wie wir wohnen und essen, wie viel wir kaufen und reisen, sprich, durch unseren Lebensstandard, tragen wir Mitschuld am Klimawandel. Wenn alle Menschen so lebten wie wir, braucht es dafür auf Dauer mehrere Erden. Oder die eine geht kaputt.

Franziska schockierte das Ergebnis. Ihr war bisher nicht klar gewesen, dass ihr ganz persönliches Verhalten eine so durchschlagende Wirkung auf die Umwelt haben kann. Der Vater, Günther, wusste es zwar, aber er musste gestehen, dass zwischen Wissen und Tun oft Gräben liegen – und zwar solche von der Größenordnung des Ärmelkanals.

Dann tröstete die beiden aber: Sie hatten den Klimarechner nicht so ganz ernst genommen, hatten viele Antworten über den Daumen gepeilt abgegeben. Beispielsweise Kilometer, die die Familie mit dem Auto fährt. »Wir haben 13 000 im Jahr geschrieben, ich glaube aber, dass es nur 12 000 sind«, sagte Günther später. »Und bei der Hausgröße und dem Einkaufen haben wir, glaube ich, auch zu viel angegeben.« Was man so sagt, wenn man das Ergebnis irgendwie doch ein bisschen peinlich findet. Aber erst einmal waren Franziska und Günther sich sicher, dass die Familie bei genauer Beantwortung bessere Werte erzielen würde.

Bizarrerweise beruhigte die beiden auch, dass – so stellte sich am nächsten Tag heraus – die Ergebnisse bei Franziskas Freundinnen und Freunden in der Klasse selten besser, aber häufig sogar schlechter waren. Was fürs Weltklima übel ist, war für die beiden schön. So konnten sie ihre Hände in gefühlter Unschuld waschen: An ihnen lag es schließlich weniger, die anderen waren schlimmer, im Zweifel tragen sie mehr Schuld, wenn es zur Klimakatastrophe kommt. Da war die Familie fein raus, uff!

Dass das nicht ganz stimmte – klar wussten wir das.

Wir sind eine vierköpfige Familie: Vater, Mutter, zwei Kinder – der sechzehnjährige Jakob, die heute dreizehnjährige Franziska. Alle vier essen gern abends gemeinsam (ja, tatsächlich) und reden dann, über den Tag, die Schule, das Leben. Mal mehr, mal weniger engagiert, je nach Thema. Das ist nicht immer lustig, wir streiten und muffeln, nerven uns gegenseitig ganz gehörig, aber es gibt oft genug doch etwas zu lachen, und wir hoffen, dass das auch noch eine Weile so bleibt. Durch Franziskas Schulaufgaben stand plötzlich das Thema »familiäre Ökobilanz« ganz weit oben.

Wir hatten es schon öfter diskutiert, bei Urlaubsreisen,

wenn es um Nah- oder Fernziele ging, und vor allem bei Ernährungsfragen. Jakob ist seit mehr als vier Jahren strikter Vegetarier. Er möchte nicht, dass Tiere getötet werden. Aber macht das seine Ernährung auch besser für das Klima? Eine Freundin von uns isst kein Rindfleisch mehr, weil die Tiere angeblich zu viele klimaschädliche Gase produzieren. Oder konkret: weil deren Rülpser den Treibhauseffekt massiv verschlimmern. Spinnt sie oder ist da was dran? Die Klimabilanz eines Schweinenackensteaks aus einem niedersächsischen Mastbetrieb – egal ob biologisch oder konventionell »erzeugt« – soll besser sein als die eines auf der argentinischen Pampa gewachsenen Rindersteaks. Vielleicht sogar besser als die eines Steaks, das von einem Bio-Rinderzuchtbetrieb aus der Uckermark stammt. Stimmt das?

Bei jenem Abendessen warfen wir uns viel Halbwissen um die Ohren und stellten uns viele Fragen: Was darf ich im Winter essen, ohne dem Klima damit zu schaden: Tomaten? Treibhaus oder eingeflogen? Oder beides oder weder noch? Stattdessen immer nur Kohl aus deutschen Landen, Bohnen, Linsen und Feldsalat dazu? Das wäre mager. Sollen es gelagerte Brandenburger Bioäpfel sein oder frisch geerntete aus Chile, Neuseeland und Südafrika? Darf man argentinischen Rotwein trinken? Sollte man selbst Obst konservieren? Ist Biobutter aus dem Supermarkt klimafreundlicher als die konventionelle aus der Region – oder umgekehrt? Und wie sieht es eigentlich mit dem Urlaub und dem Autofahren aus? Nur noch Fahrradfahren und Laufen? Und nur noch Urlaub in Brandenburg? Oder ist Griechenland doch noch drin?

Eigentlich ist der Klimawandel ein Thema, bei dem wir inzwischen ziemlich schnell abschalten. »Langweilig«, sagen die Kinder zu solchen Problemen. Ja, das Klima ist bedroht, die Eisschollen für die Bären werden immer kleiner, die Temperaturen steigen. Schlimm, das. Längst ist die Überzeugung fest, aber man verzweifelt nicht daran, sondern hat sich damit recht gemütlich eingerichtet. Wir Eltern neigen da wie viele unserer Freunde zu einer Mischung aus Fatalismus, naiver Hoffnung, dass es doch noch mal gut geht, dem Verzicht auf Plastiktüten (wenigstens manchmal) und dem Einkauf von Biotomaten. Frei nach dem Motto: Wenn wir schon die Welt nicht verbessern können, wollen wir uns wenigstens an der Supermarktkasse ein bisschen besser fühlen.

Erschüttert wird das nur dann, wenn wir plötzlich konkret darüber nachdenken müssen, was sich da langsam, aber sicher zur Katastrophe entwickelt. Wenn wie durch Franziska solche scheinbar abstrakten Fragen plötzlich sehr konkret werden. Weshalb Günther den Ethikunterricht in den Berliner Schulen so liebt, denn in dem Fach hatte Franziskas Klasse über ihren ökologischen Fußabdruck gesprochen und ihr und uns damit jede Menge Hausaufgaben beschert.

Wir hatten uns bis dahin, das fiel uns plötzlich schlagartig auf, viele Fragen immer mehr oder weniger gefühlsmäßig und mit fundiertem Halbwissen beantwortet. Spargel außerhalb der Saison? Niemals! Erdbeeren auch nicht, schon weil die aus Spanien angeblich stark gespritzt sind, und wer will sich schon selbst langsam vergiften. Wir fühlten uns bei diesem Verzicht gut, dabei war er einfach, denn er war kein echter: Spargel und Erdbeeren von weit weg schmecken meistens einfach nicht. Aber die Mangos aus Mexiko eben doch. Und deswegen wurden die ab und zu gekauft, wenn sie nicht zu teuer waren. Wir hatten ja schon auf die Erdbeeren verzichtet.

Wir durchlebten an jenem Abend folgende Reaktionskette: Schlechtes Gewissen, Seufzen, gute Vorsätze, Relativieren, Ratlosigkeit. Als wir die Teller in die Spülmaschine räumten, waren wir fast bereit für die letzte Stufe. Das Verdrängen.

Doch plötzlich sagte Jakob: »Ich will es genau wissen. Was könnten wir denn als Klimaretter tun, ohne dass es albern wird?« Und damit war sie geboren, die Idee, das Ganze fundiert anzugehen. In etwa zu notieren, wann eine ganz normale Familie was kaufen darf, was konsumieren, wann sie sündigt. Wie wir den Urlaub verbringen dürfen und wie viel Ökostrom – denn Ökostrom nutzen wir schon länger – wir wirklich verbrauchen. Wir würden zusammen erforschen, wie die Ökobilanz unseres Frühstücks aussieht und die des Abendessens. Und welche Fallen es gibt.

Wir wollten unsere Leben einmal ganz ungeschminkt angucken und ehrlich wissen, wo wir uns nur einbilden, bereits schön grün zu leben, aber in Wirklichkeit lächerliche Dinge tun. Was wir deswegen ändern müssen. Wo wir das Problem einfach durch den Kauf anderer Produkte würden lösen können – ob wir uns also würden freikaufen können von Ökosünden. Wann Freunde und Bekannte uns als neue Klimakämpfer albern und verschroben finden. Und wo das mit dem Klimaschutz heute für eine normale Familie einfach nicht geht, wenn man sich nicht komplett aus der Gesellschaft ausklinken will. Wie, wann und warum wir also mit dem Versagen würden leben müssen.

Wir haben in dieser Zeit sehr viele Gespräche geführt und gemerkt, wo wir alle inkonsequent sind, wo es dem einen leichtfällt, zu verzichten, und dem anderen schwer. Mitunter war es ein Wetteifern, mitunter sorgte es für lustige Gespräche, mitunter für gereizte Stimmung – dann, wenn der eine sich besser als der andere gab. Vor allem, wenn man kein richtiges Argument dagegen hatte, denn wer will schon als der Klimakiller dastehen, wenn das erklärte Familienziel ist, Energie und CO_2 einzusparen. Trotzdem haben wir gemerkt: Je mehr wir im Alltag über unser gemeinsames Projekt sprachen, darüber, unser Leben ab sofort möglichst CO_2-sparsam zu führen, desto leichter fiel es uns beispielsweise, auf das Auto zu verzichten. Verhaltensweisen ändern sich eher, wenn man nicht nur im stillen Kämmerlein darüber nachdenkt, sondern wenn man die Ergebnisse des Nachdenkens öffentlich mitteilt. Denn das verlangt dann Konsequenzen.

Man kann den Klimawandel natürlich auch einfach ignorieren. Der norwegische Ökonom, Psychologe und Unternehmensberater Per Espen Stoknes erzählt in seinem Buch »What We Think About Global Warming When We Try Not To Think About Global Warming« (zu Deutsch etwa: »Was wir denken, wenn wir versuchen, nicht an den Klimawandel zu denken« – nebenher ein Buch, das uns schwer beeindruckt hat und das später noch einmal vorkommen wird) von einer Gruppe Manager eines Ölkonzerns bei einer Tagung in Texas. Sie treffen sich in einem Hotel, das ehemals am Ufer eines Sees lag, und machen auch einen Bootsausflug. Doch wegen jahrelanger Dürren ist der Seepegel um mehr als zwölf Meter gesunken. Statt grüner Ufer gibt es schlammige Erde, die Bootsstege reichen gar nicht mehr ans Wasser heran. Aber dennoch wird beim Bootsausflug das, was hier sichtbar ist, nicht angesprochen: dass die Dürreperiode, wie von Wissenschaftlern vorhergesagt, dem Klimawandel durch CO_2 geschuldet ist. Stattdessen machen sich die Manager weiter über Wissenschaftler lustig, nennen sie Katastrophenrufer und Blockierer des wirtschaftlichen Fortschritts.

Wir sehen das anders. Wir fürchten, dass die Wissenschaftler, die 99 Prozent der Klimaexperten, die vor der drohenden Erderwärmung warnen, recht haben. Dass es einen von den Menschen zu verantwortenden unguten Klimawandel gibt. Dass die düsteren Szenarien mehr oder weniger richtig sind. Aber wir hoffen zugleich immer noch, dass Klimawandel und

Erderwärmung wenigstens begrenzt werden können – dadurch, dass Menschen ihr Verhalten verändern und als Konsumenten die Wirtschaft und als Bürger die Politik beeinflussen. Nein, wir sind nicht naiv. Wahrscheinlich bleibt Eltern einfach fast nix anderes übrig: Entweder sie lassen das Kinderkriegen. Oder sie werden zynisch. Oder sie setzen auf Luther, der heute das Apfelbäumchen pflanzen würde, selbst wenn morgen die Welt unterginge.

Verzicht hat noch nie funktioniert, hat der grüne Ministerpräsident aus Baden-Württemberg Winfried Kretschmann im April 2016 der *Süddeutschen Zeitung* diktiert. Wir haben es trotzdem probiert. Haben versucht, über ein Jahr hinweg unser Leben klimafreundlicher zu gestalten. Dass dafür ein paar Änderungen des Alltags irgendwann nötig sein würden, war uns allen vieren von Anfang an klar. Nur nicht, wie weit die gehen müssen. Wo es wehtun würde, worauf wir wirklich würden verzichten müssen. Und was überhaupt Verzicht für uns ganz persönlich ist. Oder ob es nicht umgekehrt manchmal ein Gewinn sein kann, nicht mit dem Auto zu fahren. So viel sei verraten: Es ist es tatsächlich, selbst wenn man es vorher kaum glauben kann und dabei ab und an fies nass wird. Wir sind all den Fragen nachgegangen, die am Wegesrand auftauchten. Immer wieder gescheitert, manchmal mit einem lachenden, manchmal mit einem weinenden Auge.

Vorab: Wir sind erheblich klüger geworden. Wir haben einiges über uns gelernt, uns gegenseitig genervt, heftig gestritten und erstaunlich viel gelacht. Denn es hat wider Erwarten ziemlich viel Spaß gemacht. Unser Optimismus ist gewachsen, wir haben Menschen getroffen, die voller Energie und oft genug mit einem Augenzwinkern versuchen, die Welt ein kleines bisschen zu verändern. Die uns geholfen haben, wenn die Sache zu kompliziert wurde – als Journalisten haben wir den großen Vorteil, dass Fragen zu unserem Beruf gehört und auch das Wissen, wen man im Zweifel fragen kann. Dieses Handwerk haben wir genutzt, wenn die Zusammenhänge für uns zu kompliziert wurden. Wenn wir auf Produkte stießen, wie die Biogurke, die neuerdings in Plastikverpackung daherkommt, und nicht wussten, ob das nur ein kleiner alltäglicher Irrsinn der schönen Konsumwelt ist oder ein Ökoproblem. Oder wenn wir uns zu verlieren drohten zwischen all den Umweltprodukten, Webseiten, den tausend großen und kleinen Verhaltenstipps und schon kurz davor waren, das Projekt aufzugeben. Mit dem Gefühl: Nützt doch eh alles nichts, wenn wir nicht zu Asketen werden.

Wir erzählen in den folgenden zwölf Kapiteln, die den Monaten eines Jahres folgen, deswegen meist nicht von kühlen, klaren Rechercheergebnissen und den Analysen der Spezialisten, sondern berichten vor allem von Situationen aus unserem Alltag. Wir haben aufgeschrieben, was dazu führte, dass wir etwas genauer recherchierten, von Gesprächen in der Familie und mit Freunden und den Konsequenzen, die wir dann (manchmal mit einem weinenden Auge) zogen. Manchmal aber sprachen wir nur darüber, dass es gut ist, was wir vorhaben – warum das wichtig ist, auch das erzählen wir.

Spannend fanden wir alle, zu lernen, wie wir den inneren Schweinehund, den Auto-Einflüsterer, den Mango-Esser, die Ich-brauche-eine-neue-Bluse-Käuferin, den Der-Klimawandel-kommt-nicht-so-schnell-Beschwichtiger und den Nutzt-doch-eh-nix-Verzweifelten in uns besiegen können. Und auch, dass wir unsere Freunde und Bekannten neu kennengelernt haben – manche verwunderten uns durch ihre Ignoranz, andere, bei denen wir es gar nicht vermutet hätten, beeindruckten durch ihre Nachdenklichkeit. Denn ja, erstaunlich viele Leute denken doch über den Klimawandel nach und darüber, was und ob sie etwas tun können. Auch wenn eine Freundin uns nach einem Essen, an dem wir über dieses Buch sprachen, am nächsten Tag schrieb: »Ich weiß nicht, ob meine Ehe dieses Experiment überleben würde.« Die Sorge konnten wir ihr nehmen, über offene Zahnpastatuben kann man sich mindestens so arg streiten wie über die Frage, ob die frischen Möhren vom Markt nun auch an die Kaninchen verfüttert werden. Ja, darüber kann man streiten. Denn die kosten mehr als die aus dem Supermarkt. Auch hier die Antwort vorab: Ja, sie kriegen manchmal die guten Möhren, weil wir nicht extra für die Kaninchen Gemüse einkaufen.

Gerade die lächerliche Alltäglichkeit des Klimaproblems macht es oft so interessant. Denn am Ende steht auch die Frage: Auf wie viel Geld und Bequemlichkeit wollen wir verzichten? Und wo ist das sinnvoll?

Noch ein paar Dinge vorweg, quasi als Gebrauchsanweisung: Wir werden hier immer wieder eine bestimmte Begrifflichkeit nutzen müssen. Beispielsweise sprechen wir sehr häufig von Kohlendioxid (abgekürzt CO_2). Das hat einen spezifischen Grund: Kohlendioxid (oder Kohlenstoffdioxid) spielt bei der Berechnung der klimaverändernden, vom Menschen erzeugten Gase die zentrale Rolle. Einmal als Treibhausgas selbst, zum anderen weil andere Treibhausgase international in sogenannte CO_2-Äquivalente umgerechnet werden. So trägt Methangas beispielsweise ungleich stärker zum Treibhauseffekt bei als Kohlendioxid. Wird nun durch eine technische Maßnahme der Methanausstoß um eine Tonne reduziert (Methangas entsteht in der Landwirtschaft, in Kläranlagen, auf Mülldeponien und im Steinkohlenbergbau), entspräche das einer Reduktion von 21 Tonnen Kohlendioxid anderswo. Ein Kilogramm irgendwo gespartes Lachgas entspräche sogar 300 Kilo CO_2. Deshalb spricht man in der Wissenschaft meist von Kohlendioxid-Äquivalenten (CO_2e), im Alltag aber immer von CO_2. Wir übernehmen im Buch die Alltagssprache, sprechen also von CO_2 oder Kohlendioxid – gemeint sind damit alle klimaschädlichen Gase. Die dann abgekürzt mitunter einfach als Klimagase bezeichnet werden.

Kilowattstunden (kWh) oder Joule beschreiben die aufgewandte Energie, die man braucht, um einen Staubsauger zu bedienen oder eine Mahlzeit zu kochen. Also das, was an Energie aus der Steckdose kommt. Wir versuchen möglichst Beispiele dafür zu finden, wie sich Energiesparen praktisch vergleichen lässt. Also kann man mit einer Kilowattstunde Energie etwa:

- ein Mittagessen für vier Personen kochen
- eine Geschirrspülmaschine durchlaufen lassen
- eine Ladung 60-Grad-Wäsche waschen (aber 40 Grad reichen meist auch)
- 17 Stunden lesen unter einer 60-Watt-Glühlampe oder
- 90 Stunden lesen unter einer LED gleicher Helligkeit
- 130 Scheiben Brot toasten
- 0,5 Stunden lang staubsaugen (2000-Watt-Staubsauger) oder
- 1,25 Stunden mit unserem neuen, genauso saugkräftigen 800-Watt-Staubsauger
- so ungefähr alle Elektrogeräte eines typischen 4-Personen-Haushalts 14 Stunden lang im Stand-by-Betrieb halten.

Der dritte Teil der Gebrauchsanweisung: In unserem Buch gibt es keine Fußnoten. Allerdings finden sich zu jedem Kapitel im Anhang kommentierte Lesehinweise, die auf Studien, Webseiten oder andere Medien verweisen.

Zuletzt noch eine Entwarnung: Dies ist kein Buch, nach dessen Lektüre sich alle selbst kasteien müssen. Wir fordern nicht von Kapitel zu Kapitel mehr Askese und machen all denen ein schlechtes Gewissen, die gern mal eine Currywurst essen oder für eine Reise das Auto oder schlimmer noch das Flugzeug benutzen.

Bei manchen Problemen haben wir herausgefunden: Ohne ein paar andere politische Weichenstellungen wird es fast unmöglich, dass wir alle viel ökologischer leben werden. Denn das ginge viel leichter mit einer ressourcenschonenderen Verkehrspolitik, einer ökologischeren Agrarpolitik und einer faireren Handelspolitik. Diese und ein paar ganz konkrete weitere Forderungen an die Politiker können wir nach dem Jahr sehr klar formulieren – und gut begründen. Übrigens ohne damit gleich die Revolution zu verlangen.

Allerdings finden wir mehr denn je: Das politische Versagen entschuldigt nicht die private Faulheit. Dass »die Politik« erst handeln müsse, damit die Bürger endlich anders leben, ist ebenfalls falsch. So falsch wie der berühmte Adorno-Satz, dass es kein richtiges Leben im falschen gäbe, der, auf die Umweltpolitik übertragen, suggeriert, dass es angesichts der Klimakatastrophe überhaupt nicht mehr darauf ankäme, ob wir den Müll trennen. Wir glauben nach wie vor, dass es darauf ankommt. Dass wir handeln können. Ohne Selbstkasteiung, aber durch bewussteres Leben, und ohne schlechtes Gewissen, wenn es mal wieder nicht klappt. Aber mit Nachdenklichkeit und dem Versuch, es zukünftig besser zu machen. Schon weil das guttut.

Garantien gibt es nicht. Nur Versuche. Auch viele gescheiterte. Aber weiter versuchen, erneut und besser scheitern, nur so entsteht etwas Neues – und Besseres. Davon sind wir fest überzeugt.

Denn schon unsere ersten Gespräche über das Thema waren sinnvoll. Am Abend gingen wir alle seltsam getröstet ins Bett. Jakob löschte zum ersten Mal seit Langem das Licht im Flur. Petra drehte die Heizung runter. Und Franziska schaltete den Fernseher aus, und zwar nicht nur auf Stand-by-Modus, sondern an der Steckdose. Und Günther, der so etwas bislang allein gemacht hatte, freute sich.

Januar

Fehlstart und Bestandsaufnahme als Klimasünder

Das nennt man wohl einen klassischen Fehlstart: Unser Jahr als Klimaretter begann damit, dass wir alle Heizungen im Haus aufdrehten. In Berlin war es eisig kalt, wir waren eine Woche verreist und unser Haus deswegen ordentlich ausgekühlt. Knappe 500 Kilometer Auto waren wir an dem Tag auch schon gefahren. Wir hatten die Weihnachtstage und den Rutsch ins neue Jahr mit den Großeltern und Geschwistern erst im Sauerland und dann im Rheinland verbracht. Also stand die heimische Bude ein paar Tage leer, und im Kühlschrank war nichts Frisches mehr zu finden. Auch nichts anderes, was lecker aussah. Gut, dass es Pizzataxis gibt. Wir bestellten, die Heizung rauschte, der elektrische Heizlüfter, der für Notfälle im Keller liegt, brummte. Müde, aber zufrieden saßen wir dann zu viert vor der Glotze, kauten Pizza und guckten auf Netflix die »Big Bang Theorie«. Gleichzeitig spielten und lasen alle nebenher noch auf dem iPad, Notebook oder Handy. Multitasking. Petra steckte die Füße in einen elektrischen Heizschuh, den sie von ihren Eltern zu Weihnachten geschenkt bekommen hatte. Noch eine Umweltsünde.

Zu unserer Ehrenrettung muss gesagt werden, dass wir erst zwei Wochen später, nämlich Mitte Januar, auf die Idee kamen, unsere Klimabilanz zu verbessern – nachdem Franziska und Günther diese am CO_2-Rechner des WWF nachgerechnet hatten. Das Ergebnis ist bekannt, nicht katastrophal schlecht, ein bisschen besser als der Durchschnitt, aber damit eben noch lange nicht gut. Wir sind durch unseren Lebenswandel eindeutig für viel zu viele CO_2-Emissionen verantwortlich – und damit eben auch für den Klimawandel. Und das soll sich ändern.

»Was müssten wir tun, um 'ne Eins zu kriegen?« Franziska stellt die entscheidende Frage, am Wochenende nach dem Check, als wir gemeinsam überlegen, mit welchen Schritten wir unser Experiment starten und was überhaupt ein realistisches Ziel sein kann. Dass uns die Suche nach der Antwort dann gleich mehrere Tage beschäftigen würde, damit hatten wir allerdings nicht gerechnet. Ausgerechnet wir, die wir uns doch für aufgeklärte, umweltbewusste und informierte Bürger gehalten hatten. Wir mussten sogar noch einmal nachgucken, wie CO_2 nun ganz genau auf die Erdatmosphäre wirkt, warum es also so schädlich für das Klima ist. Irgendwie blamabel.

Franziska liest auf der Internetseite von Wikipedia nach und berichtet uns davon: CO_2 – Kohlendioxid ist ein Gas. Eines, das man nicht riechen, nicht anfassen, nicht sehen kann. So viel wussten wir noch. Auch dass es eine Verbindung aus Kohlenstoff und Sauerstoff ist, nicht brennbar, farb- und geruchlos. In Wasser gelöst, sorgt es für Sprudel – und wird dann Kohlensäure genannt. Es kommt in der Natur vor, auch als natürlicher Bestandteil der Luft. Den Klimawandel kann man kurz und bündig so erklären: Weil die Menschheit zu viel fossile Energien verbrennt – Braun- und Steinkohle, Torf, Erdgas und Erdöl –, hat sich das CO_2 in der Atmosphäre von 280 ppm (parts per million, Anzahl der Teile pro Million Teilchen) am Beginn des Industriezeitalters auf 400 ppm im Jahre

2015 erhöht. Dadurch sorgt es für den Treibhauseffekt: Die Sonnenstrahlen erwärmen die Erde wie eh und je, nur kann diese Wärme wegen des dichter werdenden CO_2 in der Luft nicht mehr so schnell ins Weltall entweichen. Es wirkt wie der Deckel auf einem Topf oder das Glasdach eines Treibhauses. Also verändert sich das Klima.

Wir erinnern uns mithilfe von Wikipedia schwach an UN-Klimakonferenzen und dass Regierungen in Paris im Dezember 2015 beschlossen haben, die globale Erwärmung deutlich unter 2 Grad Celsius zu halten, am besten sogar unter 1,5 Grad Celsius. Weil die Klimaforscher inzwischen fast alle überzeugt sind, dass ab diesem Temperaturanstieg die Folgen unkalkulierbar werden können. Und auch, dass die CO_2-Emissionen deswegen weltweit spätestens zwischen 2045 und 2060 mehr oder weniger auf null sinken müssen. Aber was das für uns konkret bedeutet? Da kann keiner spontan beantworten. Auch nicht, wie viel CO_2 pro Person eigentlich *heute* noch okay wäre. Oder wie eine gute Bilanz aussieht.

»Ist deine Klimabilanz in Ordnung?«

»Ist meine *was* in Ordnung?« So verdutzt wie ein Kollege reagieren die meisten, die wir in den kommenden Tagen fragen. Wir tun das mit allen Freunden und Bekannten, die wir zufällig treffen. Manche fügen noch Sätze hinzu wie: »Ich bin bestimmt nicht gut fürs Klima, so viel wie ich fliege.« Oder: »Na, bei unserem Auto …«

Wir versuchen es dann konkreter: »Weißt du, für wie viel CO_2 du im Jahr verantwortlich bist? Und wie viel okay wäre – also so, dass es den Klimawandel nicht beschleunigt?«

Aber auf diese Fragen weiß niemand eine Antwort – bis auf die paar professionell gebildeten Freunde, die fast den ganzen Tag über Umweltfragen nachdenken. Die helfen uns.

Also, was wäre gut? Eine gute Quelle ist die Internetseite

des Umweltbundesamtes. Auf der steht, dass 2016 in Deutschland 906 Millionen Tonnen CO_2 in die Luft geblasen wurden. Geteilt durch 82 Millionen Bürger bedeutet das: Im Durchschnitt sind das für jeden Deutschen elf Tonnen CO_2.

Wir sind als Haushalt in diesem Jahr für knapp 42 Tonnen verantwortlich, was 10,5 Tonnen pro Person sind, also ziemlich dem Durchschnitt entspricht. Na, ein kleines bisschen besser schon.

Deutschland steht insgesamt damit gar nicht so schlecht da – verglichen mit Katar: Das Emirat am Persischen Golf liegt mit 33,38 Tonnen pro Person international an der Spitze. Die Bauarbeiter auf den Großbaustellen für die Fußball-WM 2022 leben und arbeiten unseres Wissens aber nicht in klimatisierten Räumen, das heißt, die anderen, die reichen Großfamilien der Scheichs, müssen einen irren Energieverbrauch haben: wahrscheinlich wegen ihrer Indoor-Skihallen oder der klimatisierten Bushaltestellen.

Ein paar Tage und ein paar Internetrecherchen später sitzen wir wieder im Wohnzimmer. Gerade haben die KiKA-Nachrichten über die Zerstörung der Meere durch Plastiktüten berichtet. Das erinnert Franziska ans Klima. Also fragt sie wieder nach, mit diesem speziell genervten Unterton, den nur Pubertierende so gut können: »Uuuund, was ist jetzt? Sind wir gut oder schlecht?«

»Schlecht!«, sagt Günther und: »Gut wäre eine Null!« Er hat auf die Frage schon gewartet und sich vorbereitet.

»Null?! Wie soll denn das gehen? Gibt es denn überhaupt Familien, die das schaffen?«

»Ja, manche schaffen es fast. Aber nicht hier.«

»Wo denn?«

»In manchen Ländern Afrikas. In Ländern wie Burundi, dem Tschad, der Zentralafrikanischen Republik, Mali oder

Äthiopien. In Europa nicht, in Amerika nicht. In Industrienationen ist das nicht möglich.«

»Aber null steht ja im Moment noch nicht zur Debatte«, sagt Jakob, der bisher still auf sein Handy geguckt hat – eine Haltung, bei der man nie weiß, ob und was er von unseren Gesprächen mitkriegt. Jakob ist eine Weile immer mal wieder zu den Treffen einer Umweltgruppe gegangen. Daran erinnert er sich jetzt und daran, dass es sehr wohl Berechnungen gibt, wie viel zusätzliches CO_2 die Atmosphäre noch verkraftet, bis es wirklich schlimme Folgen haben wird. Aber wie viel noch geht, das weiß auch Jakob nicht.

Wir finden die Antwort im »Kassensturz für den Weltklimavertrag«. Einer unserer Freunde aus der Umweltbewegung hat uns die Lektüre empfohlen. Sie ist kein Vergnügen, aber für unsere Zwecke ziemlich hilfreich. 2009 hatte der »Wissenschaftliche Beirat der Bundesregierung Globale Umweltveränderungen« (WBGU) diesen Bericht veröffentlicht, dessen wichtigste Aussage lautet: Will man zu zwei Dritteln sicher sein, dass die Temperaturen durchschnittlich weltweit nicht über zwei Grad steigen, dürfen bis 2050 noch 750 Milliarden Tonnen CO_2 in die Atmosphäre gelangen. Soll sich die Wahrscheinlichkeit auf drei Viertel erhöhen, dürfen es sogar nur noch 600 Milliarden Tonnen sein.

»Ach, das ist ja alles doch nicht so schlimm«, sagt Franziska, sehr erleichtert. Sie hat schnell die riesigen Summen mit unseren 42 Tonnen verglichen.

750 000 000 000 Tonnen klingt wirklich nach ziemlich viel.

Das sind immerhin 750 Billionen Kilogramm, in Ziffern 750 000 000 000 000 Kilogramm.

Nur sagt die große Zahl natürlich noch nichts darüber aus, wie viel CO_2 wir als Familie noch in die Atmosphäre entlassen dürfen. Die gilt ja für die gesamte Menschheit – und für die nächsten 34 Jahre. Das bedeutet Folgendes: Zurzeit teilen wir uns den Planeten mit 7,39 Milliarden anderen Menschen. Und da natürlich alle dieselben Rechte haben, steht ganz einfach allen auch dasselbe Recht zu, die Erde zu verschmutzen. »Keiner hat mehr Recht auf Dreck als andere, ist doch klar«, meint Jakob. Das fanden auch die Wissenschaftler und teilten deshalb die 750 Milliarden Tonnen CO_2 durch die Anzahl von Menschen, die von nun an bis 2050 auf der Erde leben und leben werden. Dabei gehen sie davon aus, dass dann, nach 2050 kein weiteres CO_2 mehr in die Luft gepustet wird – so wie es fast alle Regierungen der Welt zuletzt auf dem Klimagipfel in Paris versprochen haben. Weil die Wirtschaft dann anders funktioniert. Weil Strom durch Solar- und Windenergie erzeugt wird, Autos elektrisch fahren und sich auch sonst noch eine Menge getan hat.

Wie das alles gehen soll und was die Politiker dafür tun müssten – die Antworten auf diese Fragen verschieben wir. Uns geht es ja darum, was wir jetzt tun können.

Petra, die das Gutachten inzwischen auf dem Rechner geöffnet hat, scrollt sich durch den Text. Und findet endlich die eine Zahl, die längst nicht mehr nur Franziska, sondern wir alle so gerne wissen möchten. Sie lautet: 2,2 Tonnen!

2,2 Tonnen. So viel CO_2-Emissionen darf jeder Mensch verursachen. Pro Jahr!

In Deutschland sind es elf Tonnen pro Person und Jahr.

Fast gleichzeitig sagen nun Jakob und Franziska: Also verbraucht jeder Deutsche 8,8 Tonnen zu viel. Und wir, die wir mit unseren zehneinhalb Tonnen pro Person eben schon ein bisschen, bisschen besser als andere sind, liegen immer noch 8,3 Tonnen über dem, was erlaubt ist.

Ob wir das einsparen können?

»Ob wir das schaffen?«, sagt Franziska zweifelnd. Sie hat,

als sie gemeinsam mit Günther den CO_2-Rechner des WWF bediente, gesehen, wie viel unsere angenehme Art zu leben mit dem Kohlendioxid zu tun hat. Dass fast jedes Verhalten auf die Umwelt wirkt, und zwar viel mehr, als man das spontan annimmt: Fahren wir Auto, zählt nicht nur, was das Auto an Benzin, Diesel, Erdgas oder Strom verbraucht. Nein, es muss auch der Ressourcenverbrauch bei der Herstellung dazugerechnet werden, wie weit die Teile transportiert werden mussten und was beim Abbau der Rohstoffe passierte. So hat jede unserer Lebens- und Kaufentscheidungen ihre CO_2-Konsequenzen: was wir essen und trinken, wie und wie viel wir heizen, wo und wie wir Urlaub machen oder was und wie viel wir kaufen und wegschmeißen.

»Schaffen wir nicht«, sagt Günther schnell. Er erinnert sich. Als Franziska und er den WWF-Klimarechner nutzten, wurde ihnen pro Person direkt etwa eine Tonne aufgebürdet. Das sind sogenannte staatliche Emissionen pro Person, die Treibhausgase, die staatlicherseits durch Verwaltung, Infrastruktur oder Bildung anfallen. Die wir also nicht loswerden, solange wir in Deutschland leben und unsere Behörden nicht CO_2-neutral planen, bauen und verwalten. Verteilt man diesen Staatsverbrauch auf die Bundesbürger, schlägt er sich als Emissions-Grundstock individuell nieder. Also bleibt am Ende von den zwei Tonnen pro Bürger pro Jahr nur noch knapp etwas mehr als eine Tonne für den ganz privaten Verbrauch pro Nase übrig. »Und das ist wirklich nicht zu schaffen«, sagt Günther noch mal. Und kurz spielen wir mit dem Gedanken, das ganze Experiment wieder abzublasen.

Aber da haben wir die Rechnung ohne Franziska gemacht. Die hat in der Schule gelernt, dass sie nicht immer gleich alles auf einmal hinkriegen muss. Dass sie, wenn der Berg an Hausaufgaben zu groß ist, ihn in kleine Portionen aufteilen soll.

Dass sie sich realistische Ziele stecken sollte statt gleich den Kopf in den Sand.

Aber was wäre zu schaffen? Weil wir das so schnell nicht rauskriegen, beginnen wir, uns zur Abwechslung das Ausmaß unserer Spuren in der Atmosphäre mal vorzustellen. So als Gedankenspiele.

»Eine Tonne CO_2«, sagt Petra da und kratzt sich an der Nase. »Wie viel ist eigentlich eine Tonne CO_2?«

»Na, 1000 Kilo.«

»Blöd bin ich auch nicht. Ich meine nicht als Gewicht, sondern als Volumen.«

Schweigen, keiner weiß eine Antwort, doch Jakob tippt schon auf seinem Handy rum. Spielt mit den Zahlen (wen das nicht interessiert, der kann den nächsten Absatz überspringen) und findet schnell eine Antwort: Demnach wiegt ein Liter CO_2 knapp zwei Gramm, genau 1,96 Gramm. Somit – ein Dreisatz genügt – hat ein Kilogramm CO_2 ein Volumen von 510,2 Litern. Das entspricht dem Inhalt einer Kiste mit einer Grundfläche von einmal einem Meter und einer Höhe von 51 Zentimetern. Oder dem Inhalt von 510 Milchtüten.

Da CO_2 ein Gas ist, könnte man damit auch Luftballons füllen. Normale Ballons fassen 2,5 Liter, was dann 204 Ballons entsprechen würde.

Und nun geht das Zahlenspiel erst richtig los:

»510 Milchtüten bei nur einem Kilo. Bei einer Tonne wären das dann tausendmal so viele«, staunt Franziska. »Und bei elf Tonnen das Elftausendfache.« Sie sieht vor ihrem inneren Auge, wie sich langsam der Raum mit Milchtüten füllt. Und überquillt, weil wir zwar nur zehneinhalb Tonnen CO_2 pro Nase verursachen, zu viert aber 42 Tonnen – was 42 000 mal 510 Tüten entspräche, also 21,42 Millionen. Eine normale Schulturnhalle misst 27 Meter in der Länge, 15 Meter in der

Breite und ist 5,5 Meter hoch. Das entspricht einem Rauminhalt von 2227,5 Kubikmetern.

Also könnten wir mit dem von uns verursachten CO_2 knapp neun Hallen vollständig füllen.

Bisher haben wir ziemlich abstrakt über Emissionen und Klimawandel geredet, doch nun ändert sich das Gespräch. Es wird plötzlich persönlich. Denn Franziska will es jetzt wissen: »Was passiert genau, wenn wir Menschen es nicht schaffen, die Emissionen zu reduzieren?«

Wir erzählen vom Steigen der Meeresspiegel, weil durch die Wärme die Eiskappen der Pole schmelzen. Von der möglichen Veränderung der Meeresströme und den Unwettern, die dann folgen können. Wir wollen ihr keine Angst machen, aber auch nichts beschönigen. Die Szenarien entspringen ja leider nicht unserer Fantasie, deswegen finden wir, dass sie mit zwölf Jahren ein Recht darauf hat, zu erfahren, wie die Welt wirklich ist, was mit ihr passiert und was passieren kann. Alles andere wäre unfair.

Franziska hört interessiert zu, als Günther erklärt: »Wir und all die Menschen in den anderen Ländern müssen bis 2050 einfach alles abschaffen, was CO_2 ausspuckt. Also die Autos vielleicht durch Elektroautos ersetzen, besser natürlich durch Fahrräder, andere Flugzeuge bauen, die Kohlekraftwerke abschaffen.«

Franziska guckt ungläubig. So eine Welt kann sie sich nicht vorstellen.

»Das klappt doch nie«, sagt sie und: »Dann wird es also schlimm?« Dann schweigt sie.

Und irgendwann steht sie auf und geht.

Wir finden sie später im Wohnzimmer, auf dem Sofa in eine Decke gewickelt. Petra nimmt sie in den Arm. Und die beiden reden weiter. Petra erzählt von den Katastrophen, vor denen sie sich früher gefürchtet hat. Dem Atomkrieg. Dem Waldsterben. Dem Ozonloch. »Ach ja«, sagt Franziska, von dem Loch habe sie im Fernsehen, in den KiKA-Nachrichten, gehört, und auch, dass das jetzt wieder kleiner wird. Ganz langsam.

»Siehst du, man kann was machen. Man muss es nur tun«, sagt Petra.

»Und wenn es nicht hilft?«, fragt Franzi immer noch zweifelnd.

»Dann kann man sich wenigstens nicht vorwerfen, es nicht versucht zu haben«, sagt Petra. Außerdem wisse man schließlich nie, wie die Zukunft werde. Man könne morgen sterben oder in hundert Jahren. Wichtig sei, dass man davor richtig lebe. Und dass man sich besser fühlt, wenn man was tut. Dass wir deswegen in den kommenden Tagen durchs Haus gehen und dann gemeinsam schauen würden, wo wir was tun und sparen können. Dass wir einen Energieberater einladen. Und einen Plan schreiben. Um unser Ziel zu schaffen.

Ein bisschen mulmig ist uns dabei schon.

Was, wenn das Ergebnis heißt, dass wir unser Leben radikal ändern und zu Asketen mutieren müssen?

Oder dass wir es einfach nicht schaffen?

Abends, kurz vor dem Einschlafen, wenn das Licht schon aus ist, bleiben immer ein paar Minuten zum Kuscheln. »Wir haben heute in der Schule über Glück geredet«, flüstert Franziska Petra zu. Viele in ihrer Klasse seien unglücklich, erzählt sie und dass sie das verwunderlich fände. Sei doch alles gut oder jedenfalls das, was wichtig ist. Sie sei glücklich. Sie habe ein Lieblingspony (das zwar dem Reitverein gehört, aber sich für sie wie ein eigenes anfühlt) und eine tolle Familie (in der Reihenfolge). Und die Schule, na ja, die sei auch ganz okay.

Die Bestandsaufnahme

An einem Sonntagvormittag machen wir uns dann alle zusammen an unsere erste, ganz private Bestandsaufnahme. Die sieht zu Beginn des Experimentes im Groben so aus: Wir wohnen in einer (zu) großen Doppelhaushälfte im grünen Berliner Südwesten, mit einem schönen Garten, in dem außer Wiese, Bäumen, Blumen und Büschen auch ein kleiner und ein großer Apfelbaum wachsen, dazu ein junger Pflaumenbaum, eine krüppelige Süßkirsche, eine kleine Sauerkirsche, zwei alte, viel tragende Johannisbeersträucher, zahlreiche Erdbeeren, wuchernde Brombeeren und zwei riesige Haselnusssträucher, die zahlreiche Eichhörnchen und Brandmäuse ernähren. Kein Hund, dafür aber zwei Zwergkaninchen, die in einem Zwergkaninchenparadies mit viel Auslauf im Garten leben. Der Stolz der heimischen Landwirtschaft ist das mit ihrem Mist gedüngte Hochbeet, das jedes Frühjahr arbeitsintensiv angelegt wird, Salat, ein paar Tomaten, zwei oder drei Kürbisse und Küchenkräuter liefert – und nebenbei weitere Mäuse und viele Schnecken miternährt.

Wir besitzen insgesamt sieben Fahrräder. Sprich, es gibt pro Person ein normales Fahrrad, dazu ist Günther noch sehr stolzer Eigentümer eines Rennrads, Petra hat noch ein zweites im Büro stehen und ein altes wartet im Keller auf Gäste oder Notfälle. Die Kinder haben je eine Schülermonatskarte, sie können damit alle öffentlichen Verkehrsmittel im Berliner Stadtgebiet nutzen. Jakob gelangt mit einer Kombination aus Fahrrad und U-Bahn zu seiner Schule in Schöneberg (stadteinwärts), während Franziska je nach Wetter mit dem Fahrrad, dem Fahrrad und der S-Bahn oder dem Bus zu ihrer Schule nach Nikolassee (weiter nach Südwesten stadtauswärts) fährt. Petra besitzt ein Jahresabo für den Nahverkehr, eine Umweltkarte, mit der am Wochenende und abends ab acht bis zu zwei Erwachsene plus zwei Kinder fahren können. Vor der Haustür steht noch ein mittlerweile elf Jahre alter VW Caddy Diesel.

Alles in allem verbrauchen wir im Jahr 4582 Kilowattstunden Strom, wobei unser Verbrauch in den letzten Jahren etwas zurückgegangen ist. Aber auch mit unserem derzeitigen Stromverbrauch liegen wir über dem Durchschnitt eines 4-Personen-Haushalts in einem Einfamilienhaus. Das hat allerdings einen guten Grund: Günther arbeitet zu Hause. Die Lampen in seinem Arbeitszimmer brennen, dazu kommt, dass er pro Tag eine Kanne Tee und zwei Tassen Kaffee mindestens trinkt – würde er woanders arbeiten, würden die auch nicht auf unserer Stromrechnung auftauchen. Sein Computer läuft durchschnittlich sechs Stunden am Tag, und das fünf Tage die Woche (mitunter auch am Wochenende). Das sind allein schon knapp 250 kWh. Der Drucker arbeitet nicht ganz so viele Stunden, aber auch hin und wieder. Und mitunter vergisst Günther, ihn auszuschalten, dann läuft er stunden-, manchmal tagelang im Stand-by-Betrieb weiter. Noch während der Bestandsaufnahme gelobt Günther Besserung, und wir haben die erste Sparmöglichkeit gefunden. »Dann schaltet ihr aber bitte auch das Licht im Bad aus«, sagt er unbestimmt in Richtung der drei anderen. Er hat recht damit, hätte aber auch mal vornehm schweigen können. Kann er aber nicht.

Unseren Strom beziehen wir als Ökostrom von Lichtblick, die Fernwärmeversorgung der gesamten Siedlung, in der wir wohnen, erfolgt über Vattenfall – wir könnten uns etwas Schöneres wünschen, schon weil die noch Atomkraftwerke betreiben, haben aber darauf keinen Einfluss. Es sei denn, wir würden uns aus dem Fernwärmesystem abkoppeln, dann müssten wir aber eine eigene Heizungsanlage ins Haus einbauen lassen. Doch das lohnt sich weder finanziell noch ökologisch.

Energie sparen ist unser erstes Ziel. Ein paar einfache Lösungen fallen uns auch sofort ein. Den Lichtschalter häufiger als bisher betätigen, den Stand-by-Betrieb der Glotze ausschalten. Günther stellt den Kühlschrank von vier auf sieben Grad Celsius hoch. »Reicht aus«, sagt er. »Ist kalt genug. Steht auch genau so auf allen Lebensmitteln drauf. Vier bis sieben Grad.«

Aber was noch?, fragen wir uns. Heizung abends immer runter. Klar!

Und sonst?

Günther ruft die Verbraucherzentrale an. Die bietet Energieberatung an – kostet uns 20 gut investierte Euro. In Wirklichkeit kostet das natürlich mehr, nämlich 226,10 Euro, aber das Bundeswirtschaftsministerium bezahlt den Rest. Ein Service für Bewohner von Einfamilienhäusern, für Mieter von Wohnungen gibt es Ähnliches (was weniger kostet). Man macht einen Termin aus, und ein paar Tage später kommt der Berater.

Pünktlich um halb zehn steht er an einem Mittwochvormittag vor der Tür. Karl-Heinz Dubrow, ein freundlicher, leicht berlinernder Mann, unser Energieberater. Herr Dubrow ist kein Berater für alle klimarelevanten Lebenslagen. Aber seine Tipps, so hoffen wir, können ein erster Schritt sein. Denn der Mann hat sich auf den Energieverbrauch spezialisiert und darauf, in Haushalten die großen Verschwendungsquellen zu finden und Alternativen vorzuschlagen – um den Leuten beim Energie- und Geldsparen zu helfen. Das, so finden wir, ist ein guter Anfang. Er trägt einen Computer unter dem Arm und eine Mappe voller Broschüren und sagt: »Dann wollen wir mal.« Dass er gleich das Haus sehen wolle, alles protokollieren würde und wir dann eine Woche später einen Bericht bekämen. »Die 20 Euro müssen Sie mir gleich bar geben«, sagt er und dass das ein guter Preis sei. Dann öffnet er seinen Computer. Und fragt. Viele Fragen.

Ist das Dach gedämmt?

Wie dick sind die Wände?

Wie alt der Kühlschrank?

Schalten Sie den Fernseher ab oder läuft der immer auf Stand-by?

Mit welchem Programm spült die Maschine das Geschirr?

Er will noch viel mehr wissen, die Stromrechnung sehen und die für die Fernwärme. Alle Antworten tippt er ein. Und als Günther stolz erzählt, dass er den Kühlschrank kürzlich von vier auf sieben Grad Temperatur hochgestellt hat, sagt er sogar: »Super! Klasse!«

Wir fühlen uns für einen Moment wirklich gut. Leider sagt Günther dann, dass wir wahrscheinlich ein bisschen besser als der deutsche Durchschnitt beim Energieverbrauch seien. Da aber wiegt Herr Dubrow nur nachdenklich den Kopf und sagt: »Da bin ich mir nicht so sicher.«

Dann zieht er eine Art Pistole aus der Tasche und richtet sie auf Fenster und Wände. Das Ding malt rote Punkte auf die Ziele und misst in wenigen Sekunden, wie die Temperatur im Raum ist und wie an der jeweiligen Stelle.

»Da zieht es«, sagt Herr Dubrow, zeigt auf den Rahmen des Fensters und erzählt uns was von einem U-Wert, der bei 1,3 liegen müsse, und dass unserer bei 3 läge. Wir verstehen nur Bahnhof. Bis Herr Dubrow erklärt, dass die Fenster und Rahmen oft die Schwachstelle bei alten Häusern wären. Da gehe viel zu viel Wärme und damit Energie verloren. Tatsächlich liegt die Temperatur am Fensterrahmen gerade mal bei 13 Grad.

Das Problem taucht in fast jedem Raum auf. Es zieht überall durch die alten Doppelkastenfenster. Die finden wir aber so schön, dass wir sie bisher auf keinen Fall ersetzen wollten. Außerdem dürfen wir das auch nicht, denn unser Haus ist Teil einer denkmalgeschützten Siedlung. Leider nimmt uns unser Energieberater aber die Hoffnung, dass wir das Problem billig mit ein paar Schaumstoffstreifen zum Aufkleben lösen können. »Da müssen zwar keine neuen Fenster her. Aber Fachleute müssen schon die Rahmen ausfräsen und richtige Dichtungen da reinsetzen. Alles andere bringt nichts.« Günther nickt bedächtig und überschlägt im Kopf das Budget, und Petra und Günther beschließen ohne sich anzusehen in stillschweigender Übereinkunft, die Problemlösung zunächst auf die Sommermonate zu vertagen. So viel wird vorab verraten: Sie werden die Fensterfrage lange erfolgreich verdrängen.

Wir führen Herrn Dubrow nun durchs ganze Haus. »Von oben nach unten bitte!«, sagt er. Er will wissen, wie warm das Bad und ob das Schlafzimmer normalerweise so kalt ist. Er guckt ungläubig, als wir ihm erzählen, dass wir dort tatsächlich fast nie heizen. »Na ja, wenn Sie 'ne Kältekammer mögen. Ist ja Geschmackssache«, sagt er grinsend und schreibt die Temperatur auf. Weiter geht es.

Wir zeigen die Kinderzimmer, Günthers Arbeitsklause, die Küche, wo die Stromfresser lauern: der Herd, der Kühlschrank (eine Kühl-Gefrier-Kombi, immerhin A++), die Spülmaschine (A++), der Wasserkocher (2000 Watt, damit es morgens schnell geht). »Die Spülmaschine hat einen Energiesparmodus. Nutzen Sie den«, sagt Herr Dubrow streng. »Auch wenn es Ihnen komisch vorkommt, weil sie damit länger als mit dem normalen Spülprogramm braucht. Und laden Sie die immer schön voll. Am besten alles rein in die Maschine, denn das verbraucht weniger Wasser und Energie, als wenn Sie mit der

Hand spülen.« Zum Radio, zur Mikrowelle, zum Mixer und dem anderen Kleinkram in der Küche sagt Herr Dubrow nichts. Das scheint nicht besonders relevant zu sein.

Im Wohnzimmer stehen ein Fernseher, ein CD-Player, ein Radio, ein Verstärker und ein Plattenspieler. Alles recht alt, bis auf die Glotze. Dieses große LED-Gerät mit 40 Zoll Bildschirmdiagonale – Günther und Petra konnten den Videotext auf dem alten Gerät nicht mehr lesen und saßen deswegen beim Fernsehen eine Weile immer vor statt auf dem Sofa, bis ihnen das plötzlich ziemlich albern vorkam – verbraucht etwa 65 Watt pro Stunde. Alles recht sparsam. Überall Lampen – »Hier gibt es Einsparmöglichkeiten durch LEDs«. Weiter ins Bad, zum Föhn und der elektrischen Zahnbürste. Alles nichts Besonderes.

Reine Routine ist das für Herrn Dubrow. Er notiert, guckt, notiert. Doch im Keller wird er plötzlich ganz aufmerksam – als er den Wäschetrockner sieht: »Aber den benutzen wir doch gar nicht«, sagt Petra. Sie bedauert das manchmal, denn nutzt man den Trockner, werden die Handtücher schön flauschig. Angeschafft für eine andere Wohnung und selten benutzt, ist er hier einfach überflüssig. Denn da wir mit Fernwärme heizen und daher große, zwar isolierte, aber dennoch Wärme abgebende Rohre durch unseren Keller laufen, ist dieser immer trocken und warm. Nur wenn wir mal mehr als drei oder vier Personen gleichzeitig im Winter zu Besuch haben und nachher große Mengen an Handtüchern und Bettwäsche anfallen, wird er mal angeworfen; ein-, zweimal im Jahr.

Die Waschmaschine scheint okay zu sein, obwohl wir sie schon seit Mitte 2003 besitzen. Damals war sie energietechnisch gesehen der letzte Schrei: Verbrauchsklasse A, besser ging nicht. Inzwischen schon: Die besseren Maschinen sind heute alle A+++-zertifiziert, aber das scheint Herrn Dubrow nicht besonders zu stören. »Wie heiß waschen Sie?«, will er nur wissen. »Meistens 40 Grad, ganz selten 60 Grad, manchmal kalt«, antwortet Günther, was Herr Dubrow mit einem beifälligen Nicken quittiert. »Nie vorwaschen!«, sagt er streng. »Und auch mal auf 30 Grad.« Günther nickt brav. »Schleudern? Wie viel Umdrehungen?«, fragt er weiter. »1600«, sagt Günther. »Warum? Sie nutzen den Trockner doch gar nicht? Dann können Sie doch auch weniger schnell schleudern.« Wir beschließen brav, das zu ändern. Das spart Strom, und dann leiern die Klamotten vielleicht auch nicht so schnell aus.

Kritisch guckt Herr Dubrow auf unsere Heizpumpe. Petra erinnert sich sofort an den Satz ihres ehemaligen Lieblingskollegen: »Wenn die Männer mit ihren Heizpumpen so angeben würden wie mit ihren Autos, dann wäre die Energiewende schon fast geschafft.« Und gibt dann zu: Das Modell im eigenen Keller hat sie sich auch noch nie angeguckt. Sie weiß nur sicher: Es ist mindestens neun Jahre alt. So lange wohnen wir schon hier und ausgetauscht wurde es seither nicht. Es gehört zum Fernwärmesystem und damit – so glauben wir, auch nicht uns, sondern dem Energiekonzern, der uns warmes Wasser und auch die Fernwärme für die Heizung liefert. »Dieses Ding braucht immer 50 Watt, Ihnen würde eine reichen, die mit wesentlich weniger auskommt«, sagt unser Energieberater und erklärt: Die Heizpumpe springt jedes Mal an, wenn das warme Wasser aufgedreht oder die Heizung benutzt wird. Damit summiere sich ein unnötiger Stromverbrauch. »Verhandeln Sie mal mit Vattenfall, denn den Strom zahlen ja nicht die. Sondern Sie. Die könnten dann auch gleich die nicht isolierten Ventile an den Rohren, die das warme Wasser in den Keller leiten, mal isolieren. Auch das würde Energie und damit Geld sparen.«

Leider – so wird uns später auf Anfrage mitgeteilt – gehört ausgerechnet die Pumpe an der komplizierten Heizungsanlage uns. Energie sparen würde also für uns zunächst Geld ausgeben bedeuten. Wir verschieben das also erst einmal. Es gibt größere Baustellen.

Dann sieht Herr Dubrow doch noch einen wirklich unnötigen Stromfresser: den zweiten Kühlschrank. Der ist immerhin A+-zertifiziert, also nicht ganz der beste Standard, aber immerhin einer von der sparsameren Sorte. Wir brauchen ihn, damit wir mit einem wöchentlichen Großeinkauf für die Familie hinkommen. Ansonsten liegt da immer eine Flasche Sekt drin (falls man mal schnell welchen braucht, was leider viel zu selten passiert), zwei oder drei Sixpacks Bier und die ein oder andere Weißweinflasche. Nach dem Wocheneinkauf ist der Schrank vollgestopft mit Gemüse, Käse, Milch und Joghurt, und wenn er sich leert, legt Günther Bier und Wein nach – schließlich hat er mal gelernt, dass volle Kühlschränke weniger Energie verbrauchen.

»Stimmt das, Herr Dubrow?«

»Ja«, sagt der und bekräftigt, dass die Getränke beispielsweise, einmal kalt, die Kälte natürlich viel besser halten als die Luft. Die tauscht sich beim Öffnen des Kühlschranks schnell aus und muss dann wieder gekühlt werden. So wie ein See auch immer wärmeregulierend wirkt.

Natürlich stellt sich streng genommen die Frage: Brauchen wir den zweiten Kühlschrank wirklich?

Petra: »Ja!«

Günther: »Nein!«

»Doch, sicher.«

»Sicher?«

»Vielleicht!«

»Vielleicht auch nicht.«

Herr Dubrow äußert sich dazu nicht. Man muss sich ja nicht zwischen die Fronten stellen. Mal sehen, was er im Bericht dazu schreiben wird.

»Und?«, wollen wir wissen, als wir endlich wieder in der Küche sind. Jetzt hat er uns durch die vielen kleinen Hinweise doch neugierig auf sein Gesamturteil gemacht.

»Sie besitzen nicht den einen großen Stromfresser«, sagt Herr Dubrow. Den würde er oft bei ärmeren Leuten entdecken. Die hätten manchmal in ihren Mietwohnungen noch ganz alte elektrische Warmwasseraufbereiter im Bad und müssten dann jede Dusche teuer bezahlen. Weil der Vermieter nichts Neues einbauen will und sie es sich selbst nicht leisten könnten. So viel zur Klimagerechtigkeit.

Bisher hatten wir Herrn Dubrow nur für einen netten Techniker gehalten. Jetzt wird er uns auf einmal sympathisch, und wir wollen schon anfangen, mit ihm über Arme und Reiche zu diskutieren und die Frage, wer die Umwelt mehr schützt. Aber da guckt er auf die Uhr und sagt, er müsse jetzt zu einer Mieterin nach Potsdam. Unsere eineinhalb Stunden seien um.

Zum Abschied fasst er noch einmal zusammen: Unser Problem sind viele kleine Stromfresser. Aber auch bei denen ließe sich durch ein bisschen verändertes Verhalten Energie und damit Geld sparen: Nicht ewig lang duschen. Die Lichter löschen, wenn man aus dem Raum geht. Keine Geräte mehr auf Stand-by laufen lassen. Selbst das sei eigentlich ganz einfach. Mit billigen Mehrfachsteckdosen, die sich per Fernbedienung ausschalten lassen. »Da müssen Sie nicht immer hinter die Couch krabbeln, wenn Sie abends den Fernseher und all die anderen Geräte wirklich ausschalten wollen.«

»Und so was lohnt sich wirklich?«, fragt Petra zweifelnd.

»Ja, da lässt sich was rausholen«, sagt Karl-Heinz Dubrow und dass seine Analyse kommende Woche mit der Post käme.

Wir hatten zwar auf ein bisschen mehr Lob gehofft. Nun aber sind wir gespannt, ob wir im Haus wirklich nennenswert Energie und damit CO_2 sparen können.

Eines ist jedenfalls sicher: Jakob, der wie viele Jugendliche gerne und ausgiebig duscht, werden wir bei seiner nächsten Dauerdusche ordentlich nerven.

Februar

Äpfel, rülpsende Kühe und Vegetarier

Bringst du mir einen mit?«
Franziska hat gesehen, dass Jakob aufgestanden ist. Und sie weiß, was er tun wird. Denn jeden Abend um etwa 21.30 Uhr wiederholt sich ein Ritual. Jakob geht die Kellertreppe hinunter. Etwa fünf Stufen, dort lagert immer, weil es an der Stelle etwas kühler als in der Küche ist, eine Handvoll Äpfel. Und Jakob isst dann den dritten bis vierten Apfel des Tages. Franziska, wenn Jakob ihr einen mitbringt, den zweiten.

Seit frühester Kindheit hat Jakob ein Faible für Äpfel, seit er sie, von seinem Vater morgens sorgfältig geschält, dann in kleine Stückchen geschnitten und in eine Plastikbox gepackt, mit in die Kita genommen hat. Heute verspeist er sie mit Schale, und zwar jeden Tag. Sie sind ein Grundnahrungsmittel für ihn, und er liebt sie mehr als Schokolade oder Chips. Drei schafft er mindestens am Tag, was im Jahr gut 1000 Äpfel ausmacht. Ja, es sind wirklich so viele. Wir waren auch ziemlich baff, als wir das überschlugen.

Jakob kommt mit drei Äpfeln zurück, reicht Franziska einen. Beide beißen herzhaft in ihre Äpfel. Einen Werbefilm könnte man mit ihnen drehen. Vier oder fünf Bissen bei Jakob, neun oder zehn bei Franziska. Sie nagt das Kerngehäuse sorgfältiger ab. Dann sind die Äpfel verputzt.

Woher aber kommen nun die 1000 Äpfel, die Jakob isst (und die anderen 1000, die wir drei anderen uns teilen)? Und wie sieht es mit deren Klimabilanz aus? Wir könnten das auch bei Birnen fragen oder bei Kartoffeln, Tomaten oder Mandarinen. Wir könnten das bei jedem Lebensmittel, das auf unseren Tisch kommt, fragen. Denn seit Tagen schon ist der CO_2-Ausstoß von allem, was wir tun, immer wieder Thema. Essen steht damit natürlich auf Platz eins, schon weil wir das jeden Tag teilen.

Bei den Äpfeln wollen wir es genau wissen. Stellvertretend für unser ganzes Obst. Die Bestandsaufnahme ergibt: Wir haben dafür vier Quellen. Den Supermarkt um die Ecke, die Bauern auf dem Markt, den Bioladen und einen verwachsenen alten Baum im eigenen Garten, der uns von Mitte/Ende Oktober bis Ende November mit Äpfeln versorgt. Die sind voll bio, mit dickem Kerngehäuse, knackig und schmecken in den ersten Tagen der Reife herrlich säuerlich, später werden sie dann süßer. Sie sind gut geeignet für Apfelkuchen und zur Füllung von Geflügel. Im Supermarkt kaufen wir Äpfel aus herkömmlichem Anbau, verpackt in handlichen Plastiksäcken zu meist zwei Kilo. Vom Bauern gibt es mal solche, mal solche: Wir fragen da nur, ob sie aus der Nachbarschaft kommen. Wenn das so ist, werden sie eingepackt.

Zweierlei ist uns sofort klar: Die Früchte aus unserem Garten haben die beste Umweltbilanz – und die meisten Macken. Sie wachsen an einem Baum, den wahrscheinlich die Vor-Vor-Vor-Bewohner des Hauses gepflanzt haben. Einem großen Apfelbaum mit recht viel Totholz, das man eigentlich, wollte man einen effektiven Apfelbaum, mal rausschneiden müsste, das aber Meisen Wohnlöcher und Buntspechten Raum zum Aufhacken von Nüssen bietet. Dann fliegen die morschen Holzspäne, dass es eine wahre Pracht ist.

Nach langem Suchen in pomologischen Fachbüchern, so heißt die Apfelfachliteratur wirklich, und auf ebensolchen

Webseiten konnten wir die Sorte als »Gelber Bellefleur« identifizieren. Auf der Webseite der österreichischen »Gesellschaft für die Erhaltung der Kulturpflanzenvielfalt & ihre Entwicklung« heißt es über ihn: »Die Sorte stammt aus Burlington in New Jersey, USA, und erhielt den Namen ihrer schönen Blüte wegen. Nach Berichten sollen die Gebrüder Baumann in Bollwiller im Elsass vor dem Jahre 1834 diese Sorte direkt aus Nordamerika bekommen und diese an den Gartendirektor Metzger in Schwetzingen bei Heidelberg weitergegeben haben. Von ihm erhielt der Markgraf Wilhelm von Baden Früchte, die ausgezeichnet mundeten und ihm zum Lieblingsapfel wurden.« Uns geht es genauso, wir lieben den Bellefleur.

So sehr, dass wir ihn früher eingelagert haben. Schön ordentlich auseinandergelegt auf langen gepolsterten Brettern ruhte er auf dem Dachboden. Von November bis März, ab und zu mussten wir mal einen faulen wegwerfen. Er füllte die Vorweihnachtsgans und wurde gebacken, aber auch so gegessen – auch wenn er dann nach ein paar Wochen immer mehliger wurde. Heute geht das leider nicht mehr. Seit wir unser Dachgeschoss ausgebaut und gedämmt haben, ist es dort zu warm für Äpfel. Gute Gebäudesanierung hat also manchmal auch ungewollte Nebeneffekte, aber das nur nebenbei. Auch im Keller ist es wegen der durchlaufenden Rohre der Fernwärme zu warm und zu trocken.

Seit das Lagern nicht mehr funktioniert, müssen wir uns ab Anfang Oktober zu guten Apfelverwertern mausern. Wir essen viele frische Früchte, wir backen Kuchen und Applecrumble. Es gibt Apfelmus, lecker gesüßt mit Zimt und Zucker und warm gegessen mit Vanilleeis. Und Apfelmarmelade. Damit unser vegetarischer Sohn sie isst, verwenden wir als Geliermittel Pektin. Viel braucht man nicht, weil der Apfel selbst sehr viel davon enthält. Und wenn unser Besuch nicht schnell genug flüchtet, muss er in der Erntezeit mindestens einen Eimer Äpfel, meist auch das ein oder andere Glas Marmelade mitnehmen.

»Gut, knapp zwei Monate sind wir dank Bellefleur also fein raus«, sagt Petra: »Da rettet er uns vor Klimasünden. Aber was ist mit den anderen zehn, wenn wir unsere Äpfel kaufen müssen? Welche Früchte vermiesen unsere CO_2-Bilanz? Welche schneiden wann am besten ab: bio oder normal?«

Franziska ist schnell mit ihrer Antwort: »Ich glaube, dass die aus dem Bioanbau immer besser sind.« Das nennt man wohl Vertrauensübertrag. Wir haben ihr offensichtlich oft genug erzählt, dass bio irgendwie besser ist. Weil wir es selbst glauben wollen. Doch ist die Wahrheit wirklich so einfach? Gute Frage. Wer aber findet die Antwort? Franziska schnappt sich das Tablet und googelt. Jakob greift zum Handy. Er nutzt den Suchdienst Ecosia statt Google – das ist die ökologische Websuche, von deren Gewinnen werden Bäume gepflanzt. Doch Ecosia hilft diesmal nicht, allerdings auch nicht Google. Kein Ergebnis. Überhaupt keines, wir finden einfach keine brauchbare Studie dazu. Selbst als Petra es später noch länger an ihrem Computer versucht, muss sie irgendwann erfolglos aufgeben.

Nichts Genaues weiß man nicht

Also setzt sich Günther am nächsten Morgen ganz altmodisch und hoffnungsfroh ans Telefon, ruft Öko-Anbauverbände an und sagt sein Sprüchlein auf: »Guten Tag, ich recherchiere die ökologischen Kosten von biologischem und konventionellem Apfelanbau – wie viel CO_2 entsteht wobei, gibt es dazu Zahlen oder besser noch belastbare Studien?«

Die Antworten sind – na ja, ausbaufähig: Bioland e.V. in Mainz weiß nichts, Demeter in Darmstadt genauso wenig. Gäa e.V. – Vereinigung ökologischer Landbau verweist an den Bund Ökologische Lebensmittelwirtschaft e.V. in Berlin. Und der sagt dann, dass man lieber die Naturschutzverbände wie den Naturschutzbund Deutschland fragen solle. Kurzer Anruf dort, wieder das Sprüchlein aufgesagt. Ja, so spontan wisse man leider auch nichts, aber möglicherweise … Günther bekommt zwei weitere Mailadressen. Naturland verspricht zu helfen.

Einen halben Tag später klingelt dann das Telefon. Dran ist Markus Fadl, der Pressesprecher von Naturland. Er sagt, was sich Günther inzwischen schon denkt: »Ja, das mit der CO_2-Bilanz ist nicht so einfach.« Fadl sagt, er könne aber sofort jede Menge anderer ökologischer Vorteile der Bioproduktion aufzählen. Ist zwar nicht ganz das Thema, aber auch interessant. Und so tut er das dann auch: Biologischer Apfelanbau würde mehr Sorten pflegen als der konventionelle. Bei Letzterem gäbe es nur fünf bis sieben Sorten, ein gepflegtes Biosortiment hätte dagegen oft schon mal ein gutes Dutzend verschiedene im Angebot. Dann berichtet er vom Öko-Monitoring, das das Ministerium für ländlichen Raum und Verbraucherschutz in Baden-Württemberg jährlich durchführt. Das sei eindrucksvoll. Und die Ergebnisse sprächen ziemlich deutlich für bio. Stimmt, im Bericht für 2015 heißt es: »Wie in den Vorjahren unterscheidet sich ökologisches Obst und Gemüse sehr deutlich von konventionell erzeugter Ware, sowohl bezüglich der Häufigkeit von Rückstandsbefunden als auch der Rückstandsgehalte chemisch-synthetischer Pestizide.«

In sechs von zehn Proben von Obst aus ökologischem Anbau waren überhaupt keine Rückstände an Pflanzenschutzmitteln nachweisbar. Der durchschnittliche Pestizidrückstandsgehalt beim Bioobst hätte bei 0,001 Milligramm je Kilogramm gelegen, bei konventionellem Obst hingegen bei 0,35 Milligramm je Kilogramm »und wies somit im Mittel einen zirka 175-fach höheren Gehalt an Pestiziden auf als Ökoobst«.

Weniger Pestizide, mehr Artenvielfalt: Das sind gute Argumente für das Bioobst. Als Jakob in der abendlichen Runde wieder seine Äpfel holt und sie sorgfältig abwäscht und Günther dann nach den neuesten Erkenntnissen der Apfelrecherche fragt, fällt uns auf, wie konkret und persönlich wichtig das sein kann. Denn wenn unser Sohn 1000 Äpfel pro Jahr isst und die alle mit Pestiziden bespritzt worden sind, dann blieben wahrscheinlich welche in oder an der Frucht hängen. Ob man die wirklich abwaschen kann, indem man das Obst kurz unter den Wasserhahn hält? Mal ganz abgesehen davon, dass das niemand immer tut. Also isst Jakob Schadstoffe und speichert sie in seinem Körper. Man muss kein Ökofreak sein, um zu wissen, dass das ab einer bestimmten Menge nicht gut sein kann.

»Das wollen wir doch mal sehen«, sagt Jakob. Er schnappt sich Petras Rechner und findet schnell die Veröffentlichung »Mittlere Gewichte einzelner Obst- und Gemüseerzeugnisse« des Bundesamtes für Verbraucherschutz und Lebensmittelsicherheit aus dem Jahre 2002. Nach der wiegt ein Apfel im Mittelwert 181,6 Gramm. Jakob verspeist also mit seinen 1000 Äpfeln gut 181 Kilogramm im Jahr. Nicht schlecht.

»Deutsche Bürokratie hat schon was für sich«, spottet Petra, als sie die Listen sieht, in denen das Bundesamt für Verbraucherschutz und Lebensmittelsicherheit aufzählt, wie schwer und dick neben Äpfeln auch Aprikosen, Ananas, Bananen und Linda-Kartoffeln im Durchschnitt sind. Auch Zucchini, um das Alphabet vollzumachen. Doch bei allem Spott darüber und der Vorstellung, wie Bürokraten in grauen Amtsstuben

Äpfel und Kartoffeln wiegen, deren Gewicht sorgfältig in Excel-Tabellen notieren und dann deren Durchschnittsgewicht ausrechnen, wird uns auch auf einmal klar, warum es diese Listen gibt und warum sie wichtig sind: So kann man die Grenzwerte für Rückstände von Pflanzenschutzmitteln in Lebensmitteln genau bestimmen. Bei den Mengen, die unser Sohn vertilgt, kann da ja einiges zusammenkommen. »Wow, Jakob«, ruft Günther, der eifrig Zahlen tippt, »wenn du 181 Kilo konventionelle Äpfel isst, verspeist du pro Jahr 63 Milligramm Pestizide. Wenn du nur Bioäpfel isst, sind es 0,181 Milligramm.«

»Vergiftet ihr mich regelmäßig?«, fragt Jakob besorgt. Zunächst etwas ernsthaft – Gesundheitspanik schieben konnte er schon immer gut. Früher googelte er regelmäßig Krankheitssymptome. Das hat glücklicherweise nachgelassen, und so grinst er jetzt nur: »Sollte ich lieber auf Chips umsteigen? Könnte teurer werden. Jeden Abend eine Tüte.« Er grinst noch mehr, als er unsere besorgten Blicke sieht.

»So weit, so gut«, sagt Günther. »Dass Bioäpfel gesünder sind, das haben wir uns schon vorher gedacht. Nur, was ist jetzt mit dem CO_2, nutzt bio unserer CO_2-Bilanz? Dazu hat der Sprecher von Naturland wenig gesagt, nur, dass der österreichische Aldi-Ableger, der Hofer heißt, damit werbe, dass Äpfel, die das eigene Biosiegel ›Zurück zum Ursprung‹ tragen, mit deutlich weniger CO_2 produziert werden als Äpfel aus konventionellem Anbau. Ich habe dann mal da auf deren Webseite nachgesehen.«

»Und was heißt das jetzt?«, fragt Petra, langsam ein wenig ungeduldig.

Günther schnappt sich den Rechner von Jakob. »Hier, guck selbst. Angeblich entstehen beim Bioanbau 16,3 Prozent weniger CO_2.« Er gibt den Rechner an Petra weiter und die liest halblaut vor: »Mitverantwortlich dafür ist der Verzicht auf Stickstoff-Mineraldünger, dessen Herstellung viel Erdgas und Erdöl benötigt und dessen Einsatz zu hohen Lachgas-Emissionen (starkes Treibhausgas) führt.« Sie guckt hoch. »Dann steht da noch, dass der Boden bei ökologischer Landwirtschaft durch die humusfördernde Bewirtschaftung (entsprechende Gründüngung, Kompostwirtschaft, Fruchtfolge) mehr CO_2 aus der Luft als der Boden bei konventioneller Produktion binde.«

Darüber hatten wir noch gar nicht nachgedacht: Klar, auch bei der Produktion von Dünger entsteht ja das Gas, ziemlich viel sogar. Selbst wenn man bedenkt, dass der Biobauer mit dem Trecker öfter durch die Plantage pflügen muss und damit mehr Sprit braucht, weil er das Unkraut nicht schnell und wirkungsvoll mit Glyphosat bekämpfen kann, ist seine Bilanz wahrscheinlich immer noch besser. Denn bei der Herstellung des Pestizids oder des Kunstdüngers entsteht so viel Treibhausgas, dass man das Mehr an Treckerdiesel ruhig vernachlässigen könnte.

Die gute alte Streuobstwiese

Also: Bio ist klarer Sieger beim Klimavergleich! Haben wir es doch gewusst! Wir fühlen uns bestätigt, doch dann kommen irgendwie Zweifel. Franziska, die akribisch ihre Apfelbutzen abnagt, spricht sie aus: »Na, ich weiß nicht. Wir waren doch letztens bei Michaela und haben gesehen, was der Trecker alles so rausstinkt. Das kann doch nicht sauber sein.« Stimmt. Wir waren bei Freunden, die einen Hof haben, und hatten uns erst über die gute Landluft und dann den Treckergestank unterhalten. »Irgendwie brauchen wir noch mehr Zahlen und Infos«, sagt Petra etwas resignierend. »Das reicht noch nicht.« Die anderen nicken. So beschließen wir, nicht nur unserem Bauchgefühl und der Studie einer Aldi-Tochter zu vertrauen.

Am nächsten Morgen klingelt, wie bestellt, das Telefon: »Rösler hier. Sie hatten bei mir angerufen.« Stefan Rösler ist einer der Ansprechpartner, die Günther ganz zu Beginn von den Ökoverbänden genannt bekommen hat – er hatte den Mann dann auch angeschrieben und erfolglos angerufen. Stefan Rösler scheint ein echter Apfelexperte zu sein, und er hat eine interessante Webseite. Er hat »den integrierten Obstbau mit ökologischem Obstbau und Streuobstbau« verglichen. Integrierter Obstbau bedeutet, dass Pflanzenschutzmittel und Pestizide eingesetzt werden, aber angeblich nur, wenn es notwendig ist, und nicht präventiv zu festgelegten Zeiten wie im konventionellen Anbau. Wobei der Naturschutzbund NABU allerdings kritisiert, dass auch bei dieser angeblich so sanften Methode in vielen Obstanbaugebieten immer noch Gifte gespritzt werden.

Wäre Günther doch besser nicht ans Telefon gegangen. Denn Stefan Rösler zerstört mit ein paar Daten den Traum vom guten Bioapfel. Auch Bioäpfel würden in monotonen Plantagen angebaut, sagt er. Und die hätten nichts von einer romantischen Obstwiese, sondern seien eine sehr intensive, auch pflanzenschutzintensive und daher artenarme Kultur. Er fände auch nicht, dass man Bioapfelplantagen in Hinsicht auf die Klimafolgen pauschal als unproblematisch bezeichnen könne. Denn man dürfe weder den für die vielen Befahrungen der Intensivobstanlagen notwendigen Treckerdiesel vernachlässigen noch die durch diese Fahrten entstehende Bodenverdichtung. Und da verdichteter Boden weniger CO_2 speichern könne, sei auch dies ein klimarelevanter Faktor.

Sicher sei eine Bioplantage aus Umweltsicht weit besser als der integrierte Obstbau und sogar sehr viel besser als der ganz konventionelle, schon weil dort durch den Verzicht auf chemisch-synthetische Pestizide mehr Tiere leben. Brüten auf einer Plantage im integrierten Obstbau rechnerisch 100 Vogelpaare, sind es auf der gleich großen Fläche im Biobetrieb 163 Paare. Aber richtig gut für die Natur seien wirklich nur Streuobstwiesen. Auf denen findet man fünfmal so viele brütende Vogelpaare und dreimal so viele Pflanzenarten auf gleicher Fläche. Und weil ihr Anbau die Natur schont und den Boden nicht schädigt, hätten Äpfel von Streuobstwiesen auch die beste Klimabilanz.

Als Günther das am Abend erzählt, nickt Jakob nur eifrig. Sprechen kann er nicht, denn in seinem Mund steckt – Überraschung – ein halber Apfel. Er kaut, schluckt, sagt dann: »Also nicht nur öko kaufen, sondern Ökoäpfel von Streuobstwiesen.« Das klingt gut, finden wir alle. Aber Jakob hat schon weitergedacht: »Davon gibt es doch nicht mehr viele. Das reicht doch nicht mal für alle Berliner. Auch wenn nicht jeder von denen so viele Äpfel isst wie ich.« Wie so oft hat er wahrscheinlich recht, und dann macht er die Sache noch komplizierter, als er fragt: »Und was ist mit dem Transport? Wenn unser Nachbar jeden Samstag mit seinem Straßenpanzer viele Kilometer weit aus der Stadt brettert, um beim nächsten Ökohof mit Streuobstwiesen sein Obst zu kaufen – macht er dann nicht alles wieder kaputt? Ruiniert nicht überhaupt der Transport die ganze Klimabilanz all der verschiedenen Äpfel?«

Weltgereist oder kontrolliert gelagert?

Oh weh, der Transport! Apfelzeit ist in unseren Breiten von etwa Juli bis November. In der Zeit kommen Äpfel frisch auf den Markt. Von etwa Januar bis Juli aber kommt das Obst, das bei Edeka, Lidl oder Aldi die Regale füllt, oft aus entfernten Ländern auf der Südhalbkugel, meist aus Neuseeland oder Chile. Dort haben auch wir bisher spätestens ab Januar die Plastiktüten mit dem Obst aus der Ferne gekauft – und dann auf der kühlen Kellertreppe gelagert. Aber diese Äpfel sind weit transportiert worden – per Schiff, per Lastwagen, vielleicht per Flugzeug. Wie schlimm ist das? So schlimm, dass wir künftig auch im Winter besser den deutschen Apfel auf dem Markt kaufen, auch wenn der spätestens ab Januar oft ziemlich mehlig schmeckt? Immerhin wurde er dann ja auch schon einige Monate im Lagerhaus aufbewahrt. Ob das wirklich besser ist? Wir glauben und fürchten das. Aber glauben allein hilft in diesem Fall nicht.

Also müssen wir wieder mal einen Rechercheabend einlegen. Eigentlich ist uns Eltern das ganz recht. In der letzten Zeit haben wir oft, viel zu oft, gemeinsam Fernsehen geschaut. Warum nicht zur Abwechslung mal selbst forschen? Wir haben im Haus zwei Laptops, ein iPad und mehrere Handys, über deren CO_2-Bilanz wir jetzt einfach mal nix wissen wollen. Die wir einfach benutzen. Suchworte sind: »Apfel« und »Transport«. Franziska findet auf Anhieb erstaunlich viele Verweise, und sie stellt fest: Außer beim Transport belastet die »Apfelproduktion« – ein furchtbares Wort, aber Obst wächst ja nicht einfach so dekorativ am Baum – natürlich noch an weiteren Punkten die Umwelt. Das nennt man die »Food Miles«, also den Weg, den das Obst vom Hersteller zum Verbraucher zurücklegt, und alles andere, was noch CO_2 produzieren kann: Verarbeitung, Pflanzenschutz, Düngemittel oder auch der Strom, den die automatischen Sortiermaschinen für Äpfel verbrauchen.

Wo also fallen mehr Food Miles an? Bei dem weit gereisten neuseeländischen Apfel? Oder dem lang gelagerten aus heimischen Landen? Die Kette eines deutschen Apfels von der Ernte bis zum Endverbraucher lässt sich schnell aufzeichnen: Anbau – fünf Monate Lager – Großmarkt – Handel – Konsument. Dabei entstehen durchschnittlich 180 Transportkilometer per Lastwagen sowie drei Kilometer vom Handel zur Wohnung des Verbrauchers. Bei den neuseeländischen Äpfeln sieht es folgendermaßen aus: Anbau – Transport – Hafen – Hafen – Transport – Handel – Konsument. Dabei kommen zu den 22 000 Kilometern Schiffstransport durchschnittlich weitere 370 Kilometer per Lastwagen sowie ebenfalls drei Kilometer vom Laden bis zum Verbraucher.

Lagerung – das funktioniert in den großen Hallen tatsächlich ganz anders als zu Hause im Keller. Das Obst liegt in sogenannten CA-Lagern, das CA bedeutet Controlled Atmosphere, kontrollierte Atmosphäre. Hier werden Temperatur, Luftfeuchtigkeit, Sauerstoff- und Kohlenstoffdioxidgehalt genau geregelt – die Temperatur liegt bei Äpfeln immer zwischen ein und vier Grad Celsius, die Luftfeuchtigkeit bei über 90 Prozent, um ein Austrocknen der Früchte zu verhindern, der Sauerstoffgehalt nur bei zwei bis drei Prozent, und der Kohlenstoffdioxidgehalt wird auf zwei bis fünf Prozent erhöht. So wird der weitere Reifungs- und dann einsetzende Fäulnisprozess der Äpfel gehemmt, ihr Stoffwechsel wird gebremst, sie werden, übertragen gesagt, in eine Art Winterschlaf versetzt.

»Das hatte ich mir alles ein wenig romantischer vorgestellt«, sagt Petra zwischendrin. Das ist ja mehr Apfelindustrie als Landwirtschaft. Sie geht sich erst einmal ein Glas Weißwein holen (auch der wird nicht mehr romantisch im Holzfass gekeltert).

Günther meint, dass er eigentlich gar keine Apfelplantagen kennt. »Ich habe immer nur Streuobstwiesen im Kopf«, sagt er. »Das nennt man wohl Verdrängung«, meint Petra nur, das Weinglas in der Hand. »Wir haben doch die Plantagen gesehen. Am Bodensee, an der Autobahn in Südtirol, direkt hinter dem Brenner. Da fährt man doch nur durch Obstplantagen, alle mit Netzen geschützt.«

»Äpfel neben der Autobahn«, meldet sich Franziska. »Bio ist was anderes.«

Stimmt, aber das führt weg vom Thema. Wir wollen jetzt nur wissen, welche CO_2-Bilanz besser ist: die der Äpfel aus Neuseeland oder aus Deutschland. Der Agrarwissenschaftler Michael Blanke von der Universität Bonn hat sich damit beschäftigt. Er hat den Energieaufwand pro Kilo Apfel für neuseeländische und hiesige Früchte ausgerechnet. Er verglich den Anbau von Äpfeln der gleichen Sorte und ihre Verschiffung ab März aus Neuseeland mit Früchten aus Meckenheim bei Bonn. Die Meckenheimer Äpfel wurden Mitte Oktober geerntet und dann sechs Monate gelagert.

»Und?« Franziska ist ungeduldig.

»Der Sieger ist …«, Günther macht eine Kunstpause.

Jakob trötet ein »Ta, ta, ta, taa«.

»Der Sieger ist: der heimische Apfel!«

»Allerdings«, so schränkt Günther ein, »nimmt sein Vorsprung ab, je länger er gelagert wird. Bei mehr als sechs Monaten liegen beide ziemlich gleichauf. Also sechs Monate ab Ernte, das ist schon im April.«

»Das heißt, wir müssen ab sofort, so lange wie sie gut schmecken, die Äpfel aus der Region kaufen«, fasst Petra zusammen: »Und erst möglichst spät im Frühjahr auf die Übersee-Importe ausweichen.«

»Oder auf anderes Obst«, sagt Günther.

»No way!« Das kam aus Jakobs Ecke.

»Und noch etwas ist wichtig«, sagt Günther, der wieder auf die Tabelle schaut. »Wie wir die Äpfel kaufen. Fahren wir statt mit dem Auto mit dem Fahrrad, sparen wir gut ein Viertel der gesamten Energie.«

Nach zwei Wochen Apfeldiskussion gibt es an einem Freitagabend eine kleine Familienrechercheabschlussparty: Reibekuchen mit dem letzten Glas Apfelmus aus dem letzten Jahr. Und dann kommen Papier und Stifte auf den Tisch. Denn wir wollen es nun noch einmal in Zahlen festhalten.

Wir erinnern uns: Jakob isst 1000 Äpfel im Jahr, der Rest der Familie zu dritt ebenfalls 1000. Insgesamt etwa 360 Kilo Äpfel. Die kommen etwa drei Monate aus dem eigenen Garten. Also bleiben etwa 270 Kilogramm, die wir anderswo kaufen. Kaufen wir nun statt der neuseeländischen Äpfel nur noch die aus der Region und damit im Winter aus den Lagern, so werden für unseren Apfelkonsum 320,6 Kilowattstunden Energie aufgewandt. Das sind immerhin fast 150 Kilowattstunden weniger, als wenn wir unseren Apfelbedarf ausschließlich mit Früchten aus Neuseeland decken würden.

150 Kilowattstunden – das ist die Energie, die wir brauchen, um 150 Maschinen Wäsche zu waschen. Also darf die Trommel das ganze Jahr über dreimal pro Woche rotieren – wenn wir auf Importäpfel verzichten. Das hätte keiner von uns gedacht. Und weil die beiden Kinder den Vergleich wenig prickelnd finden, denn sie bekommen die saubere Wäsche immer noch einfach wie von Zauberhand in ihre Schränke gelegt, sucht Günther noch ein paar Vergleiche:

150 Kuchen mit Hefe backen.

Oder 7500 Stunden, sprich 312,5 Tage durchgehend aktiv am Laptop arbeiten.

Das Fazit ist also nach einer langen Rechnung am Ende einfach zu ziehen:

Es macht einen Unterschied für unsere Klimabilanz, wann und wo wir unsere Äpfel kaufen.

Am umweltfreundlichsten sind die Äpfel aus dem eigenen Garten (wen wundert's).

Dann folgen die von den nahe gelegenen Streuobstwiesen.

Dann Bioäpfel zu den Zeiten, in denen es sie gibt, und möglichst aus regionalem Anbau. Also bitte in Hamburg keine Südtiroler Bioäpfel essen, wenn die Bäume der Biobauern im Alten Land gerade abgeerntet worden sind.

Dann, im Winter und Frühjahr, die gelagerten Bioäpfel lieber als die herkömmlichen.

Und schließlich – und am besten nur in der apfellosen Zeit zwischen April/Mai und Juli – die importierten von der Südhalbkugel, aus Argentinien, Chile, Südafrika und Neuseeland, auch hier lieber bio als die aus konventionellem Anbau.

Oder einfach für eine kurze Zeit ganz drauf verzichten – im Juni und Juli sind die Johannisbeeren reif, die Erdbeeren auch.

All das kann man einsehen. Aber auch umsetzen? Jakob geht in den Keller und holt den nächsten Apfel – es ist Januar und der Apfel kommt aus Neuseeland, wo eindeutig die gelagerten heimischen Früchte noch besser wären. Zwei schnelle Bissen. »Eine halbe Tafel Schokolade jetzt wäre vielleicht noch unökologischer. Und ungesünder«, murmelt er, zwei weitere schnelle Bissen. Er nagt noch ein wenig am Apfel rum; zurück bleibt ein Apfelkitsch, der morgen früh in den Kaninchenstall wandern wird. Und Jakob sagt noch grinsend: »Apfelverzicht war noch nie eine Lösung. Außerdem bin ich Vegetarier und habe sowieso die bessere Ökobilanz.«

Womit wir bei der nächsten großen Frage rund ums Essen wären: Stimmt das?

Sind Vegetarier klimapolitisch die besseren Menschen?

»Alltagsökologie: Regel 1 – nie mehr Rindfleisch!« So beendet unsere Freundin Charlotte ihre E-Mail an Petra und Günther. Hört sich seltsam an – aber Charlotte weiß, wovon sie schreibt. Deswegen wenden wir uns an sie. Schließlich ist sie Biologin (und Juristin) und beschäftigt sich schon seit Jahren mit klimapolitischen Fragen – seit sie bei der Weltbank in Washington beschäftigt war. Dort stieg sie nach ein paar Jahren aus, der Betrieb erschien ihr zu ineffizient, zu langsam für ihr sehr schnelles Denken und Handeln. Denn Charlotte hat Tempo – nicht nur beim Fahrradfahren in der Berliner Innenstadt. Sie hat einfach zu viel Energie für eine Organisation, in der zwar viele Leute etwas bewegen wollen, ein Gutteil der Mitarbeiter sich aber doch in erster Linie mithilfe von vielen Businessclass-Flügen rund um die Welt bis zur lohnenswerten Alterspension durchkämpft. Was auch hart sein kann.

Charlotte Streck gründete jedenfalls nach ein paar Jahren Weltbank mit einem Mitstreiter »Climate Focus«, eine Firma mit Büros in Amsterdam, Berlin, Bogota und Washington. Ihre Kunden sind Stiftungen, Unternehmen, politische Institutionen, Nichtregierungsorganisationen, aber auch Regierungen, die wissen wollen, was sie gegen den Klimawandel tun können. »Climate Focus« entwirft Konzepte, die sich mit erneuerbaren Energien, mit Energieeffizienz und CO_2-Vermeidung beschäftigen, und das in der Land- und Forstwirtschaft, beim Müll und Verkehr. Deswegen arbeiten dort auch Fachleute für Kühe und deren Mägen.

»Generell haben Vegetarier die bessere Klimabilanz«, sagt Charlotte, auch wenn sie zugibt, dass es kompliziert ist, den Beweis für jeden Ernährungstyp im Einzelnen zu führen. Für den Vegetarier, den Veganer, den Frutarier. Und natürlich spielte es eine Rolle, ob man jeden Tag Flugmangos aus Marokko, Trauben aus Chile und Melonen aus Brasilien isst – oder vor allem Obst und Gemüse aus der Region. Statistiken über Essen zeigen trotzdem eindeutig: Fleischesser haben schlechte Karten.

Laut Bundesumweltministerium verbraucht jeder Deutsche im Schnitt 500 Kilogramm Lebensmittel pro Jahr, wodurch er – ebenfalls im Schnitt – rund 2,1 Tonnen CO_2 verursacht. Davon entsteht knapp die Hälfte (45 Prozent) durch Erzeugung, sprich im Stall, auf der Weide, dem Feld, im Treibhaus, aber auch bei der Verarbeitung oder durch den Supermarkt. Dazu kommen noch die Lagerung, die Zubereitung, und nicht unwesentlich ist dann bei vielen Lebensmitteln auch – wie wir bei den Äpfeln gesehen haben –, wie wir sie einkaufen.

An einem Mittwochabend sitzen wir zu viert am Küchentisch. Günther hat gekocht, wie so oft. Erstens, weil er das am besten und schnellsten kann. Zweitens, weil er von zu Hause aus arbeitet und Petra in der Woche oft erst spät nach Hause kommt. Und drittens, weil er es ganz einfach lieber tut als sie – wenn auch nicht jeden Abend. Aber da es mittags für die Kinder oft nur Brötchen gibt – ihr Unterricht ist lang und die Schulkantinen nicht sehr attraktiv, jedenfalls nicht jeden Mittag –, essen wir abends oft etwas Warmes. Auch weil das klassisch deutsche Abendbrot, Wurst, Käse und ein Stückchen Brot, keinen so richtig begeistert.

Heute gibt es zwei Lasagnen zum Abendessen. Eine vegetarische, eine klassische. In der einen Soße Sojaflocken statt Hackfleisch, ansonsten in beiden Tomaten, geriebene Möhren, sehr klein gehackte Zwiebeln (wären sie größer, würde Jakob sie aussortieren), ein paar getrocknete Tomaten (die Franziska aussortiert), Béchamelsoße und Käse. Dazu ein bisschen Feldsalat für Petra, Günther und Jakob und Rucola für Franziska – manchmal ist es ganz schön schwierig, für eine verwöhnte vierköpfige Familie zu kochen.

Die Gesprächsthemen in der Reihenfolge: Neuigkeiten aus der Schule (sehr zäh), Pferde (Franziskas Lieblingsthema, aber noch zäher für Jakob) und schließlich: dass und warum Vegetarier die bessere Klimabilanz haben.

Die Gründe dafür sind offensichtlich: »Pflanzen wachsen und werden gegessen«, sagt Franziska. »Tiere müssen erst fressen, die laufen herum, verdauen, und damit brauchen sie mehr Nahrung, als am Ende herauskommt, wenn man sie schlachtet.« Sehr einfach.

Wir Deutsche sind große Fleischesser. Pro Kopf verputzten wir 2014 insgesamt etwa 60 Kilogramm Fleisch, etwa das Doppelte von dem, was die »Deutsche Gesellschaft für Ernährung« empfiehlt. Davon sind knapp zwei Drittel Schweinefleisch, knapp zwölf Kilogramm Geflügel und etwa neun Kilogramm Rind- und Kalbfleisch. Alle zahnlosen Babys, alle knapp acht Millionen Veganer und Vegetarier, alle sich fleischreduziert Ernährenden einberechnet, sind das pro Person etwas mehr als 160 Gramm Fleisch am Tag. »Hört sich erst einmal nicht so viel an«, sagt Petra dazu.

Günther wiegt den Kopf hin und her: »Ist ’ne Menge.« Er zeigt auf die Lasagne: »Hier sind für uns drei 250 Gramm Hackfleisch drin – wir essen also pro Nase etwa die Hälfte dessen, was ein Normalmensch am Tag verzehrt. Der nimmt 160 Gramm. Das ist ein nicht sehr großes Schweineschnitzel oder Steak. Oder ein ziemlich großer Stapel Salami. Ich habe nachgeschaut: Eine kleine Nürnberger Rostbratwurst wiegt 20 bis 25 Gramm, also wären das etwa sieben Stück am Tag.«

»Wie eklig!« Jakob wendet sich ab. »Jeden Tag sieben Würstchen oder ein Steak?«

»Ja, jeden Tag. Und irgendwelche Leute müssen heute 14 Würstchen essen. Nämlich für dich mit.«

Der vegetarische Jakob

Auf unserem Speiseplan und in unserem Kühlschrank hat sich, seit Jakob zum Vegetarier wurde, einiges geändert: Es lagern dort eindeutig viel weniger Wurst und Fleisch. Jakob mutierte quasi über Nacht zum Fleischverächter. Er hatte im Frühjahr 2012 einen Dokumentarfilm gesehen. Er sah, wie Tiere gemästet und brutal geschlachtet werden und welche bitteren Folgen der wachsende Fleischkonsum der Reichen für die Umwelt und die Armen hat. Wie in Paraguay Kleinbauern, die, oft aus historischen Gründen, keine Rechtstitel auf das von ihnen seit Generationen bestellte Land haben, von dort vertrieben werden, damit großflächig Soja angebaut werden kann. Das dann an Masttiere verfüttert wird.

Jakob handelte sofort mit einer Radikalität, wie sie Elfjährigen zu eigen ist: An jenem Abend hängte er den Zettel in der Küche ab, auf dem bei uns kleine Wünsche stehen und auf den er noch kurz zuvor »MEHR FLEISCH!« geschrieben hatte. Und wurde über Nacht zum Vegetarier.

Es ist nichts Außergewöhnliches mehr, Vegetarier zu sein. Oder Veganer. Aber es ist ein ziemlicher Unterschied, ob Freunde nur Gemüse essen oder ob der eigene Sohn das tut.

Oder der erste Enkel. Kurz, anfangs hat er uns alle genervt. Auch weil er eine Familientradition brutal beendete.

Jakob war schon ein paar Monate lang Vegetarier, als sein erstes vegetarisches Weihnachtsfest mit seinen Großeltern näher rückte. Während eines Besuches im Sommer hatte seine Oma noch versucht, ihm homöopathische Mengen Schinkenspeck in den Eintopf zu schmuggeln. »Der Junge kriegt ja sonst Eisenmangel.« Was nicht stimmt, wie wir längst in verschiedensten Ernährungsratgebern nachgelesen hatten. Eisen kann man auch durch andere Lebensmittel wie Nüsse, Linsen und Hülsenfrüchte zu sich nehmen. »Der Junge« pulte jedenfalls die Stückchen heraus, stritt mit den Großeltern und ließ sich weder mit seinem ehemaligen Lieblingskäse noch mit Gummibärchen bestechen (der traditionell hergestellte Comté wird mit Lab aus Kälbermägen fermentiert, die Bärchen sind aus Gelatine).

Zu Hause lernten wir rasch, dass Spaghetti bolognese auch mit Sojaflocken statt Hackfleisch schmecken und Polenta mit Pilzen statt Poularde. Jakob redete damals dann gern mal von »Aasessern«, wenn wir doch mal ein Schnitzel aßen. Und guckte offensiv angeekelt auf unsere Teller. Es half auch nicht, dass das Schwein oder Kalb vom Biometzger kam. Jedes Essen wurde zu einem anstrengenden politischen Seminar seinerseits. Entnervt verboten wir ihm schließlich während der Mahlzeiten die verächtlichen Bemerkungen und drohten, sonst getrennt zu essen. Er verzichtete daraufhin, seine Abscheu in Worte zu packen, wünschte sich zum zwölften Geburtstag einen Ausflug in ein vegetarisches Restaurant, guckte zu Hause hin und wieder schweigend, aber offensiv angeekelt auf unsere Teller und dozierte von nun an gern mal über die umweltpolitischen oder die sozialen Konsequenzen des Fleischkonsums.

Zwölfjährige sind zäher als alte Schnitzel.

Uns grauste daher schon Wochen vor dem Ereignis vor Weihnachten. Das Fest verbringen wir traditionell bei den verschiedenen Großeltern. Es gibt bei Petras Eltern am Heiligen Abend, seit Petra sich erinnern kann, Fleischfondue. Oma und Opa sind Nachkriegskinder, einmal im Jahr rohe Fleischstücke an langen Gabeln in siedendes Öl zu halten und danach in Würzsoßen zu tunken, ist für sie der Inbegriff eines luxuriösen Mahls.

Das Festessen mit dem überzeugten Enkel lässt sich in zwei Wörtern zusammenfassen: nicht witzig! Ein verärgerter Großvater, ein muffeliger Enkel und dazwischen der Rest der Familie. Wir versuchten, fröhlich zu schmausen und zu plaudern und dabei nicht über das Essen zu reden. Auf keinen Fall die Situation eskalieren! Das war die unausgesprochene Devise des Abends. Jakob aß ein bisschen Brot und Salat, stand auf, sobald er durfte, und machte sich heißhungrig über den Teller mit den Plätzchen her. Sein Großvater ignorierte ihn ostentativ. Fleisch abzulehnen, das wurde Petra an diesem Abend klar, bedeutete, den gemeinsamen Genuss zu verweigern. Das Schwelgen im Überfluss, den sich die Großeltern bewusst nur einmal im Jahr gönnten. Nein zum weihnachtlichen Fleischfondue sagen nur Spielverderber. Und Jungs, die kein Fleisch essen – bei denen muss die Erziehung irgendwie versagt haben.

Nach diesem Fest herrschte eine ganze Weile Funkstille zwischen den Generationen. Der Enkel fand den Großvater doof und der den Enkel wahrscheinlich auch. Doch irgendwann, nach einer ganzen Reihe von Telefonaten, merkten die Großeltern, dass die vermeintliche Marotte ihres Enkels wohl eher sein erstes politisches Statement war, vielleicht noch unbeholfen vorgebracht, aber sehr überzeugt. Und dafür hatten sie wiederum viel Verständnis, politisches Engagement fanden sie schon immer gut.

Bei seinem nächsten Besuch servierten sie Gemüsesuppe. Und als wir uns ein Jahr später wieder zum Weihnachtsessen an den Tisch setzten, standen dort zwei Töpfe. Einer fürs Fleischfondue. Einer fürs Gemüse. Und der Großvater grinste seinen Enkel an: »Wir essen auch nicht mehr so viel Fleisch.« Und inzwischen hat sich die Tradition komplett verändert. Seit einigen Jahren gibt es Käsefondue – und eigentlich, eigentlich finden das alle besser. Oder sie akzeptieren es als eine friedensstiftende Alternative. Und darum geht es ja schließlich zu Weihnachten auch.

Fleisch ist männlich? Oder isst Mann Fleisch?

Wir essen Fleisch, wenn überhaupt, inzwischen fast nur am Wochenende und sind somit zum klassischen Sonntagsbraten zurückgekehrt. Wobei der gern mal ein Hühnchen in Weißwein oder ein Fisch sein darf. Franziska mag Tiere und trotzdem genauso gern mal eine Frikadelle, Petra und Günther ebenso, allerdings sind sie keine echten Fleischliebhaber oder -süchtigen. Ihnen läuft beim Foto eines Steaks nicht das Wasser im Munde zusammen. Zeitschriften wie *Beef! Männer kochen anders* oder Schwärmereien über Riesensteaks vom Grill lassen Günther kalt. Er versteht auch nicht, warum das Essen von Rindfleisch – dicken Steaks, am besten blutig – als besonders männlich gilt. Warum gibt es Webseiten mit dem Titel Maennersteak.de und der Unterzeile »Jedes Steak unter 4 cm Dicke ist Carpaccio!«? Man kann das als humorvollen Umgang mit männlicher Schwäche deuten, aber so ist das wohl eher nicht gemeint. Es geht um die Assoziationskette »Viel Fleisch, am besten blutig, macht viel Mann«. Offensichtlich funktioniert das. Sonst würde die Verlagsgruppe Gruner + Jahr ihr Heft *Beef! – Männer kochen anders!* nicht verlegen. Wobei man nicht weiß, ob sie das meiste Geld nicht mit dem angeschlossenen Onlineshop verdient, in dem sogenannte Supergrills, Fleischkühlschränke, Messer, Wein und Fleisch verkauft werden.

Okay, Männer essen oft lustvoller als Frauen, die anders erzogen wurden und viel mehr auf ihre Figur und somit den Kaloriengehalt und Gesundheitswert von Nahrung schielen. Barocke Völlerei und Unvernunft beim Genuss gelten eher als männlich, Zurückhaltung dagegen als weiblich – jedenfalls bislang. Die Sozialwissenschaftlerin Monika Setzwein schreibt, dass das Ernährungsverhalten, sowohl die Speisewahl wie auch die Rituale des Essens, zur »aktive(n) Herstellung und Kommunikation des eigenen Mann- oder Frauseins« dient. Klingt kompliziert, lässt sich aber im Alltag oft beobachten. Bestimmte Nahrungsmittel dienen traditionell dazu, sich »männlich« beziehungsweise »weiblich« zu zeigen. »Mit unseren Rezepten für leichte Salate wird das Abnehmen zum Kinderspiel«, wirbt die Frauenzeitschrift *Brigitte* für ihre Diät und um neue Leserinnen. Nur als Fleischesser bin ich hingegen ein echter Mann; packe ich das saftige Stück mit den Fingern am Knochen und haue dann meine Zähne hinein, bin ich noch männlicher. Fleisch, sagt Monika Setzwein, sei »wie kein anderes Nahrungsmittel von einer Aura umgeben, in der sich Macht, Stärke und Potenz zu einer quasi magischen Einheit verdichten«. Somit bedeute ein Stück Fleisch auf dem Teller, aus dem Kampf mit der Natur als Sieger hervorgegangen zu sein. Dazu passt der alte Slogan der Fleischindustrie »Fleisch ist ein Stück Lebenskraft«, der 1967 entstand – damals war der Fleischkonsum in Deutschland übrigens höher als heute. Ist also der Feminismus schuld, dass heute mehr Gemüse gegessen wird? Oder umgekehrt? Für Verschwörungstheoretiker tut sich eine fette Weide auf.

Sicher ist aber auch: So bald werden in Deutschland die Vegetarier nicht zur Mehrheit werden. Laut Fleischatlas der Heinrich-Böll-Stiftung und des BUND isst ein Deutscher in seinem Leben durchschnittlich 1094 (!) Tiere: vier Rinder, vier Schafe, zwölf Gänse, 46 Schweine, 46 Puten und 945 Hühner. »85 Prozent der Bevölkerung essen täglich oder nahezu täglich Fleisch oder Wurst«, heißt es dort. »Auch in den Restaurants wird in der Regel ein Fleischgericht bestellt. Die Deutschen essen heute viermal so viel Fleisch wie Mitte des 19. Jahrhunderts.«

Zurück zu unseren Lasagnen, dem Klimaproblem bei Fleischgenuss und dem, was Franziska angesprochen hat. Es ging darum, dass Tiere gemästet werden und wie ihre Futterverwertung ist. Der CO_2-Wert ihres Fleisches ist dann einigermaßen okay, wenn für die Herstellung ihres Futters wenig CO_2 verbraucht wurde. Eines ist aber sicher: An den von Gemüse kommt er bei Weitem nicht heran. »Wenn Fleisch, dann Schwein oder Huhn«, sagt Charlotte. »Jedenfalls unter Klimaaspekten.« Die Zahlen geben ihr recht: Geflügel und Schwein kommen bei der biologischen Aufzucht auf etwa drei Kilogramm CO_2 pro Kilogramm Fleisch. Beim Rind hingegen fallen pro Kilo Fleisch mindestens elf Kilogramm CO_2 an.

»Das Rind muss weg«

»Das Rind muss weg!«, sagt Charlotte, und das Ausrufezeichen ist dabei deutlich zu hören (nebenher: Sie ist keine Vegetarierin). Sie erklärt das so: »Rinder sind einfach unglaublich schlechte Futterverwerter.« Schlimmer noch: »Die sind Wiederkäuer.« Rinder kauen Gras oder Heu, schlucken und so rutscht es zunächst in den Pansen, den ersten von drei Vormägen. Dort wird die Nahrung durch Mikroorganismen wie Bakterien, Protozoen und Pilze zersetzt. Darunter sind Archaebakterien, die Wasserstoff und Kohlendioxid aufnehmen und daraus Methan bilden, ein Gas. Das Methangas muss dann wieder raus. »Die Kuh steht also auf der Weide oder im Stall und rülpst«, sagt Charlotte.

Ganz ehrlich: Wir mussten grinsen, als wir das das erste Mal hörten: Rülpsende Kühe gefährden das Weltklima. Aber es stimmt tatsächlich: Mindestens einmal pro Minute rülpst das Vieh, meist öfter, und so pustet eine Kuh am Tag bis zu 500 Liter Methangas aus, was etwa 320 Gramm Methangas entspricht. Und da Methan als Klimagas kurzfristig viel schädlicher als CO_2 ist, entspricht die Tagesproduktion einer Kuh in CO_2 umgerechnet bis zu 6,7 Kilogramm. Aufs Jahr hochgerechnet sind das bis zu 2,4 Tonnen – was ungefähr dem entspricht, was unser Auto bei einer jährlichen Fahrleistung von 12 000 Kilometern raushaut.

Also au revoir bœuf bourguignon, adios bife de lomo, byebye Rib Eye – wird es darauf hinauslaufen?

Die Erkenntnis sackt langsam. Sehr langsam. Eines Abends im späten Februar kommt Petra nach Hause und schwärmt, sie habe zu Mittag einen wunderbaren Tafelspitz gegessen. »Wenn es so kalt ist, dann schmeckt das echt toll.« – »Was ist Tafelspitz?«, fragt Jakob. Er ist jetzt schon so lange Vegetarier, dass er bestimmte Gerichte einfach nicht kennt. »Wunderbar weich gekochtes Rindfleisch.« Jakob guckt. Nicht angewidert wie sonst manchmal. Er weiß jetzt, wie er besser trifft. Er sagt zu seiner Mutter: »Klimasünderin!« Und grinst breit.

Servus Tafelspitz – ja, die Kuh, sie frisst, kaut und rülpst. Petra hat ein schlechtes Gewissen, weil sie trotz alledem ein Stück Rindfleisch essen würde, manchmal wenigstens. Glücklicherweise hat Günther die Lösung. Ein paar Tage später liegt die im Kühlschrank und badet in Rotwein. Zwei Tage und dann in die Bratröhre: Wildschweinbraten. Von den Viechern gibt es eh viel zu viele – so viele, dass man beim Joggen und Radfahren im Grunewald schon aufpassen muss.

Richtlinien

Nach einem Monat Diskutieren, Recherchieren und Staunen schaffen wir es tatsächlich, all die mal erhellenden, mal verwirrenden Erkenntnisse auf eine Faustregel zu reduzieren. Hier also unser ganz einfacher Einkaufstipp für das einigermaßen richtige klimapolitische Essen:

Regional, vegan und vegetarisch ist besser als eingeflogene Lebensmittel und Fleisch. »VV ist besser als FF«, sagt Franziska, und als wir verdutzt gucken, erklärt sie: »Von um die Ecke und vegetarisch ist besser als Flugessen und Fleisch.«

Das aber ist für uns nur eine Richtlinie – etwa so wie der Kodex im Film »Piraten der Karibik« eher als lockere Handlungsanweisung betrachtet wurde. Denn sie hilft eben nicht bei allen Entscheidungen im echten Leben. Immer wieder kann man über einzelne Fragen lange diskutieren. Ist beispielsweise internationale vegane Küche klimapolitisch wirklich besser als regionale Küche mit Fleisch? Das ist unsicher, vor allem wenn erstere vor allem aus eingeflogenen Südfrüchten und Gemüsen besteht. Dann ist sie nämlich ziemlich CO_2-intensiv.

Im Alltag und beim Einkaufen werden wir die Regeln ab sofort so umsetzen:

Weniger Rindfleisch.

Wenn Tier, dann Wildschwein.

Weniger andere Produkte von der Kuh, also Kuhmilch und Kuhkäse.

Je regionaler hergestellt, desto besser, und am besten keine eingeflogenen Lebensmittel: also lieber die mit dem Lkw hergefahrene Orange aus Spanien als die eingeflogene Mango aus Bangladesch.

Möglichst bio – auch wenn das fürs Klima vergleichsweise egal ist. Es gibt aber genug andere Gründe, wenn möglich Biolebensmittel zu kaufen (am besten aus der Region): Deren Anbau lässt beispielsweise mehr Würmer, Bienen und Vögel überleben. Aber Bio gibt es nicht immer, das ist uns zu teuer.

März

Garten, Urlaubsplanung, Fliegen

Plötzlich ist er da, ganz vorsichtig noch. Die ersten Schneeglöckchen leuchten, kleine lila Krokusse wetteifern mit ihren gelben Verwandten. Endlich wärmt die Sonne ein bisschen, und wenn der Himmel blau ist, leuchtet der im Winter arg vermooste Rasen herrlich grün. Bilderbuchwetter im eigenen Garten.

»Das Schöne an den Wintermonaten ist, dass es so ruhig ist«, sagt Günther, als er und Petra im Garten stehen. »Hörst du das Geräusch des Frühjahrs?« Petra guckt verdutzt.

»Nein, nicht die Vögel, die jetzt vom Himmel kreischen.« Kreischen stimmt tatsächlich, denn in den vergangenen Jahren haben sich die Krähen radikal vermehrt. Aber die sind grade mal still.

»Hör mal genau hin.« Günther grinst. Petra zuckt die Achseln: »Ich höre nur die Motorsäge vom Nachbarn.« Günther grinst immer noch, etwas breiter. Und Petra muss lachen – sie weiß nun, was er meint.

Einer mäht immer. Und wenn niemand mäht, dann sägt einer: Das ist das Schicksal von Menschen in Einfamilienhausbezirken – im Frühling, im Sommer und im Herbst, wenn sie sich an Wochenenden nachmittags in ihren Gärten von der Hektik und dem Stress der Stadt erholen wollen: Lärm. Es rattern elektrische Rasenmäher oder dieselbetriebene, die zusätzlich noch stinken. Motorsägen. Kärcher. Solch absonderliche Dinge wie Vertikutierer, mit deren Hilfe man den Rasen von Moos säubert und die Belüftung des Bodens fördert. Schredder, dic lautstark abgesägte Äste zertrümmern. Im Herbst kommen noch die Laubbläser hinzu.

Der Bund für Umwelt und Naturschutz Deutschland (BUND) empfiehlt, bis zu einer Rasenfläche von 200 Quadratmetern einen mechanischen Rasenmäher zu nutzen. Glücklicherweise ist unser Rasen größer. Da Günther, der Rasenbeauftragte der Familie, über 400 Quadratmeter mähen muss, nutzt er ein elektrisches Gerät. Unterstützt wird er beim Kurzhalten des Grases von den Kaninchen, die ihre 20 Quadratmeter Freigehege selbst abweiden. Und er folgt einer Empfehlung der Naturschützer: Nicht zu oft mähen. Der blühende Klee ist gut für die Bienen – womit zweierlei gleich klar wäre: Unser Rasen ist mehr eine Wiese, die englischen Greenkeepern die Tränen in die Augen treiben würde (und das nicht vor Freude), und Günthers Gartenvergnügen besteht sowieso eher darin, das dort wachsende Obst von der Hand in den Mund zu befördern oder auf dem Liegestuhl ganze Nachmittage lesend zu verbringen.

Jetzt im März ist es noch zu früh, um alle Gartenmöbel aus dem Keller nach draußen zu bringen. Es kann um diese Jahreszeit in Berlin wieder ziemlich kalt werden. Doch dieser Tag ist so schön, dass Günther zwei Sessel nach draußen trägt. Und sich dann schnell in den einen setzt, die Augen schließt und die Sonne genießt. Als Petra ihn fragt, ob er nicht dabei helfen wolle, die alten Blätter aus den Beeten zu harken, sagt er nur: »Müßiggang ist nicht der Laster Anfang, sondern der Beginn der Weltrettung.« Er redet tatsächlich manchmal so geschwollen. Aber diesmal seufzt Petra nicht, sondern setzt sich neben ihn.

Beide schweigen, und glücklicherweise macht jetzt der

Nachbar eine Sägepause. Irgendwann sagt Günther dann fast ein bisschen triumphierend: »Hast du ein Glück mit mir. Wenn ich hier regungslos verharre, verbrauche ich kaum Ressourcen. Würde ich stattdessen wie meine Geschlechtsgenossen fröhlich die Kettensäge schwingen, würde das erstens Diesel oder Strom verbrauchen und zweitens Lärm erzeugen. Und schöner würde der Garten dadurch auch nicht werden.«

Nichtstun – Günther macht aus einem Verhalten, das jahrhundertelang verpönt war, mal eben etwas höchst Positives, zumindest wenn es ums Klima geht. Nix mehr mit: Müßiggang ist aller Laster Anfang. Stattdessen: Das Beste, was man tun kann ist: nichts. Aber ist da nicht etwas dran? Man muss ja kein besonders großer Kulturpessimist sein, um so manche Folgen von zu viel Aktivität kritisch zu sehen: Immer größere Autos, mehr und mehr Plastikmüll, Shoppingmalls voller Läden voller Dinge, die niemand braucht, mit gigantischen Parkplätzen davor, die tausendste Handy-App, mit der man Preise von Dingen vergleichen kann, die einen nicht interessieren, oder auch – um im Garten zu bleiben –, dass nahezu jeder Haushalt in unserer Nachbarschaft einen Rasenmäher, eine Kettensäge, eine elektrische Heckenschere und andere Gartengeräte für 500 Quadratmeter Gartenfläche in solcher Hülle und Fülle besitzt, dass man damit vor einigen Jahren noch landwirtschaftliche Vollerwerbsbetriebe hätte ausstatten können.

So bleibt Günther lieber sitzen. Petra drängt ihn auch aus einem anderen Grund nicht weiter. Als das Haus mit Garten gekauft wurde, war ein Teil des Deals: Gartengestaltung ist ihr Ding. Günther hat das kategorisch abgelehnt – und bis heute weitgehend durchgehalten. Nur Rasenmähen ist halt sein Job, das Hochbeet befüllt er jährlich mit frischem Kompost, und ansonsten steht er für die körperlich etwas anstrengenderen

Tätigkeiten wie ab und an die Säge schwingen (ja, auch wir sägen hin und wieder, allerdings mechanisch), wenn er es denn gar nicht mehr vermeiden kann – äußerlich lächelnd –, zur Verfügung. Gartenarbeit ist halt nicht seins.

Petra kümmert sich hingegen gern um die Beete und alles, was sonst noch so zu tun ist. Wenn sie im Sommer nach der Arbeit nach Hause kam, begrüßte sie früher oft erst die Erdbeeren und den Rest des Gartens, dann die Kinder und die Kaninchen und schließlich Günther. Heute sind die Kinder oft nicht zu Hause, bleiben also die Erdbeeren und die Kaninchen – und der Gatte.

Torf, Kompost und Dünger

Schaut man sich die Empfehlungen für ökologisches Gärtnern an, so macht sie das nicht einmal schlecht (über die Behandlung von Gatten steht da nichts): An unsere zarten Pflänzchen kommen weder Pestizide noch Kunstdünger noch Torf. Der Torf ist schon länger aus Klimaschutzgründen tabu. Das weiß Petra durch ihre vielen Einkaufstouren in diverse Gartencenter. Dort gibt es schon lange »torffreie Blumenerde«, also recherchierte sie aus purer Neugierde, warum das besser ist. Ganz kurz: Torf stammt aus Mooren, und die Moore sind bedroht. Seit dem 17. Jahrhundert wurden in unseren Breiten etwa 99 Prozent aller Moore entwässert, abgebaut oder land- und forstwirtschaftlich genutzt. Es gibt also nur noch einen winzigen Rest. Dabei sind Moore nicht nur Refugien zahlreicher seltener Tier- und Pflanzenarten, sondern auch hervorragende CO_2-Speicher – weltweit speichern sie doppelt so viel CO_2 wie alle Wälder zusammen. Legt man nun

Moore trocken, um Torf zu gewinnen, atmen sie CO_2 und vor allem große Mengen Methangase aus – entwässerte Torfböden sind nach Schätzungen derzeit für rund fünf Prozent der weltweiten Treibhausgasemissionen verantwortlich. Dabei kommt der Torf in der Tüte meist gar nicht mehr aus Deutschland. Er wird in baltischen und russischen Hochmooren gestochen und per Lastwagen nach Deutschland gekarrt, was natürlich zusätzlich noch ziemlich schlecht ist. Auf der Internetseite des Naturschutzbundes (NABU) kann man seinen eigenen Garten als »torffrei« melden, wenn man verzichtet. Der Garten taucht dann auf einer Deutschlandkarte auf – sogar mit Bild. Petra überlegt noch.

Ein Viertel des in Deutschland verbrauchten Torfs wird von Freizeitgärtnern wie uns verbraucht – das sind pro Jahr rund zweieinhalb Millionen Tonnen. Er dient vor allem dazu, den Boden zu verbessern, denn dieser wird dadurch saurer, als er normalerweise wäre – was Pflanzen wie Azaleen und Rhododendren lieben. Doch diese wachsen und blühen bei uns auch so super – was entweder Zufall ist, weil wir vielleicht einen sauren Boden im Garten haben (was keiner weiß), oder daran liegt, dass Petra geheimnisvolle Dinge mit den Pflanzen macht, wenn gerade keiner hinsieht. Ihnen vorsingt oder vorliest, oder an dem Eimer selbst gemachten Kompost, den sie ihnen hin und wieder spendiert. Der besteht aus dem Laub der Obstbäume, kleinen Ästen, mal einem bisschen Rasenschnitt, dem Kleinkram, der sonst noch so im Garten abfällt, Gemüseresten aus der Küche und der Holzstreu aus dem Stall unserer Kaninchen. Den Kompost häufelt Petra nicht nur um den Rhododendron, sondern auch um Erdbeeren und Rosen, Günther schaufelt ihn ins Hochbeet, und auf ihm wachsen Rucola und andere Blattsalate, aber auch Radieschen, Tomaten, Zucchini und Kürbisse prächtig – manchmal überwiegend zur Freude von Mäusen und Schnecken. Ob der Kompost perfekt ist, wissen wir nicht – er wirkt. Und Perfektion ist sowieso keines unserer Ziele für den Garten, es soll nur grün, bunt und lebendig sein.

Kunstdünger kauft Petra nicht. Es kommt ihr absurd und komisch vor, unseren kleinen Garten unter möglichst großem Einsatz von Chemie zu Höchstleistungen zu bringen. Wozu? Dass die Herstellung von Kunstdüngern sehr energieintensiv ist, dass sie mitunter Schwermetalle enthalten können, wissen wir allerdings erst seit Kurzem. Wir erinnern uns nur, dass sie oftmals überdosiert sind, gelernt haben wir das durch unseren Rasen, als wir mal ein Paket Rasendünger im Frühjahr beim Discounter kauften (dort stehen sie dann in großer Menge herum) und ausstreuten. Das Ergebnis: Wo zu viel hingelangte, war der Rasen wie verbrannt, anderswo wuchs er viel zu schnell. Also musste Günther dort viel zu oft mähen. Bisher nutzte Petra noch organischen Dünger, weil sie aus dem Studium diverser Gartenbücher erfahren hat, dass natürliche Dünger sich langsamer zersetzen und dabei die Nährstoffe wie Stickstoff, Phosphor und Kalium sowie Humus freisetzen. So ist die Gefahr des Überdüngens eher gering. Deshalb streute sie fröhlich Hornspäne oder irgendeinen Biodünger auf die Beete, wobei alle immer hofften, dass es, nachdem der gestreut wurde, direkt regnet – von Blütenduft kann man danach nämlich erst mal nicht mehr sprechen, und Günther verließ dann immer unter Protest sein Liegestuhlrefugium. Inzwischen aber weiß Petra: Das ist Unsinn. Der Kompost reicht völlig. Dünger kaufen ist etwa so sinnvoll wie Schnupfenmittel. Das nützt nur den Produzenten.

Leicht schlampige oder neudeutsch »ökologische« Gärten haben Vorteile. Es gibt viel zu sehen und zu hören. Wilde Bienen, die über dem Klee schwirren und sich in den Löchern der alten Ikea-Regale im Fahrradschuppen ihre Nester bauen, Schmetterlinge, die über den Flieder taumeln, Hummeln, die durch Blüten krabbeln und sich schwerfällig in den Himmel erheben, Eichhörnchen, die unsere Haselnüsse abernten, Fledermäuse, die abends vorbeiflattern, Spechte, die das tote Holz am Apfelbaum zerklopfen, bis die Späne fliegen, und Meisen, die nicht in extra aufgehängten Kästen, sondern in Baumlöchern nisten. Dazu ein Igel, der im alten Laub unter dem Haselstrauch überwintert, mal eine Kröte im Kompost und die Fuchsfamilie, die immer wieder gucken kommt, ob wir unsere Kaninchen gut in ihrem großen Stall verpackt haben – sie gibt die Hoffnung nicht auf.

Und ein weiterer Vorteil: Solche Gärten machen ab einem gewissen Zeitpunkt wenig Arbeit. Wer weder Klee noch Gänseblümchen erträgt, hat viel Mühe mit seinem Rasen, und wer eine gerade Rasenkante für sein Seelenheil braucht, ebenfalls. Gut, blanke Beete haben wir nicht – warum auch –, als Bodendecker sind Walderdbeeren sehr schön. Waldmeister ebenso, und selbst dem Feind aller Hobbygärtner, dem Giersch, können wir inzwischen etwas abgewinnen. Ist schön grün, schmeckt den Kaninchen, und die jungen Triebe essen wir mitunter auch selbst – und nicht nur dann, wenn die Schnecken mal wieder den Salat vernichtet haben. Es findet sich schon viel Essbares und Schmackhaftes in solch einem Garten, wie wir erfahren durften, nachdem Franziska das in einem Schülercamp während der Sommerferien gelernt hatte. Für sie ist sowieso am schönsten, »dass man im Sommer immer in den Garten gehen kann und was zum Naschen findet«.

Doch so weit sind wir jetzt im März noch lange nicht. Erst einmal muss der Salat herangezogen werden, aus Samen in kleinen Töpfchen, damit er später ins Hochbeet ausgepflanzt werden kann. Ebenso die Tomaten. Will man sie aus Samen ziehen, muss man früh anfangen. Das schaffen wir nie, und so kaufen wir stattdessen Tomatenpflänzchen. Ob es sich ökonomisch wirklich lohnt, Tomaten anzubauen, wissen wir nicht. Wir tippen eher auf ein Nein. Aber klimatechnisch gehören wir damit sicher zu den Guten, weil wir kein Treibhaus beheizen. Die Pflanzen stehen einfach so im Hochbeet; seit es Tomatensorten gibt, die pilzresistent sind, macht auch der Regen nicht mehr so viel. Die vorgezogenen Pflanzen kaufen wir beim Bauern auf dem Markt oder im nahen Gartencenter. Dort nehmen sie inzwischen sogar die Pflanztöpfchen wieder zurück. Wir fahren dort mit dem Fahrrad hin und packen sie in den Korb. Bei uns wird dann nur noch gewässert und auf Sonne gehofft. Und hoffen – das ist nun echt klimaneutral.

Und was machen wir im Sommer? Urlaub. Aber wie und wo?

Sonne! Endlich werden die Tage langsam länger. Wir drehen die Heizung runter und schalten die Dauerbeleuchtung aus. Wir werden unternehmungslustiger, und auf einmal liegt ein Thema auf dem Tisch, an das wir bislang nicht gedacht haben: Urlaub.

Wie immer sind wir spät dran. Während andere Menschen bereits im Dezember oder gar noch früher wissen, wohin sie im Sommer reisen, denken wir normalerweise erst frühestens ab Februar darüber nach. Die Termine sind klar – dank zweier schulpflichtiger Kinder. Das Reiseziel schwankt – oft träumen wir nach dem langen Winter von Wärme. Südkreta wäre dann schön, dort, wo man wochenlang wie gelähmt am Strand liegen kann, die ausgedehnte Siesta pflegen muss, noch spätabends in lauer Luft vor dem Restaurant sitzt, aufs Meer und in den Himmel starrt und auf Sternschnuppen wartet. Lentas, ein winziges Nest an der Südküste Kretas. Drei Reihen Häuser am Strand, eine Handvoll Restaurants, drei kleine Supermärkte, Apartments und Pensionen und eine Bucht, die atemberaubend türkisblau ist. Ein bisschen Tourismus, nicht zu viel, in der Nachbarbucht wird immer noch wild gecampt. Oder Paleochora, etwas größer im Südwesten der Insel. Zwei Strände, einen für vormittags, einen für den Nachmittag. Eine Strandpromenade mit Restaurants. Außerdem ist es gut, die darbende Wirtschaft in Griechenland zu stärken. Ein starkes Argument im deutschen Frühjahr.

Die beiden letzten Jahre waren wir in Österreich. Zweimal hintereinander haben wir dort einen verregneten Urlaub verbracht. Obwohl wir nach Kärnten gefahren sind. Alpensüdseite, Wetter von Italien. Sonnengarantie, hat Günther noch behauptet, als Kind sei er oft da gewesen, da habe es nie geregnet. Nach dem ersten Regenurlaub hatten wir Kärnten trotzdem noch eine zweite Chance gegeben. »Die hat es leider nicht genutzt«, sagt Petra und, dass sie in diesem Sommer weder nass werden noch frieren will.

»Aber es war trotzdem schön«, sagt Franziska, und irgendwie hat sie ja recht: nicht nur wegen der Pferde dort (ein Urlaub mit Pferden kann nicht schlecht sein). Wenn man Berge erwandert, was alle vier mit Begeisterung tun, ist es ganz okay, dass auf 2000 Metern Höhe, und vor allem wenn noch weitere 500 Höhenmeter zu steigen sind, nicht 30 Grad Celsius herrschen. Wandern finden Jakob und Franziska schön, Letztere vor allem mit einem Ziel vor Augen. Dann müssen Petra und Günther gucken, ob sie überhaupt hinterherkommen. Ein paar Bergtouren waren toll. Aber zu viele zu nass. Starkregen ist – muss man nämlich auch sagen – in den Bergen überhaupt nicht schön, vor allem wenn man innerhalb von zehn Minuten bis auf die Haut durchnässt ist. Ja, wir wissen, es kommt auf die Bekleidung an. Nicht jede Regenjacke ist wirklich dicht, vielleicht sollte man doch mehr auf Funktionalität und Qualität als auf Schönheit und Preis achten. Ja, wir wissen schon …

Also doch zwei Wochen Kreta? Alle nicken, und es ist auch einfach. Computer an, Flüge suchen. Von Berlin nach Athen, von dort nach Chania oder Heraklion, einer der beiden Flughäfen der Insel. Per Bus oder Mietwagen weiter. Je nachdem, wo man hinwill. Auf dem Hin- oder Rückweg vielleicht noch ein paar Tage in der griechischen Hauptstadt bleiben, etwas Kultur, die Akropolis, ein paar Museen. Oder eine andere Insel? Naxos, dann allerdings per Flug und Fähre. Sieht alles recht günstig aus, doch dann steht auf einmal eine Frage im Raum: Fliegen? Griechenland? Keiner sagt etwas. Die konkrete Entscheidung wird erst mal vertagt.

»Über den Wolken …«

Griechenland? Fliegen? Wie groß ist das Problem mit dem Fliegen und dem Klima wirklich? Günther denkt am meisten darüber nach, er schaut auf seine Reiseführer, die, die er gekauft, und die, die er selbst mal geschrieben hat, er schaut sich den Globus an, der auf seinem Schreibtisch steht, und bekommt Sehnsucht nach der Ferne. Nach Südamerika, wo er früher oft war und wo es einige Länder gibt, die er lange für seine Reiseführer bereist hat. Nach Ägypten, wo er vor zwei Jahren zur Recherche war. Nach den USA, weil er gerade mal wieder einen Springsteen-Song über New Jersey gehört hat und sich sofort nach hässlichen Highways, großen Kreuzungen und schön-scheußlichen Motels sehnt. Und er blättert durch seine Sammlung von kleinen plastifizierten gefalteten Kartons, die er eigentlich gar nicht haben dürfte. Auf denen extra »Do not remove from the aircraft« steht. Diese Tafeln, die mit Piktogrammen, Zeichnungen und in verschiedenen Sprachen erklären, wie man die Schwimmweste anlegt und die Atemmaske und wo im Flugzeug die Notausgänge zu finden sind.

Weil er nicht nur vom Urlaub träumen will und die anderen es sowieso nicht ansprechen werden, erinnert Günther ein paar Tage später beim abendlichen gemeinsamen Rumhängen daran, dass wir langsam buchen müssen, wenn wir noch einen schönen Ort zum Übernachten bekommen wollen. Schließlich müssen wir ja in der Hauptsaison reisen. Er tut das klugerweise, bevor sich Jakob und Franziska auf ihre Zimmer verziehen, um dort wirklich wichtige Dinge zumeist an irgendwelchen elektronischen Geräten zu erledigen: was vom Chatten mit Freundinnen bis zur Ausarbeitung einer komplizierten Präsentation für die Schule reichen kann. Oder sich dort in einem Buch festzulesen.

»Also, was machen wir?« Günther guckt in die Runde und summt ein bisschen vor sich hin.

»Nicht fliegen«, sagt Franziska sofort. Jakob nickt ihr zu.

Günther summt weiter, und Petra lacht.

Die Kinder gucken verwirrt, das Lied kennen sie nicht.

Petra summt nun auch, und Günther singt: »Über den Wolken …« Er bricht ab und sagt: »Reinhard Mey, seid ihr zu jung zu. Gibt es aber auf Youtube.«

»Und?«, sagt Jakob. Franziska malt ein Fragezeichen in die Luft.

»Ich weiß, Fliegen ist umweltschädlich«, sagt Günther. »Aber manchmal schön. Und Kreta auch. Und ich habe eben noch nachgelesen, dass moderne Flugzeuge heute durchschnittlich weniger als vier Liter Kerosin pro 100 Kilometer und Passagier verbrauchen.«

»Bei welchem Lobbyverband?« Jakob bleibt kritisch.

»Okay, okay, beim Bundesverband der Deutschen Fluggesellschaften.«

Jakob lächelt und sagt nichts. Sagt sehr betont nichts. Dafür hat Franziska schon wieder gerechnet und sagt: »Das sind acht Liter, wenn wir zu zweit fliegen, zwölf, wenn wir zu dritt unterwegs sind, und schließlich 16, wenn wir alle vier fliegen. Wie viel verbraucht unser Auto?«

»Sieben bis acht Liter.«

»Na, dann ist ja alles klar«, sagt Franziska.

Petra malt nun ein Fragezeichen in die Luft: »Was ist klar?«

»Dass Fliegen umweltschädlicher ist. Wenn wir zu viert im Auto acht Liter auf 100 Kilometer verbrauchen, im Flugzeug aber 16.«

»Aber«, sagt Petra mit sehr gedehntem a, »aaaber, wenn ich nun alleine fliege? Ist das denn sauberer, als wenn man allein mit dem Zug oder dem Auto unterwegs ist?«

»Nein«, sagt Jakob. Er sagt das sehr betont. »Das habe ich letztens nachgelesen, nach unserem ersten Urlaubsgespräch. Ihr wundert euch doch immer, was ich abends am Rechner mache.« Wir wissen schon, oft beschäftigt er sich abends nicht nur mit Unsinn, sondern noch mit irgendwelchen physikalischen Themen. Zumindest in den Naturwissenschaften hat er den größten Durchblick in der Familie. Ein leicht triumphierender Unterton ist jetzt nicht zu überhören. » Es ist ein Trick, wenn man nur über den Kerosin-Verbrauch eines Flugzeuges spricht. Beim Fliegen wirken nämlich noch andere Dinge auf unser Klima. Nicht nur das direkte CO_2. Da kommen noch

Stickoxide hinzu, die Ozon bilden, die zur Erderwärmung beitragen, wirken sie doch auf die Methangase in der Atmosphäre, und auch die Kondensstreifen, die entstehen, sind schädlich, weil …« Und bevor er eines seiner klassischen, von der Familie gefürchteten, weil manchmal doch ziemlich ausufernden naturwissenschaftlichen Referate so richtig beginnen kann, winken alle ab.

»Sooo genau wollen wir es gar nicht wissen«, sagt Petra, die damit die Rolle der in seinen Augen wissenschaftlich Ignoranten übernimmt. »Was kommt denn am Ende heraus?« Heraus kommt, dass man die reinen CO_2-Werte am besten mit dem Faktor drei multipliziert. Und damit ist der Flieger schmutziger als das Auto. Sogar wenn man damit alleine fährt.

Fällt also Kreta aus?

Die Idee, künftig nie mehr zu fliegen, macht uns zu schaffen. Die Erkenntnis, dass es keinen Kurztrip der Eltern nach Lissabon mehr geben darf, der, als Schnäppchen gekauft, bei easyJet oder Ryanair weniger kostet als ein Wochenende in einem Hotel in Brandenburg.

Müssen Klimaschützer auf das Fliegen verzichten?

»Fürs Fliegen gibt es bislang keine Lösung. Und es wird so bald keine dafür geben.« Wolfgang Strasdas schaut ernst. Er ist Professor für Nachhaltigen Tourismus am Fachbereich Nachhaltige Wirtschaft der Hochschule für Nachhaltige Entwicklung in Eberswalde. Ziemlich viel Nachhaltigkeit in der Arbeitsplatzbeschreibung. Er grinst, als Günther ihn darauf anspricht – er weiß wohl, dass Nachhaltigkeit ein Begriff ist, den inzwischen nachgerade jeder für sich reklamiert und der dadurch nicht gerade inhaltsvoller wird. Doch heißt die Hochschule so, weil sie 1830 zunächst als Höhere Forstlehranstalt gegründet wurde – und »der Begriff der Nachhaltigkeit ja eigentlich aus der Waldwirtschaft stammt. Aufforsten, pflegen, warten, Bäume schlagen, aber eben nie mehr, als in bestimmter Zeit nachwachsen kann. Nie die Grundlagen zerstören.« So würde der Name schon passen. Schließlich verwende die Hochschule nur Ökostrom. Sie arbeite auch klimaneutral (zum Begriff der Klimaneutralität kommt später noch etwas) und lasse jährlich ihre Umweltziele überprüfen. Aber Wolfgang Strasdas gibt auch zu, dass der Name natürlich auch ein Marketinginstrument sei. »Kleine Hochschulen wie unsere müssen sich schon positionieren.«

Günther hat Wolfgang Strasdas angerufen, um sich mit ihm zu treffen, weil die Diskussionen in der Familie nicht weiterführten. Zu viele »Ja, aber«. Das schlechte Wetter in den letzten beiden Jahren und die Ökologie. Der Sternenhimmel am Mittelmeer, die Sehnsucht nach Wärme. Oder doch mal nach Korsika? Schön wär's.

So hofft er, dass der Professor für Nachhaltigen Tourismus einige Bedenken zerstreuen kann. Günther hatte sich schon überlegt, wie er nach Eberswalde kommen will. Mit dem Regionalexpress in 44 Minuten vom Bahnhof Berlin Südkreuz. Das Fahrrad mitnehmen und dann damit zurück – ein schöner Ausflug. Daraus wird leider nichts, denn man trifft sich in einem Café am Prenzlauer Berg. Wolfgang Strasdas – mittelgroß, grauer Bart, kurze Resthaare, Ohrring und schwarze Brille – wohnt dort in der Nähe und hat ein Freisemester, sprich, er muss nicht so oft raus nach Eberswalde an die Hochschule. Er trinkt Tee, ist klar in seinen Äußerungen, spricht aber keine eindeutigen Verbote aus. So etwas wie

»Man darf nicht fliegen« gehört nicht zu seinem Wortschatz, wohl aber die Empfehlung: Wenig fliegen.

Statt Verbote will er lieber Kriterien verankern: »Ich empfehle lange Fernreisen. Für die Einheimischen ist es egal, ob ein Tourist einmal lang oder dreimal kurz dorthin fliegt. Vor Ort wird insgesamt dasselbe verdient. Aber für die Umwelt macht es einen gewaltigen Unterschied.« Nach Wolfgang Stradas' Meinung sollte man also lieber den Urlaub aufsparen, zusammenlegen und dann eine lange Reise unternehmen. »Das ist besser, als jedes Jahr für zwei Wochen um die halbe Welt zu fliegen. Und weniger anstrengend zudem.«

Sicher träumen auch wir im Winter immer mal vom Palmenstrand. Aber dass zwei Wochen Sri Lanka im Januar nicht unbedingt erholsam sind – das wissen wir längst. Jetlag, der lange Flug, die Zeitumstellung – und dann der Frust, danach wieder Wochen im dann noch viel zu grauen Berlin zubringen zu müssen, womöglich noch mit einer dicken Erkältung. Wir hatten das schon. Zwar nicht mit Sri Lanka, aber mit Gomera.

Es gibt Reiseveranstalter, die so beraten. Das Forum »Anders Reisen« ist beispielsweise ein Zusammenschluss von etwa 100 Reiseveranstaltern, die sich – so ihre Homepage – »für einen nachhaltigen Tourismus engagieren« und »ihre Reisen umweltfreundlich und sozialverträglich gestalten«. Es hat Bedingungen für umwelt- und sozialverträgliches Reisen formuliert, und die klingen ziemlich plausibel. Sehr wichtig ist: »Urlaubslänge, Reisezeit und Entfernung müssen in einem vertretbaren Verhältnis zueinander stehen, und Kurzflugreisen dürfen nicht angeboten werden.« Konkret heißt das: Fliegt man mehr als 3800 Kilometer (eine Strecke), sollte man mindestens zwei Wochen bleiben, fliegt man mehr als 800 Kilometer, mindestens eine Woche. Unter 800 Kilometern Anreise sollte man nie fliegen.

Das leuchtet unmittelbar ein, selbst wenn man natürlich begründet fragen könnte, warum man eine Strecke von 800 Kilometern nicht fliegen sollte, eine von 900 aber schon. Die Grenzwerte erscheinen ein wenig willkürlich. Aber manchmal geht es eben vielleicht nicht ohne. Manche Reise ist kurz, und manchmal reicht die Zeit nicht für die Bahn.

Günther schaut sich seine Flugbilanz der letzten Jahre an – das Ergebnis ist eigentlich nicht so schlecht: 2013 ein Urlaubsflug (nach Kreta, und nach den Kriterien des nachhaltigen Tourismus im grünen Bereich). Danach 2014 und 2015 beruflich nach Kairo (2890 km Luftlinie), privat und beruflich nach New York (6384 km), beruflich nach Pisa (1004 km) und zweimal beruflich nach Basel (690 km). Alle Flüge starteten in Berlin.

New York ist nun mal auf dem Landweg gar nicht, Kairo nur sehr bedingt so zu erreichen. In New York war er mit fünf Tagen viel zu kurz, aber etwas länger, als er für den Job unbedingt hingemusst hätte, in Kairo immerhin länger als eine Woche – und bewegte sich somit zumindest nach den Richtlinien der Reiseveranstalter wieder im grünen Bereich. Obwohl sich das, ganz ehrlich, nicht so anfühlte. Die beiden Reisen nach Basel, wohin man nie fliegen sollte, mussten sehr schnell gehen (morgens hin und abends zurück), und für Pisa gab es (leider) nur wenig Zeit (eine Übernachtung). Basel und Pisa waren zudem mit dem Flugzeug wesentlich billiger zu erreichen als mit dem Zug – trotz der Bahncard 50 und früh versuchter Buchung. Etwa je zum halben Preis, und irgendwie hat sich beim Reisen immer so eine Schnäppchen-Mentalität breitgemacht. So war das Flugzeug jeweils das Reisemittel der Wahl. Bleibt als Rechtfertigung: »Es ging halt nicht anders.«

Wäre es natürlich doch. Er hätte sich mehr Zeit nehmen können, Entschleunigung, aber das ist ein anderes Thema. »Es geht halt nicht anders.« Petra sagt diesen Satz noch viel häufiger als Günther. Denn sie muss mehr Dienstreisen unternehmen. Mit einem Minister nach Peking, mit einem anderen nach Teheran. Mitunter ironischerweise zu Umweltkonferenzen.

Doch das Bedauern nutzt natürlich nichts. Das wissen wir. Von unserem schlechten Gewissen hat das Weltklima nun mal nichts, und deshalb müssen wir entweder auf das Fliegen verzichten oder uns etwas suchen, was konkret die Auswirkungen auf das Klima reduziert.

Kompensieren?

Wir erinnern uns an Atmosfair. Das ist ein gemeinnütziges Unternehmen, das Flüge »klimakompensiert«. Man gibt auf deren Webseite ein, wohin man fliegt, und schon rechnet die aus, wie viel Geld es kosten würde, den Schaden wiedergutzumachen. Aber geht das wirklich? Als wir früher in den Urlaub geflogen sind, haben wir immer mal wieder an Atmosfair gezahlt, weil wir natürlich wussten, dass Fliegen schlecht ist. Allerdings sehr unregelmäßig, müssen wir gestehen. Aus unterschiedlichen Gründen: Weil wir es mitunter einfach vergessen haben. Weil wir von der Notwendigkeit und Nützlichkeit nicht so recht überzeugt waren. Vielleicht, weil wir das Gefühl hatten, dass das Geld sowieso nicht reicht. Auch weil wir nicht so genau wissen wollten, wie schädlich das Fliegen ist, oder weil wir dachten, sowieso zu den Guten zu gehören. Den Umweltbewussten. Immerhin haben wir ja früher schon mal im Bioladen eingekauft. Und das hat dann, so rein gefühlsmäßig, vieles wiedergutgemacht. Und wenn man sich dann da verortet, bei den Guten, hört mitunter das Nachdenken auf.

Das müssen und wollen wir ändern. Atmosfair hat seinen Sitz in Berlin-Kreuzberg; der Geschäftsführer heißt Dietrich Brockhagen und ist promovierter Physiker. Petra ruft ihn an, erzählt ihm, dass wir mehr über Atmosfair wissen wollen, und Brockhagen schlägt ein Treffen vor, in einem Restaurant am Anhalter Bahnhof.

Dietrich Brockhagen kommt – wie man es vom Geschäftsführer eines Umweltverbandes erwartet – stilecht angeradelt. Ohne Fahrradhelm. Er hängt seine Outdoor-Jacke an den Haken. Hände schütteln, Essen bestellen. Petra nimmt Nudeln mit Wildschwein – darf man klimapolitisch ja, wie wir wissen –, Günther eine vegetarische Pizza, Dietrich Brockhagen Nudeln mit Gemüse, er ernähre sich überwiegend vegan. Was man ihm ansieht. Er ist rank und schlank und sagt auf Petras Frage, ja, auch aus Klimagründen esse er schon lange kein Fleisch mehr. Falle ihm aber nicht schwer, im Gegenteil.

Brockhagen ist kein Mann für Small Talk. Er wird erst lockerer, als wir die erste, richtig ernste Frage stellen: »Was macht Atmosfair?« – »Wir verkaufen einen sinnvollen Beitrag zum Klimaschutz«, antwortet Brockhagen einfach, und obwohl er das wahrscheinlich schon Hunderte Male erklärt hat, obwohl die Antwort schon auf der Webseite steht, ist er jetzt ganz entspannt und bei der Sache: »Wir machen eine Gegenrechnung auf. Wir schauen, wie groß der CO_2-Ausstoß einer Flugreise ist. Und bieten dann eine Kompensation an. Danke«, sagt er noch, das aber weder zu Petra noch zu Günther, sondern zum Kellner, der die Nudeln vor ihn stellt.

Günther hat seine Hausaufgaben gemacht. Er hat nachgesehen, was Atmosfair auf der Webseite für einen Flug von Berlin über Athen nach Heraklion auf Kreta ausrechnet. Das sind hin und zurück pro Person 883 Kilogramm CO_2. Um diese Menge CO_2 zu kompensieren, verlangt Atmosfair 28 Euro. »Was passiert genau mit dem Geld?«, fragt er.

»Damit finanzieren wir Klimaschutzprojekte auf der ganzen Welt.«

»Zum Beispiel?«

Dietrich Brockhagen sagt erst einmal nichts, aber dann: »Zum Beispiel in Nigeria: Dort kochen drei Viertel aller Familien mit Holz auf offenem Feuer, im Norden des Landes eigentlich sogar alle. Der Holzverbrauch ist dabei sehr hoch, die genaue Zahl weiß ich im Moment nicht.« (Es sind fünf Tonnen im Jahr je siebenköpfige Familie, erfahren wir später.) »Das führt dazu, dass im Norden Nigerias die Wälder weitgehend abgeholzt sind und die Wüste immer größer wird. Mit Lastwagen und Zügen wird Feuerholz inzwischen aus dem Süden herbeigekarrt. Deshalb ist Feuerholz inzwischen so teuer, dass das Verhältnis von Energie- zu Nahrungsmittelkosten in Nordnigeria bei zehn zu eins liegt (in Europa eins zu eins).«

Atmosfair lässt nun von lokalen Partnern energieeffiziente Öfen bauen, die zum Kochen etwa vier Fünftel weniger Holz benötigen. »Die Preise für solche Öfen sind niedrig genug, dass sich auch ärmere Familien diese leisten können«, sagt Brockhagen, »gleichzeitig schulen unsere Partner die Käufer intensiv in der Nutzung des Ofens. Denn die Leute glauben zunächst nicht, dass man mit den Dingern wirklich richtig kochen kann. Kann man aber, und wenn die Menschen das merken, sind sie ziemlich froh. Denn sie sparen richtig Geld.«

Er nimmt einen Schluck Tee. »Und Sie sparen so indirekt das CO_2 ein, das bei Ihrem Flug nach Heraklion emittiert wird: Ich finde das sinnvoll.«

Wir finden das auch überzeugend, und wir freuen uns innerlich. Denn Kreta rückt als Urlaubsziel näher. 28 Euro pro

Person können wir uns gut leisten – 112 Euro lassen sich in 14 Tagen einsparen. Endlich mal eine einfache Lösung, und dann noch eine, die nur ein bisschen Geld kostet. Frei nach dem Motto: Kauf dich grün! Sitzt hier vor uns der Mann, der uns von allen Klimasünden befreit?

Jakob hat uns letztens gefragt, ob er denn, wenn er nun gar nicht mehr Auto fahre, wenigstens hin und wieder fliegen dürfe – ohne gleich zur Klimasau zu mutieren. Jakob nimmt Fragen darüber, welches Verhalten in der Welt moralisch vertretbar ist, häufig sehr ernst, mal spielerisch als Gedankenexperiment, mal durchaus konkret. Nicht immer weiß man, woran man bei ihm gerade ist – und kann sich daher mit Antworten auch mal ganz schnell in die Nesseln setzen. Während wir also noch vor uns hin dachten und schwiegen, grinste er plötzlich und sagte: Wenn wir als Familie eine Gesamtverantwortung hätten und »ihr alle ganz viel CO_2 einspart«, dann dürfe er doch eigentlich mal fliegen. Solange wir insgesamt unter unseren beispielsweise acht Tonnen CO_2 blieben, die uns als Familie insgesamt pro Jahr zustehen würden. Wir Eltern seien ja schon viel rumgekommen. Wir könnten also ruhig mal für ihn sparen. Ihm sozusagen was von unserem CO_2-Konto überweisen. Taschengeld bekäme er ja schließlich auch.

Die Idee ist interessant. Das persönliche CO_2-Konto. Auf dem man ansparen kann oder das man überziehen kann. Und das man vielleicht gegenseitig ausgleicht. Wir erzählen Brockhagen von diesen Gedankenspielereien. Denn irgendwie ahnen wir, dass es da noch einen Haken gibt.

Petra guckt nachdenklich auf ihr Wildschwein. Dann legt sie die Gabel hin und fragt ihn direkt: »Ist Atmosfair so eine Art Ablasshandel? Wir zahlen und lösen so unser Klimaproblem? Dann können wir das doch auch fürs Autofahren, Shoppen und Duschen tun und sind fein raus.«

Ablasshandel? Was sagt der Papst dazu? Und wo ist Luther?

CO_2-Ausgleich durch Geld. Bezahlen für die Sünden. Unser Autofahren haben wir früher schon einmal über einen anderen Anbieter angeblich klimaneutralisiert. 50 000 Kilometer Autofahren mit unserem Diesel, was etwa zehn Tonnen CO_2 produzierte, kosteten knapp 160 Euro. Wir bekamen eine schöne Plakette für die Windschutzscheibe und waren zufrieden. Für die 160 Euro wurde irgendwo aufgeforstet oder ein Moor renaturiert und wir konnten etwa vier bis fünf Jahre Auto fahren. Mit dem guten Gewissen der Klimasünder, die Buße getan hatten.

Und warum soll das, was beim Auto und Flugzeug möglich ist, nicht überall funktionieren. Bei der Heizung, den undichten Fenstern, den Lampen mit alten Glühbirnen oder beim Wäschetrockner, der, wenn zu viele Gäste da waren und sich Bettwäsche und Handtücher türmen, angeworfen wird. Ein Trocknerdurchgang, ein paar Cent in die Sonderkasse für Klimaprojekte. Alles prima. Nicht einmal besonders teuer.

»50 Cent extra und dafür flauschige, klimaneutrale Handtücher« – Petra findet das nicht so schlecht.

Den Segen von oben hätten wir. Vielleicht nicht den der Klimaschützer, aber den der katholischen Kirche. Günther hat schon vor einer Weile einen alten Artikel aus der *New York Times* gefunden. Im September 2007 zitierte die Zeitung Monsignore Melchor Sánchez de Toca Alameda, den Untersekretär des Päpstlichen Rates für die Kultur im Vatikan: »Man kann weniger CO_2 emittieren, indem man nicht heizt oder Auto fährt, oder man kann Buße tun, indem man die Emissionen ausgleicht.« Durch Bäumepflanzen, fügte er noch hinzu.

Der Monsignore hatte wahrscheinlich den gleichen Gedanken wie wir. Nur hatte er zudem noch einen reichen Sponsor gefunden. Die ungarische Tochter eines US-amerikanischen Unternehmens hatte dem Vatikan einen sogenannten Klimawald geschenkt, ein Gebiet in Ungarn, das die Firma aufforsten wollte. Sie übernahm damit also das Bäumepflanzen für den Papst und seine vielfliegenden Bischöfe. So sollte der Vatikan zum CO_2-neutralen Staat werden, sprich, alle CO_2-Emissionen sollten ausgeglichen werden.

Dumm an der Geschichte war nur: 2010 war immer noch kein einziger Baum des geplanten Waldes gepflanzt, und die ungarische Firma ist heute nicht mehr im Internet auffindbar. Also muss Monsignore Melchor Sánchez de Toca Alameda doch ab und an die Heizung runterdrehen und auf das Auto verzichten. Oder sich an Papst Franziskus orientieren: Der fährt ja immer noch seinen alten Kleinwagen.

Und somit zurück zur Frage: Kann man Emissionen wirklich einfach so ausgleichen?

Dietrich Brockhagen lächelt – er kennt die Frage offensichtlich. Freundlich lächelnd verkündet er kategorisch die schaurige Wahrheit: »Nein, kann man nicht.« Seine Erklärung ist recht einfach: Dadurch, dass man zahlt oder etwas gegeneinander verrechnet, verschwinden die CO_2-Emissionen ja nicht aus der Atmosphäre. Sie sind da und lassen sich bisher auch nicht in großem Stil neutralisieren. »Das Beste ist momentan nicht fliegen. Wenn sich ein Flug aber nicht vermeiden lässt, ist Kompensation sehr sinnvoll. Aber CO_2-Emission vermeiden ist natürlich besser, als sie zu kompensieren.«

Besser ist es, nicht zu fliegen, weniger zu fahren oder wenn, ein kleineres Auto. Wir müssen wie Monsignore Melchor Sánchez de Toca Alameda doch die Heizung regulieren.

Kompensieren heißt nicht klimaneutral

Man muss wohl einfach unterscheiden: und zwar zwischen Klimaneutralität und Kompensation. Neutral bedeutet streng genommen, dass kein CO_2 entsteht. Auch wer seinen CO_2-Ausstoß kompensiert, verhält sich natürlich nicht klimaneutral. Er vermeidet keine Klimagase, er kauft quasi einem anderen dessen Verschmutzungsrechte ab. Oft ist der andere jemand, der gar keine Wahl hat – wie die armen Bauern aus Nigeria. Denen zu helfen ist sicher besser, als gar nichts zu tun – auch für das Klima. Aber es ist eben nur ein Hilfskonstrukt. Zusätzlich verwirrend macht die Sache, dass die beiden Begriffe oft synonym gebraucht werden. So beispielsweise in einer Broschüre des Umweltbundesamtes mit dem Titel »Klimaneutral leben. Verbraucher starten durch beim Klimaschutz«.

Achtung: Jetzt wird es kompliziert und es folgen ein paar Zahlen und etwas über Emissionshandel. Für all die, die es genau wissen wollen. Wem das zu viel ist, der kann einfach fünf Absätze weiter springen. Und da weiterlesen.

In der Broschüre werden unterschiedliche Lebensstile vorgeführt. Vom sparsamen Stromzähler Peter B. im Passivhaus mit Solaranlage auf dem Dach und 6,4 Tonnen CO_2 im Jahr bis hin zum Fernreisenden mit 15 beziehungsweise 18 Tonnen CO_2 im Jahr. Aber alle tun sie was für die Umwelt, jedenfalls laut Broschüre des Umweltbundesamtes. Denn die 15 Tonnen CO_2 produzierende Sibylle B. investiert in Windkraftanlagen und spart damit bei anderen angeblich 32 Tonnen CO_2 ein, der 18 Tonnen produzierende Linus L. spendet jährlich 420 Euro an einen Anbieter wie Atmosfair, um seine CO_2-Bilanz auszugleichen. Ja, Sibylle B. hat laut Umweltbundesamt die beste Bilanz: Ihr Investment in Windkraft bringt nicht nur Rendite, »sondern trägt auch auf diese Weise zu einer Treibhausgasvermeidung von rund 32 Tonnen CO_2 pro Jahr bei. Das ist bereits das Doppelte ihrer eigenen CO_2-Bilanz.«

»Das ist die Lösung aller Probleme.« Günther war fast euphorisch, als er das las. Und dann doch gleich skeptisch und ein bisschen zynisch: »Wir investieren in Windkraftanlagen, hauen damit unsere CO_2-Bilanz runter. Von der Rendite machen wir eine schöne Flugreise. Ganz einfach. Mit 40 000 Euro wären wir dabei. Das gesamte CO_2 unseres Haushalts wäre ausgeglichen, inklusive der Flugreise. Klimaproblem weltweit gelöst.«

Aber so einfach ist das leider nicht. Denn zum einen fehlen uns 40 000 Euro. Zum anderen nutzt beispielsweise ein Investment in Windkraftanlagen in der EU erst einmal klimapolitisch nicht unbedingt viel. Das klingt verrückt, ist aber tatsächlich so. Noch mal Achtung: Es wird jetzt noch komplizierter. Das hängt mit dem Emissionshandel innerhalb der Europäischen Union zusammen. Denn in der EU ist durch Obergrenzen festgelegt, wie hoch die Treibhausgasemissionen der sogenannten emissionshandelspflichtigen Anlagen (etwa 12 000 Anlagen der Energiewirtschaft und der energieintensiven Industrie) in einer bestimmten Zeit sein dürfen. In dieser Höhe wurden den Anlagen Emissions-Zertifikate (CO_2-Zertifikate) teils zugeteilt, teils können sie diese erwerben. Emittiert nun eine Anlage mehr CO_2, kann sie entsprechende Zertifikate nachkaufen – zum Beispiel bei anderen Unternehmen, die weniger in die Luft blasen. Die Idee dahinter: den CO_2-Ausstoß zu verteuern und so die Industrie dazu zu bringen, weniger zu emittieren und auf erneuerbare Energien zu setzen.

Eigentlich eine gute Idee, aber leider lag der Preis für eine Tonne CO_2 in den letzten Jahren zwischen vier und acht

Euro – zu niedrig, um damit eine Umsteuerung zu erreichen. Der Grund ist einfach: Es gab einfach zu viele Zertifikate, die EU hatte sie zu großzügig ausgegeben. Deshalb führt der Bau einer Wind- oder Wasserkraftanlage, die CO_2-freie Energie produziert, noch lange nicht dazu, dass dafür irgendwo ein stinkendes Kohlekraftwerk abgeschaltet wird. Zunächst wird nur die Energiemenge erhöht. Erst wenn in einem weiteren Schritt irgendwann die EU-Obergrenzen der Emissionen reduziert werden, dadurch, dass CO_2-Zertifikate vom Markt verschwinden (z. B. dadurch, dass Privatpersonen oder Organisationen sie aufkaufen und für ungültig erklären), hätte das eine positive Wirkung für das Klima. Denn dann steigen die Preise für die Emissionsrechte, und das bietet dann für die energieintensive Industrie einen Anreiz, CO_2 einzusparen – und vielleicht ein Kohlekraftwerk auszumustern. Das zu betreiben würde dann nämlich zu teuer.

Wirklich viel für das Klima würden die Politiker also vor allem dann tun, wenn sie die Preise für CO_2 verteuern würden, indem sie weniger Zertifikate ausgeben.

Zurück zu den Möglichkeiten und Grenzen der Kompensation der klimapolitischen Auswirkungen unseres Lebens. Zurück zum Italiener, zu Petras Nudeln mit Wildschwein, Günthers vegetarischer Pizza und zu Dietrich Brockhagen und dessen Nudeln mit Gemüse. Der schluckt, räuspert sich und sagt: »Kompensation löst nicht das Klimaproblem der Menschheit.« Kompensation helfe für eine Übergangszeit, weil die einen (wir) das Geld und alle Möglichkeiten haben und die anderen (die mit den dreckigen Öfen) dringend Hilfe brauchen. Da sorge die Kompensation dafür, dass die Menschheit insgesamt ein bisschen weniger CO_2 emittiere. Wenn man aber davon ausgehe, dass jeder Mensch das gleiche Recht auf Verschmutzung habe und dass wir Deutschen unser Recht überstrapazierten – dann gebe es nur eine wirklich ganz saubere Lösung. Die einzige wirkliche Lösung sei – so leid es ihm tue – an manchen Stellen nur der Verzicht.

Brockhagen erklärt uns noch mit einem Beispiel, welche Konsequenzen das für seine Arbeit hat: »Uns hat mal ein Steakhouse-Betreiber gefragt, ob wir seine Steaks kompensieren wollten. Das haben wir abgelehnt.« Denn Atmosfair würde nur solche Handlungen kompensieren, die alternativlos seien, bei denen es momentan keine anderen Lösungen gebe, die es aber geben könnte. Fliegen ginge theoretisch mit CO_2-neutralem Kerosin, Fleisch produzieren nicht. »Wenn die ganze Welt sich so ernährt wie wir, wenn alle Menschen auf der Welt so viel Fleisch wie Deutsche oder Österreicher essen, kann es dafür keinen Ausgleich mehr geben.« Dann fährt das Klima gegen die Wand, denn so viel CO_2 kann man in Entwicklungsländern gar nicht kompensieren. »Das ist doch klar«, sagt er lächelnd – was Brockhagen gut kann, ist, harte Botschaften freundlich rüberzubringen –, »es gibt keine technische Lösung für das Steak. Wir werden nicht die CO_2-freie Superkuh züchten, die keinen Darm hat und kein Abgas emittiert. Daher heißt hier die einzige Lösung weniger Fleisch essen.« Außerdem sei Nigeria irgendwann ja auch voll mit holzsparenden Öfen, irgendwann gebe es überall Biogasanlagen – und was dann? »Wo wollen wir dann noch kompensieren?«

Inzwischen sind Petra und Günther beim Kaffee angelangt, Dietrich Brockhagen trinkt immer noch seinen Früchtetee. Petra, die sich bedauernd von ihrem flauschigen Handtuchtraum verabschiedet hat, schaut ihn an und fragt: »Fliegen Sie eigentlich noch?«

Wieder eine klare Antwort: »Nein.« Er fliege nie. Nicht, solange Flugzeuge mit Kerosin betrieben würden. Aber anders als beim Steak gebe es hier Hoffnung. »Theoretisch kann man heute auch ohne CO_2-Belastung fliegen.« Man merkt nun, dass Brockhagen promovierter Physiker ist. Er erzählt begeistert von sogenannten »Power-to-Liquid«-Anlagen, in denen mithilfe von Ökostrom aus Kohlenstoffdioxid und Wasser zunächst ein Gas hergestellt wird, das dann später verflüssigt werden kann. »Eine relativ alte Technik, bei der sogar inzwischen die Patente frei verfügbar sind. Die stammen ursprünglich aus den 1920er-Jahren.«

Die technischen Voraussetzungen für eine Produktion seien also vorhanden. Allerdings sei die Produktion bei heutigen Energiepreisen noch nicht wirtschaftlich konkurrenzfähig. Deshalb wäre es gut, wenn die Preise für Kerosin steigen würden: »Das würde zu einem Innovationsschub führen.« Aber bisher verhindere die Lobby der Fluggesellschaften und der Reiseveranstalter solche Ideen. Als beispielsweise irgendwann mal aus Klimaschutzgründen über eine Steuer für Flugbenzin diskutiert wurde, seien die Boulevardzeitungen direkt angesprungen und hätten diese als »Mallorca-Steuer« diffamiert. Keinen Aufschrei gab es hingegen, als die Fluggesellschaften von den Kunden einen sogenannten »Kerosinzuschlag« wegen gestiegener Treibstoffpreise verlangten.

Drei Jahre Fliegen.
4802 Kilogramm CO_2. 110 Euro

Wir trennen uns vor dem Restaurant. Petra setzt sich in die S-Bahn und fährt ins Büro, Dietrich Brockhagen und Günther schwingen sich auf ihre Fahrräder. Günther radelt nach Hause, denkt über das Gespräch nach und setzt sich an seinen Schreibtisch vor den Rechner, lädt die Webseite von Atmosfair. Lässt ausrechnen, wie viel Kilogramm CO_2 seine Flugreisen der letzten Jahre verursacht haben: Kairo 1091 Kilogramm für Hin- und Rückflug, nach New York 2526 Kilogramm, Pisa 497 Kilogramm und zweimal Basel mit je 344 Kilogramm. Das macht zusammen 4802 Kilogramm CO_2.

Gibt man diese 4802 Kilogramm CO_2 in den Rechner von Atmosfair ein, so erhält man dieses Ergebnis: 110 Euro kostet es, den CO_2-Ausstoß der aufgelaufenen Flüge 2013 bis 2015 zu kompensieren. Kompensieren, nicht neutralisieren, denn, wie gesagt, das CO_2 verschwindet ja nicht aus der Luft. Man erhält – so verspricht es die Webseite – »von Atmosfair ein persönliches Zertifikat und eine Spendenbescheinigung«. Der Klimaschutzbeitrag ist steuerlich absetzbar. Hinterher stellt Günther fest, dass seine Rechnung so nicht ganz richtig war. Beim Start eines Flugzeuges entsteht mehr CO_2; hätte er die Flüge einzeln eingegeben und kompensiert, wäre es etwas teuer als die 110 Euro geworden.

Günther klickt sich weiter. Auf der nächsten Seite ist aufgelistet, was er bei Atmosfair kauft: einmalige Kompensation von 4802 Kilogramm CO_2. Preis 110 Euro. Er kann aussuchen, welche Projekte damit unterstützt werden sollen. Er übernimmt aber die Voreinstellung, dass Atmosfair entscheidet, wohin das Geld geht. Und klickt weiter auf »bezahlen«, muss sich dann entscheiden, ob er als Gast zahlen möchte oder sich registrieren will. Er denkt, dass er für die Steuerbescheinigung sowieso seinen Namen und die Adresse hinterlegen muss, also kann er sich auch registrieren. Dann zahlt er seine 110 Euro per Bankeinzug.

Am Abend erzählt er Petra davon. Sie überlegen: Es wäre sicher hilfreich, wenn die Fluggesellschaften bei der Buchung im Internet direkt voreinstellen würden, dass man mit Atmosfair oder einem ähnlich guten Anbieter seinen verursachten CO_2-Ausstoß kompensieren kann. Der Kunde müsste dann das Kästchen aktiv anklicken, um es nicht zu tun. Am besten wäre dieses versehen mit einem Satz wie: Ich weiß, was ich tue – ich trage mit diesem Flug zum Klimawandel bei. Das klingt zwar sehr moralisch, aber wäre das so verkehrt? Auf Zigarettenpackungen stehen doch auch Warnungen. Gut, die beziehen sich auf die individuelle Gesundheit, die andere auf die des Klimas und damit der Menschheit. Aber wäre das deshalb falsch? Uns hätte so ein Hinweis früher bei einer Entscheidung geholfen, und es würde bestimmt vielen unserer doch umweltbewusst fühlenden, aber nicht immer so handelnden Freunde und Bekannten helfen, deren Lust zu fliegen ungebrochen ist.

Doch zurück zur Urlaubsplanung. Nach Heraklion, einem der beiden Flughäfen auf Kreta, sind es von Berlin aus 2123 Kilometer Luftlinie. Wir wollten mindestens zwei Wochen bleiben – das stimmt mit den Kriterien des nachhaltigen Tourismus überein. Und müssten 3532 Kilogramm CO_2 über Atmosfair kompensieren. Das wären insgesamt 112 Euro (pro Person 28). Bei einem Aufenthalt von 14 Tagen sind das acht Euro am Tag für uns alle – nicht viel, halt der ein oder andere Kaffee weniger. Passt schon. Kreta ist als Urlaubsziel wieder im Rennen. Sonne halt. Und Günther summt wieder – kein Lied über das Zugfahren.

April

Autos und Fahrradanhänger

Im April ist es so weit. Günther besucht Fahrradläden, recherchiert auf Internetseiten, und nach zwei Wochen hat er ihn gefunden: seinen Fahrradanhänger. Er ist blaugrau, hat zwei 16-Zoll-Räder, eine Ladefläche von 77 mal 50 Zentimeter, einen festen Plastikboden und eine wasserfeste Plane, die man als Dach darüberziehen kann. Vorn und hinten Reflektoren. Er wiegt leer etwas mehr als elf Kilo und lässt sich leicht am Rad festmachen: einfach ein Verbindungsstück an der Hinterradachse festschrauben und die Deichsel da hinein einhaken. Noch eine Sicherung, fertig. In weniger als zwei Minuten ist er einsatzbereit. 30 Kilogramm Zuladung sind laut Gebrauchsanleitung erlaubt, doch bald stellt Günther fest, dass einiges mehr möglich ist. Genug für den Wocheneinkauf der Familie und für einen Kasten Bier aus dem Getränkemarkt. Beim freundlichen Fahrradhändler um die Ecke ist er für knapp 230 Euro zu haben.

Günther hatte schon lange damit geliebäugelt. Petra besorgt zwar die Delikatessen und das frische Gemüse vom Markt, er aber ist für den Großeinkauf zuständig. Das bedeutet Arbeit, Kilos und Supermarkt. Besorgt werden müssen Toilettenpapier, Tomaten in Dosen, Waschlotion, Haferflocken, halt die Dinge, die von einer vierköpfigen Familie in erstaunlichen Mengen verbraucht werden. Die nächsten Supermärkte, Aldi, Lidl und Rewe, liegen ein bis anderthalb Kilometer entfernt, zwei große Biosupermärkte nicht viel weiter. Genau die Entfernungen, die man immer mit dem Rad fahren sollte. Bisher haben wir das oft nicht getan und unsere Begründungen kennen wahrscheinlich die meisten anderen Familien auch. Jedenfalls all die, die am Samstagvormittag um die Parkplätze vor den Läden kämpfen: »Mit dem Auto ist es so praktisch. Wir müssen zu viel transportieren. In Fahrradpacktaschen passt einfach nicht genug rein.«

Auch wenn der Rest der Familie erst einmal seltsam guckt und die Nachbarn staunen: Die Nachbarin findet den Hänger super, ihr Mann hingegen guckt skeptisch. Der macht den frei- oder samstäglichen Großeinkauf immer mit dem Auto. Günther fährt nun mit Rad und Hänger. Anfangs ist das Fahren so etwas gewöhnungsbedürftig, hängen doch einige Kilo mehr am Fahrrad. Und schaukeln tun die zudem. Doch einen Gang runtergeschaltet, läuft das Rad ganz gut. Wie zur Belohnung darf man mit diesem Gefährt direkt vor dem Eingang des Ladens parken, und nach dem Großeinkauf passt tatsächlich der Inhalt eines kompletten Einkaufswagens problemlos in den Hänger. Gratis dazu gibt es erstaunte und mitunter anerkennende Blicke der Passanten. Und dann geht es ohne Schwierigkeiten und größere Schweißausbrüche nach Hause. Das Fahrrad fährt bis direkt vor die Haustür, nicht wie das Auto nur bis vor das Gartentor – wenn man denn direkt vor dem Haus einen Parkplatz bekommt. Der Hänger ist die Lösung.

Bequemlichkeit, Gewohnheit, Notwendigkeit

Womit wir beim eigentlichen Problem wären: dem Auto. Ja, wir haben eins, und es sorgt natürlich für ein schlechtes Gewissen, seit ein paar Wochen mehr denn je. Denn es produziert CO_2. Es ist zwar alt und nicht sehr leistungsstark, aber es wird nicht nur zum Einkaufen gefahren. Die Gründe dafür bei uns sind so banal wie wahrscheinlich bei den meisten anderen Menschen auch: eine Mischung aus Bequemlichkeit, Gewohnheit, Notwendigkeit. Und ein diffuses Gefühl von Freiheit.

Wir besitzen einen VW Caddy TDI, wobei das D für Diesel, das I für Injektion, also Einspritzung, und das T für teuer steht. Na ja, Letzteres stimmt nicht ganz. T steht offiziell für Turbo, auch wenn »teuer« es besser treffen würde, denn dieses graue Ungetüm, Baujahr 2005, hat uns schon einiges an Geld und Nerven gekostet. Wahrscheinlich ist das Ding eine Montagsproduktion, gebaut an einem Tag, an dem die Arbeiter noch nicht ganz wach, verkatert, unkonzentriert oder ziemlich schlecht gelaunt waren. Anders lassen sich die vielen Reparaturen bei vergleichsweise bislang bescheidenen 130 000 Kilometern Fahrleistung kaum erklären. Kurz, wir lieben das Ding nicht besonders, aber es gehört zum Haushalt.

Dass Autofahren der Umwelt schadet, wissen wir natürlich. Jeder weiß das. Ebenso, dass es in Städten viel zu viele Autos gibt, sie die Straßen verstopfen und das Fahren schon deswegen meist keinen Spaß mehr macht. Fast alle Menschen finden diesen Verkehr stressig, selbst die, denen die Umwelt relativ schnuppe ist und die immer noch darauf hoffen, dass mehr und breitere Straßen die Lösung aller Verkehrsprobleme sein könnten. Schon die Väter von Petra und Günther klagten und klagen seit jeher über zu viel Verkehr – wobei »zu viel« sehr relativ ist. Günthers Vater wohnt in Krefeld, einer mittleren Großstadt im Westen Deutschlands. Petras Vater nicht weit davon entfernt in Iserlohn, einer großen Kleinstadt. Was die beiden stört, und das schon seit Jahrzehnten, wäre in München oder Berlin nicht der Rede wert. Dennoch fuhren und fahren sie selbstverständlich immer Auto. Die knappen drei Kilometer bis zur Arbeit legte Günthers Vater jahrzehntelang immer damit zurück, alle fünf, sechs Jahre kaufte er ein fabrikneues Modell. Ohne je über Alternativen nachzudenken.

Das ist bei uns anders. Zwar wohnen wir nicht im Zentrum Berlins und auch nicht in einem der vielen Viertel, in denen man direkt vor der Tür die U-Bahn-Station oder die S-Bahn-Haltestelle hat und schon wegen der Parkplatznot gar nicht auf die Idee kommen würde, einen eigenen Wagen zu besitzen. Trotzdem können wir einen unbestritten guten öffentlichen Nahverkehr nutzen. Denn trotz aller Klagen über Busfahrer mit eher rustikalem Charme, Schienenersatzverkehr (das heißt, die S- oder U-Bahn steht und alle müssen in Busse umsteigen) und Fahrplänen, die eher Vorschlagscharakter besitzen, ist unsere Anbindung an das öffentliche Leben, an Arbeit und Vergnügen mit den, wie man in Berlin liebevoll sagt, »Öffis« recht komfortabel. Deswegen nutzen wir sie oft.

»Ja, in Berlin funktioniert das auch«, sagen dann alle, die in Kleinstädten oder auf dem Land leben. »Aber bei uns klappt das nicht. Da gibt es keine vernünftigen öffentlichen Verkehrsmittel, da sind die Entfernungen zu groß, da bin ich auf das Auto angewiesen.«

Zwei Punkte sind an diesem Argument interessant. Zum einen widerspricht es einer Studie des Umweltbundesamtes. In der heißt es nämlich, »dass es keinen offensichtlichen Zusammenhang zwischen der Größe des Wohnorts und dem

Energieverbrauch für Alltagsmobilität gibt. Anders, als man erwarten könnte, sind die Wege zur Arbeit und zur meist genutzten Einkaufsstätte für Personen, die in einem Dorf leben, nicht länger als die der Stadtbevölkerung.« Zum anderen unterstellt es, dass man in Berlin mit den öffentlichen Verkehrsmitteln immer superschnell ist.

Der nächste Bus hält zwar bereits 100 Meter vom Haus entfernt, bis der einen allerdings nach Berlin-Mitte gebracht hat, ist eine Stunde rum. Somit dient er uns eher als Zwischentransport hin zur S-Bahn oder zur Steglitzer Schlossstraße, ins nächste Stadtbezirks-Zentrum. Und meist nur, wenn es zu viel regnet oder wenn das Rad platt ist. Denn die S-Bahn-Haltestelle ist 1200 Meter entfernt. Bis zur U-Bahn ist es ebenso nah. Man kann beide also gut erreichen, wenn auch nicht ganz bequem.

Petra fährt morgens die kurze Strecke mit dem Rad zur S-Bahn, was fünf Minuten dauert, und dann mit der S-Bahn 25 Minuten in die Stadt. Sie hat eine Jahreskarte der BVG für alle Öffis in Berlin und muss sich daher keine Gedanken darüber machen, wie oft sie ein- oder aussteigt. Nur dass sie für das Fahrrad jeden Monat noch mal extra etwas mehr als zehn Euro zahlen muss, ärgert sie manchmal – und dass sie, als sie das mal vergessen hatte, für ihr schwarzfahrendes Rad zu 60 Euro Strafe verdonnert wurde. Vom Bahnhof Friedrichstraße geht sie noch zwei Minuten zu Fuß ins Büro. Zurück radelt sie bei gutem Wetter. Fast braucht sie das inzwischen – denn es ist viel entspannender als ein Glas Wein am Abend. Die 14,3 Kilometer lange Strecke ist der perfekte Work-out am Ende des Arbeitstages. Ideal, um den Ärger aus dem Büro hinter sich zu lassen und entspannt zu Hause anzukommen.

Wenn nicht zwischendrin zu viele aggressive Autofahrer und rote Ampeln genervt haben.

Jakob fährt mit dem Rad zur U-Bahn oder seit Jüngstem oft direkt die neun Kilometer zur Schule. Jedenfalls, solange es nicht regnet.

Franziska fährt die 4,5 Kilometer zu ihrem Gymnasium mal mit dem Rad, mal mit dem Bus, mal mit Rad und S-Bahn. Je nach Wetter, Laune und Uhrzeit.

Und Günther geht ganz einfach eine Etage nach oben in sein Arbeitszimmer. Normalerweise. Manchmal fährt er noch zum Deutschlandradio, für das er regelmäßig Sachbücher rezensiert, dann versucht er, das Fahrrad zu nehmen. Muss er zu einer Besprechung in einen Buchverlag am anderen Ende der Stadt, für den er regelmäßig arbeitet, nimmt er S-Bahn und Fahrrad. Oder die U-Bahn.

»Tagsüber«, so sagt er, »fährt doch kein normaler Mensch in der Stadt mit dem Auto. Das nervt nur.« Manchmal, ja manchmal und für seinen Geschmack immer noch viel zu oft, nimmt er es dann doch. Meistens ärgert ihn das dann hinterher. Weil er, wie befürchtet, im Stau steht. Weil nichts schneller ging. Weil die anderen Autofahrer nerven (es nerven natürlich immer nur die anderen). Oder er ganz einfach doch viel lieber in der S-Bahn Zeitung gelesen oder Musik gehört hätte.

Ob es ohne Auto ginge? Ganz ehrlich: Wir haben uns das bisher nicht gefragt. Doch jetzt, auf unserer privaten Mission zur Rettung des Weltklimas steht diese Frage natürlich ganz oben auf der Checkliste. Müssten Klimaretter es aufgeben? Und können wir das ohne das Gefühl eines übermäßig großen Verlustes an Lebensqualität?

Wir setzen uns also wieder mal zu viert nach dem Abendessen an den Küchentisch, diesmal für unseren ganz privaten Autotest. Erst mal wollen wir feststellen, wo wir es wirklich, wirklich (!) brauchen, wo es das Leben angenehm leichter macht und wo uns nur pure und leicht zu ändernde Faulheit treibt. Und dann wollen wir natürlich wissen, wie viel CO_2 wir einsparen würden.

Wir machen eine Liste. Auf die kommen alle Fahrten, die uns aus den vergangenen Monaten noch so einfallen.

»Reiten«, sagt Franziska. Gestern erst hat Günther sie beim Reiten aufgelesen. Der Fahrradschlüssel war irgendwie weg, sie rief an, und der Vater hat das Rad dann ins Auto eingeladen – obwohl der Schlüssel, als er am Pferdehof ankam, schon gefunden worden war. »Und Schule letzte Woche«, sagt sie noch. Da war ihr schlecht, Günther war schnell hingefahren und hatte sie abgeholt. Also steht nun ganz oben auf dem weißen Papier: »Reiten, Schule (Ausnahmen!)«.

»Na ja, wenn ich abends mal gute Unterhaltung statt Glotze will, dann geht das mit dem Auto eben doch schneller«, sagt Petra zögernd, und es stimmt: Wenn die Straßen frei sind, und das sind sie oft nach Ende des Feierabendverkehrs, dann dauert eine Fahrt von unserem Haus bis in die Philharmonie gerade mal 20 Minuten. Mit der S-Bahn dauert es inklusive des Weges zur Haltestelle fast doppelt so lang. Das Auto spart also wirklich Zeit. Und in den fiesen Berliner Wintermonaten ist es oft kuscheliger, im beheizten Pkw zum Konzert zu fahren, als an einer windigen Bushaltestelle zu warten. Allerdings gibt es den spontanen Theaterbesuch eher in der Vorstellung als in der Realität. Wir würden gern öfter. Aber wir schaffen es ganz selten.

Das Blatt füllt sich nun schnell, mit Kino, Verlag, Ponyhof, Orchester, Theater, Einkauf, Baumarkt. Und dann noch die Reisen in den Urlaub und zu den Großeltern, immer zu Weihnachten. Da kommt schon so einiges zusammen. Denn wenn man, wie wir, am Rand der Stadt wohnt, dann bedeutet das eben auch, dass viele Bekannte und die Freunde der Kinder noch weiter draußen leben und schlechter angebunden sind. Dass es also die typischen Fahrten zu den Kindergeburtstagen und zum Sportverein gibt – im Elterntaxi. Und dass auch die Eltern immer mal wieder abends irgendwo eingeladen werden, wo es keine U-Bahn gibt. Da bleibt also nur das Fahrrad – oder bei Stöckelschuh-Events, schlechtem Wetter, Schnupfen und Faulheitsattacken eben das Auto. Günther nimmt es dann noch auf dem Weg zu seinem Tischtennisverein, wenn er zu faul ist oder zu spät dran, Petra am Samstag zum Einkaufen und alle hin und wieder für abendliche Restaurantbesuche. Selten machen wir mal einen Wochenendausflug, in der Regel verhindern die Kinder die Verwirklichung solche Pläne durch nachhaltiges Murren. Sie sind in dem Alter, in dem die Geburtstage der Freunde, die Partys und der Ponyhof ungleich attraktiver sind als ein Spaziergang durch den Brandenburger Wald oder eine Fahrt an die Ostsee.

Tatsächlich, so stellen wir schon nach dieser ersten kurzen Bilanz erstaunt fest, dient unser Auto inzwischen vor allem der Bequemlichkeit. Vier Fünftel der Fahrten erleichtern Freizeitvergnügen, der Rest sind Besorgungen und Reisen. Das ist schon eine interessante Erkenntnis.

Als die Kinder noch in die Grundschule gingen, war die Notwendigkeit eindeutig größer. Da glichen wir wahrscheinlich vielen anderen Familien, die in Vororten wohnen, in die kein Schulbus fährt. Günther fuhr Franziska und Jakob jeden Morgen zur Schule. Die lag leider nicht um die Ecke, weil beide eine zweisprachige deutsch-französische Schule besuchten, die 4,8 Kilometer entfernt liegt. Das ist zu weit, um zu Fuß zu gehen; es erschien uns für das Alter bei dem Berliner Stadtverkehr auch zu unsicher, um mit dem Fahrrad zu fahren. Eine direkte Verbindung mit öffentlichen Verkehrsmitteln gab es nicht. Hätten die Kinder den Bus genommen, was in Berlin tatsächlich viele Grundschulkinder tun, dann wären sie fast eine Stunde unterwegs gewesen. Das kam uns unfair im Vergleich mit zehn Minuten Autofahrt vor. Außerdem hätte es für alle bedeutet, mindestens noch eine halbe Stunde früher, also gegen sechs Uhr, aufzustehen. Also gehörte zu Günthers Alltag viermal 4,8 Kilometer Autofahren, 19,2 Kilometer am Tag, fünf Tage die Woche.

Das ist heute Vergangenheit, nur durch den Schulwechsel der Kinder hat sich unsere CO_2-Bilanz massiv verbessert. Wir rechnen nach, um wie viel. (Zahlenhasser sollten diesen kleinen Abschnitt überspringen.)

»Wie lange ist ein Schuljahr?«

»Im Schnitt 38 Wochen.«

»Das sind 190 Tage, und die mal 19,2 Kilometer.«

Gut, dass Handys Taschenrechnerfunktionen haben.

»Das sind 3648 Kilometer im Jahr. Und wie viel CO_2 stößt unser Auto dabei aus?«

Der CO_2-Rechner der Dekra, des Deutschen Kraftfahrzeug-Überwachungs-Vereins, weiß Rat: Gibt man dort Fahrzeugtyp und den selbst ermittelten Durchschnittsverbrauch ein, rechnet er die CO_2-Bilanz aus: 3648 Kilometer entsprechen etwa 773 Kilogramm CO_2.

»Wie viele Jahre hast du die Kinder gebracht?« Günther muss nachrechnen. Er überlegt.

»Ganz einfach«, sagt Jakob. »Ich bin im Sommer 2007 dort in die zweite Klasse eingeschult worden, und 2015 im Sommer hat Franziska die Schule verlassen.«

»Das sind acht Jahre. Wahnsinn, so lange bin ich gefahren?«

Ein Jahr können wir rausrechnen, weil wir zwei Jahre eine Fahrgemeinschaft mit Bekannten hatten. Bleiben sieben Jahre, das ergibt 25 536 Kilometer und damit 5411 Kilogramm CO_2. Eine ziemlich beeindruckende Strecke und Menge.

In den acht Jahren, in denen wir die Kinder in die Schule gefahren haben, haben wir die Erde zu mehr als der Hälfte umrundet und dabei viel mehr CO_2 produziert als erwartet. Etwas mehr, als bei zwei Personen für den Flug Berlin–New York und zurück angefallen wäre.

»Das bisschen Autofahren, habe ich immer gedacht«, sagt Günther.

Wie wir aufs Auto kamen

Jakob will jetzt mehr über uns und das Auto wissen. So, als ob er spürt: Eigentlich beginnt die Geschichte viel früher. »Wisst ihr eigentlich noch, was euer erstes Auto war?« Jakob hatte mit drei eine kurze Phase, in der alles, was brummt, interessant war. Er blieb an jeder Baustelle stehen, glotzte stundenlang auf Bagger und war begeistert, wenn vor dem Autohaus um die Ecke Autos vom Transporter geladen wurden. Diese Überdosis führte wahrscheinlich dazu, dass er sich heute nicht mehr für den motorisierten Verkehr interessiert. Doch jetzt weckt das Reden über das Autofahren sein Interesse und bei den Eltern damit nach und nach längst vergessen geglaubte Erinnerungen. »Ich hatte einen wunderbaren beigen VW, geschenkt von meinen Eltern. Er war toll«, sagt Petra und blickt ein wenig versonnen. Aufgewachsen in einem Dorf, sechs Kilometer von der Kleinstadt entfernt, im hügeligen Sauerland, erweiterte das Auto damals tatsächlich die kleine Welt. Es erlaubte, zu Partys zwei Dörfer weiter zu fahren, zu Diskotheken in die Stadt und dann irgendwann zum Studieren nach Köln. Bei Günther war es ähnlich. Erwachsen werden bedeutete, den Führerschein zu machen und Auto zu fahren. Auch der erste Urlaub der beiden zusammen mit dem Auto weckt in ihnen warme Erinnerungen. Was aber weniger am Auto lag – weil dessen Motor zum ersten Mal bereits nach 500 Kilometern verreckte und die Reparatur die halbe Reisekasse verschlang.

»Autofahren war irgendwie ein Freiheitsversprechen«, sagt Petra. Jakob guckt ungläubig. Für ihn ist es das nicht. Freiheit, das ist eher ein Handy und WLAN in der Nähe. Er ist 16 Jahre alt und könnte langsam beginnen, den Führerschein zu machen. Mit 17 Jahren dann begleitet fahren – so wie es seine Freundin Julia plant. »Das funktioniert doch bei uns nicht«, sagt er. »Erstens fahren wir fast nie zusammen Auto. Und wenn, dann nur die langen Strecken in den Urlaub oder zu den Großeltern. Da sitze ich lieber hinten drin und lese.«

Petra und Günther haben sich jedenfalls lange keine Gedanken über Autos gemacht, und über die Umweltfolgen noch weniger. Sie hatten eines, wenn sie glaubten, es zu brauchen, und damit häufig. Ohne Auto lebten sie während des Studiums (da kannten sie sich noch nicht), für den ersten Job brauchte Günther ein Auto, weil er damit von Düsseldorf zum Verlag nach Dortmund fuhr. In Köln hatten sie mal eines, mal nicht, in Hamburg zunächst nicht, dann kauften sie einen alten Mazda, der so legendär verrostet war, dass man mit ihm an der Ampel Aufsehen erregte. Mit ihm düsten sie an wenigen Wochenenden ins Alte Land oder ans Meer. Ein Statussymbol war das Auto für sie nie, denn immer fuhren sie alte bis sehr alte Schleudern, aber oft ein Mehr an Bequemlichkeit und Bewegungsfreiheit. Wobei das mit der Bequemlichkeit manchmal, wenn wieder gefühlte Ewigkeiten kein Parkplatz im Viertel zu finden war, nicht ganz stimmte.

Sie zogen nach Washington, und fast das Erste, was sie in der Stadt am Potomac River kauften, war ein Auto. Und was für eines. Einen Chrysler Le Baron, Baujahr 1988, ein Cabriolet. Petra war ein wenig verliebt in den Wagen. Auf Knopfdruck senkte sich das Dach in den Kofferraum. Er hatte eine digitale Tachometer-Anzeige, ein Armaturenbrett aus poliertem und hochglanzlackiertem Holz und wunderbare, schwarze Ledersitze. In Washington fuhren so was damals, um die Jahrtausendwende, fast nur noch arme Schwarze und wir. Der Mittelschicht aus den Vorstädten war der Chrysler viel zu unbequem und im Innenraum zu klein. Selbst die Halterungen für Cola- und Kaffeebecher waren längst unterdimensioniert, in die passte nicht mal der kleinste Becher von McDonald's. Und die Klimaanlage funktionierte auch nicht richtig. Petra und Günther aber liebten den Chrysler, und wenn sie ihn sehr defensiv fuhren, konnten sie ihn sogar auf einen Verbrauch von 13,8 Litern Super auf 100 Kilometer drücken. Allerdings war das bei den billigen Benzinpreisen wirklich nicht wichtig. Jedenfalls als Kostenfaktor – und klimapolitisch waren die beiden damals echte Ignoranten, selbst wenn sie sich schon grün fühlten und ihre Tomaten im Biosupermarkt oder auf dem Farmers Market im Viertel kauften.

Dann wurde Jakob geboren und das Cabriolet gegen einen Ford Kombi ausgetauscht, ein Schlachtschiff auf Rädern, auch im Verbrauch. Hässlich, aber praktisch. Und sie brauchten es damals wirklich, in den USA geht ohne Auto nur sehr wenig. Als die Kleinfamilie später zurück nach Europa, nach Brüssel zog, stellte sich die Frage, ob so was wirklich nötig ist, gar nicht mehr. Sie hatte sich einfach dran gewöhnt: Eine Familie hat ein Auto, das ist praktisch. Punkt.

Als Petra kurz nach der Ankunft in Belgien einen Kollegen fragte, wo man denn am besten einkaufen fährt, guckte der sehr erstaunt und sagte: »Fahren? Ihr habt doch alles um die Ecke.« Was stimmt, zumindest wenn man wie unsere Familie in der Stadt wohnte. Dann konnte man zu Fuß zum Einkaufen gehen, am besten mit einem Hackenporsche. Da waren selbst die Spielplätze, alle Bars und Restaurants nahebei und sogar die Arbeit nicht sehr weit weg. Aber Petra und Günther waren zu Automenschen geworden. Zu Kombimenschen, die Heckklappe war ja so nützlich. Es passte das Kinderfahrrad von Jakob rein, dann wieder der Kinderwagen, als Franziska geboren wurde. Und Jakobs Fahrrad dazu.

Den Ford Kombi benutzten wir auch nach unserer Rückkehr nach Deutschland, fünf Jahre später, in Berlin. Und als der dann 2010 zusammenbrach, interessierte den Gebrauchtwagenhändler eigentlich nur, ob die Klimaanlage funktionierte – »dann kann der nach Afrika verschifft werden, in Mali kann der noch lange als Taxi herumfahren«. Und wir kauften den Caddy. Ohne lange nachzudenken.

Das ist tatsächlich die düstere Bilanz unseres kurzen Familienchecks, unseres ganz privaten Autotests am Ende des Abends: Wir müssen uns zerknirscht eingestehen, dass wir seit Jahren Autos besitzen, die zwar zweimal am Tag zu Schulfahrten bewegt wurden, aber ansonsten fast immer am Straßenrand herumstehen, im Sommer noch mehr als im Winter, fast sieben Tage die Woche.

Aber unser Wagen ist nicht der einzige, der die meiste Zeit nicht genutzt wird. Seit wir in Berlin wohnen, also seit neun Jahren, hat sich die Zahl der Autos auf unserer Straße etwa verdoppelt – ohne dass neue Häuser oder Wohnungen dazugekommen wären.

Wir wissen das ziemlich genau, weil wir kurz nach dem Einzug gleich den Fauxpas begingen, auf der falschen Seite zu parken. Bis zu unserem Einzug hatten alle Wagen nur auf einer Seite der Straße gestanden, eine Art informelle Parkordnung war das, damit der Verkehr schneller fließt. Wir aber wollten langsamen Verkehr, wegen der Kinder, also parkten wir auf Lücke. Es dauerte lange, bis das ältere Ehepaar, das ein paar Häuser weiter wohnt, uns dies verzieh. Wir waren die Neuen, die den Verkehrsfluss behinderten. Wahrscheinlich sind wir für sie der Anfang vom Niedergang. Heute sind beide Seiten der Straße zugeparkt. Fast alle Familien besitzen zwei Autos. Manchmal kriegt man nicht mal mehr einen Parkplatz vor dem eigenen Haus. Was für ein Elend.

Petra hat vor einiger Zeit mit dem Sozialwissenschaftler Andreas Knie vom Berliner Innovationszentrum für Mobilität und gesellschaftlichen Wandel gesprochen. Als »Stehzeuge«, die den öffentlichen Raum enteignen, bezeichnete der Autos. Ein Stehzeug sei »ein Fahrzeug, das herumsteht, bis sein Eigentümer auf die Idee kommt, es mal wieder zu bewegen«. Knie behauptet, dass es in Berlin 850 000 Blechkutschen »zu viel« gebe. Denn die Transportleistung der rund 1,3 Millionen Autos in Berlin könne man auch mit 350 000 Autos schaffen. »Das heißt, es stehen Hunderttausende Autos nutzlos in der Gegend herum. Stellen Sie sich mal vor, wie viel Platz die wegnehmen!« Knie nennt das eine »Okkupierung öffentlichen Raums durch Privateigentum«. Er wundert sich manchmal, dass die Leute das einfach hinnehmen. Wenn jemand seinen Schrank auf die Straße stellen würde, gäbe es sofort Ärger. Bei dem viel größeren Auto finden das alle normal.

Was also wäre für uns die richtige Konsequenz? Jakob, der oft zu radikalen Lösungen neigt, sagt: »Auto abschaffen, sofort!«

Günther überlegt, sagt: »Eigentlich hast du ja recht.« Franziska und Petra wiegen die Köpfe.

Aber wir alle stellen uns nun ganz konkret die Frage: Brauchen wir es wirklich?

Im Sommer am wenigsten, dann ist Radfahren einfach. Im Winter vielleicht eher. Aber wie kommt die noch recht zierliche Franziska mit ihrem großen Cello zur Orchesterprobe?

Günther: »Ich kann dir jetzt schon sagen, an welchen Tagen ein Leben ohne schmerzhaft wird. Um diese Jahreszeit geht es. Jetzt fahren wir alle wieder viel und gern Rad. Und in den nächsten Monaten wird es noch einfacher. Der Ärger beginnt im November.«

Petra: »Weil du uns für Weicheier hältst?«

Günther: »Weil im November in Berlin, wenn es nur noch grau, dunkel, kalt und nass ist, fast jeder zum Weichei wird. Und weil wir alle dann abends, wenn wir mal ins Kino wollen, die vier Kilometer gern mit dem Auto fahren würden. Du ganz besonders. Weil, wenn es so richtig regnet, der eine Kilometer zur S-Bahn zu Fuß lang wird. Oder die anderthalb Kilometer zum Supermarkt.«

Petra schweigt. Und nickt.

Wir lassen die Antwort offen. Zunächst einmal wollen wir abwarten und testen, wie oft wir das Auto wirklich nutzen – jetzt, wo wir mehr an das Klima denken. Denn, so unsere Überlegung, ein rumstehendes Auto schadet unserer Ökobilanz ja nicht. Wir werden aber die Fahrten auf das absolute Minimum reduzieren. Das Auto wirklich zum Stehzeug machen, um am Ende des Jahres zu entscheiden. Dann haben wir mindestens drei Monate Dunkelheit und Schlechtwetter hinter uns.

Um Selbstbetrug zu vermeiden, werden wir eine Strichliste führen: eine Spalte für Fahrten, die wir gemacht haben, und dazu die Kilometerzahl. Eine für die, die wir bisher gemacht hätten und nun vermeiden. Gleichzeitig wollen wir den Verlust an Lebensqualität messen. Ohne uns selbst die Sache schönzureden, à la: Sport und frische Luft sind gesund. Das stimmt zwar grundsätzlich. Aber im November bei zwei Grad an einer nasskalten Bushaltestelle zu stehen oder mit dem Fahrrad zum nächsten Supermarkt zu fahren ist weder Sport noch besonders gesund. Das ist einfach nur eklig. Also gibt es noch eine Kategorie mit dem Titel: Extrem nervig!

Werden wir dann immer noch kein Auto brauchen?

Schaffen wir das?

Elektromobilität und Carsharing?

Dann taucht an einem trüben Samstagvormittag, als es wieder einmal ums Einkaufen geht, die rettende Alternative auf: Wir wissen nicht, wer sie ausspricht – aber sehen, dass wir uns innerlich, eingedenk der zwar noch weit in der Zukunft liegenden, im Kopf aber näher rückenden Dezembertage, die Hände reiben: Wie wäre es, den alten Diesel-Caddy durch ein modernes Hybrid- oder gar Elektroauto zu ersetzen? Oder durch eines, das viel weniger verbraucht? Wie sähe dann die Bilanz aus?

Wir beschließen, diese Frage an Günther zu delegieren, den Familien-Klimaretter-Recherchebeauftragten. Die Ergebnisse präsentiert er ein paar Tage später. Seine Kurzversion lautet: »Ich muss euch enttäuschen. Es hilft der Umwelt nicht, wenn wir ein neues, sparsames Auto kaufen. Und der Kauf eines Elektroautos auch nicht.«

»Spielverderber«, sagt Franziska, und Petra nur: »Ach, nee. Wie jetzt?«

»So jetzt.« Günther zeigt ein Grafiktool in einem *Spiegel Online*-Artikel von Dezember 2015: »Das ist eine Art Test. Erst gibt man ein, was für ein Auto man jetzt fährt: Diesel oder Benziner, wie viel es verbraucht, wie viele Kilometer man im Jahr fährt und was man für ein neues Auto kaufen möchte: klein, mittel oder groß, mit Benzin-, Diesel- oder Elektroantrieb. Und jetzt kommt es: Selbst im allergünstigsten Fall – also wenn wir ein für uns vier zu kleines Elektroauto kaufen und das mit Ökostrom betanken – dauert es knapp fünf Jahre, bis das die bessere CO_2-Bilanz hat.« Und so geht es weiter: Nimmt man zum Betanken den aktuellen Strommix (also mit Braun- und Steinkohle), so dauert es sieben Jahre, bis der Neuwagen ökologisch günstiger dasteht, ist der Neuwagen mittelgroß sogar zehn Jahre. »Bei mittelgroßen Autos mit Verbrennungsmotoren lohnt es sich nie, aus CO_2-Ersparnis ein neues Auto zu kaufen«, sagt Günther. »Kaufen wir einen neuen Diesel, dauert es länger als zwölf Jahre, und ein neuer Benziner wäre schon längst ein Oldtimer, bis dessen Klimabilanz besser ist als die unseres Caddys.« Der Grund dafür ist ebenso banal wie logisch: Die Produktion eines neuen Autos verursacht selbst einfach zu viel CO_2.

»Zugegeben«, sagt Günther, »dieser Rechner auf *Spiegel Online* ist etwas schematisch. Aber ich habe deshalb noch ein paar andere Dinge gesucht und gefunden. Vor allem zur Elektromobilität.« Petra winkt ab, sie will das gar nicht hören. Franziska widmet sich ihrem Handy. Und Jakob ist noch nicht aufgestanden. Also redet er mehr zu sich selbst, auch wenn Petra jetzt so tut, als würde sie zuhören, und ab und an ein »Ja« oder »Interessant« einstreut. So referiert er tapfer die Ergebnisse einer 2015 veröffentlichten Studie »Ökologische Folgen von Elektroautos – Ist die Förderung von Elektro- und Hybrid-Autos sinnvoll?« des Umwelt- und Prognose-Instituts in Heidelberg.

Günther erklärt, und Petra macht »Mmmh«

»Elektroautos sind keine Ökoalternative«, sagt Günther, denn er hat noch eine weitere interessante Absurdität gelesen, über den bizarren Irrsinn europäischer Umweltpolitik.

»Interessant«, murmelt Petra.

Kurz will sie was wie »Mansplaining« sagen und dass sie sich jetzt gerade nicht wirklich von einem Mann die Welt erklären lassen will. Denn genau das besagt der Begriff: Männer erklären Frauen die Welt. Dann aber ist sie still, denn tatsächlich hat sie diesen Mann in diesem speziellen Fall ja damit beauftragt, Neues über die Welt herauszufinden. Also ist es nur fair, dass er das jetzt loswerden will. Also ist sie still. Sehr still. Tut so, als ob sie das spannend findet. Und findet es dann wirklich interessant.

»Ja«, sagt Günther: »Die durch Elektroautos verursachten CO_2-Emissionen sind etwa genauso hoch wie die von Benzin- und Diesel-Autos. Denn zum einen ist ihre Herstellung energieintensiver, wohl auch, weil die Baureihen bislang kleiner sind.«

»Mmmh«, macht Petra. »Willst du Kaffee?«

»Wie bitte? Äh, nee. Äh. Und hier, jetzt kommt es.«

Petra schraubt die Kanne zu und stellt sie auf den Herd.

»Auch im Betrieb sind Elektroautos nicht unbedingt umweltfreundlicher: Zwar emittieren sie selbst kein CO_2, doch fahren sie ja deshalb nicht ohne Energie: Sie verbrauchen Strom, bei dessen Erzeugung natürlich CO_2 freigesetzt wird. Nun ist der Anteil an Ökostrom zwar in Deutschland gewachsen, aber eigentlich nur in dem Maße, wie der Anteil an Strom aus Kernkraftwerken zurückgegangen ist – der Einsatz von Kohle ist in den letzten Jahrzehnten ungefähr gleich geblieben: In der Lausitz oder im Rheinland wird immer noch

Braunkohle in großem Stil abgebaggert und dann zu Strom verarbeitet.«

»Jaa?«, sagt Petra.

»So weit, so schlecht«, sagt Günther. »Aber jetzt kommt der eigentliche Hammer. Denn das Institut vermutet sogar, dass Elektroautos die CO_2-Emissionen erhöhen. Weil – Achtung, jetzt wird es kompliziert – die Europäische Union 2014 Flottenemissionsgrenzwerte einführte. Die Autofirmen mussten sich verpflichten, dass ihre Automobile einen bestimmten Grenzwert als Gesamtflotte (sprich alle ihre Pkw-Typen zusammengenommen) nicht überschreiten würden. Nach freundlichem Insistieren von Bundeskanzlerin Angela Merkel wurden diese Werte aber nicht sehr streng vermessen. Werden diese Flottenemissionsgrenzwerte trotzdem überschritten, müssen die Hersteller zahlen. Damit das aber auf keinen Fall passiert, hat man sich noch folgenden Trick einfallen lassen: Elektroautos werden nicht mit ihren realen Emissionswerten in die Gesamtmenge der Emissionen eingetragen, sondern mit ›Null-Emission‹.

Das ist zwar eigentlich Quatsch, aber schön für die Industrie. Ein super Trick: Jedes verkaufte Elektroauto senkt die Flottenemission – und die Gesamtgrenzwerte werden deshalb trotz riesiger Geländewagen nie überschritten. Verstehst du«, Günther ist ganz stolz darauf, was er gelesen hat: »Für jedes verkaufte Elektroauto kann der Hersteller also gleichzeitig einige überdimensionierte Geländewagen verkaufen – der Gesamt-CO_2-Durchschnitt wird dennoch eingehalten.«

Und noch zwei Punkte muss er loswerden, weil sie ihn so ärgern. »Zum einen: Andere Studien belegen, dass bei der Produktion einer Batterie pro speicherbarer Kilowattstunde zwischen 150 und 200 Kilogramm CO_2 entstehen. Das bedeutet, dass allein die Herstellung von Batterien für einen Tesla, die 86 Kilowattstunden Strom speichern können, für 15 Tonnen CO_2 verantwortlich ist. Dafür könnten wir mit unserem Auto etwa 70 000 Kilometer fahren.« Recht atemlos fährt er fort: »Mein letzter Punkt: Weißt du, dass Elektroautos überwiegend als Zweit- oder gar Drittwagen genutzt werden? Untersuchungen aus Norwegen – wo es die meisten davon in Europa gibt – zeigen, dass sie wegen der geringen Betriebskosten viel mehr genutzt werden. So ist in Norwegen der Anteil der Nutzer von Bussen und Bahnen in den letzten Jahren kontinuierlich zurückgegangen.« Und noch ein Argument der UPI-Wissenschaftler gegen das Wohlbefinden beim Kauf eines Elektroautos schiebt er schnell hinterher: »Autos mit Verbrennungsmotor finanzieren im Unterschied zu elektrisch betriebenen einen Teil ihrer Infrastruktur – Straßenbau etc. – dank der Mineralölsteuer selbst.«

Stille.

Petra schaut etwas irritiert auf. Günther guckt sie erwartungsvoll an. »Was …«, sagt sie, fängt sich aber schnell. »Puh«, stöhnt sie, und Günther weiß nicht so recht, ob sich das auf seinen Vortrag oder das Ergebnis bezieht. So schiebt er noch ein Fazit hinterher. »Sorry, aber es gibt da keine andere Lösung: Wenn wir weiter Auto fahren, dann den Caddy. Und zwar so lange, bis er es nicht mehr weitermacht.« Das lässt Petra noch mal aufstöhnen, und Günther fragt verunsichert: »Habe ich dich genervt?« – »Ja, nein, vielleicht, weiß ich nicht. Gestöhnt habe ich, weil ich insgeheim ein bisschen auf Elektroautos als Alternative gesetzt habe. Ich glaube zwar schon, dass die sauberer sind als Verbrennungsmotoren. Auch darf man das CO_2 der Batterieherstellung nicht mit einkalkulieren, denn bei den anderen Autos zählt man auch nicht dazu, wie das Rohöl erst gewonnen, dann transportiert und raffiniert wird und was da alles an CO_2 entsteht. Aber dennoch.

Schade. Es gibt kein gutes Gewissen beim Autofahren. Jedenfalls derzeit nicht, und nicht, wenn man ökologisch denkt.«

Als letzte Möglichkeit fragen wir uns: Könnte Carsharing die Lösung sein? In Berlin gibt es das natürlich. Weil es in Berlin natürlich alles gibt. Pustekuchen, denn »Car to go«, dessen Autos einfach rumstehen und die man dann nach der Fahrt ganz einfach irgendwo abstellen kann, hat vor einigen Monaten die Bedingungen geändert. Das Einzugsgebiet reicht in Berlin nicht mehr bis zu uns im Südwesten heraus – abgesehen davon passen zwei Mädchen, ein Fahrer und zwei Celli nicht in die winzigen Smarts hinein. Der Konkurrent »Drive now« betreibt sein Geschäft vor allem mit Minis und kleinen BMWs. Das könnte wohl eng werden, vielleicht aber passen. Nur ist deren Verbreitung leider nicht groß, jedenfalls nicht in unserer Nachbarschaft. Es ist also eher unwahrscheinlich, dass ein Auto gerade in der Nähe steht, wenn man es braucht.

Das schöne Leben in der Vorstadt hat offensichtlich Nachteile.

Mai

Biogurke und Bulkshopping

Samstagvormittag, elf Uhr. »Kann mal jemand mit anpacken?« Petra steht im Flur und schreit.

Keine Reaktion.

»He, niemand da? Hallo!«

Langsam öffnet sich die Küchentür. Jakob steht da, die Zeitung in der Hand.

»Kannst du mir mal helfen, das Auto auszuladen?«

»Äh, eigentlich …«

»Prima, danke.«

Jakob hat keine Chance, und er sieht es ein. So legt er die Zeitung beiseite, zieht Schuhe an und trottet Petra zum Auto hinterher. Die Heckklappe steht offen, drinnen türmen sich die Plastiksäcke: Heu und Stroh für Kaninchen, mehrere große Pakete Küchenrollen und Toilettenpapier. Große Taschen voll mit Nudeln, Reis, Mehl, Nutellagläsern, Kaffee, Käse, Haferflocken, Tiefkühlpizza, Käse, Knäckebrot und noch mal Käse, Bananen. Ein paar Dosen Thunfisch, Gurken, Fischstäbchen, Kohlrabiblätter für die Kaninchen, Äpfeln, nochmals Käse, diesmal vom Schaf, Tütchen mit Tomaten, mit Salat, mit Kartoffeln, oben drauf ein großer Strauß Blumen.

Jakob wuchtet alles in die Küche, lässt sich wieder auf den Stuhl fallen und nimmt die Zeitung in die Hand. »Hilf doch mal eben auspacken«, sagt Petra, während sie an der Spüle die Blumen anschneidet. Und sofort wieder hinterher: »Danke.«

Erneut keine Chance. Aber willig ist Jakob nicht. So erhebt er sich in Zeitlupe und nölt. Er weiß genau, wo er Petra trifft: »Musst du denn so viel kaufen? Normalerweise kauft doch Günther ein und der ist viel sparsamer. Brauchen wir das alles?« So viele Sätze hintereinander und das noch am Morgen. Und nur, um nicht aufstehen zu müssen. Der Sohn erstaunt die Mutter doch immer wieder. Sie hat jetzt die Wahl zwischen Explodieren und Schweigen und entscheidet sich für Letzteres. Jakob zeigt auf die Käsepackungen, die in Plastik eingeschweißte Biogurke und den Plastikbeutel mit den Tomaten: »Der ganze Plastikmüll. So eine Umweltsauerei.« Petra schweigt weiter. Jakob stapelt unterschiedliche Haufen auf – einer wandert in den Keller, einer kommt in den Vorratsschrank in der Küche, einer in den Kühlschrank. Dann nimmt er das frische Nutellaglas und öffnet es. Schmiert sich schnell ein Brot und verschwindet im ersten unbeobachteten Moment.

Petra sagt wieder nichts, und was sie denkt, wird nicht verraten. Als Günther später zurückkommt, beschwert sie sich erst über Jakob, doch dann sagt sie: »Mit einem hat er ja recht. So viel Müll, warum müssen die denn alles in Plastik einschweißen? Und warum packen die Markthändler immer alles in diese dünnen Plastiktütchen?« Sie nimmt immer eine Tasche mit zum Markt und versucht auch, die rüberzureichen, ist aber oft nicht schnell genug. »Bevor ich sagen kann, dass ich keine Plastiktüte brauche, haben die schon lächelnd jedes Obst in eine andere gepackt.«

Beide beginnen das, was sie selbst inzwischen spöttisch das Öko-Lamentieren nennen, manchmal mit einem lachenden, manchmal mit einem weinenden Auge, je nachdem, wie groß die Untergangsstimmung gerade ist und ob ein Witz noch eine sarkastische Distanz zum Elend der Welt möglich macht.

Diesmal landet das Gespräch bei dem Müllstrudel im Pazifik, verendeten Wasservögeln und Delfinen mit Plastiktüten im Magen. Jakob, der inzwischen wieder aus seinem Zimmer herausgekrochen ist, stimmt ein, auch wenn er die frisch gekauften Kekse – Packung aus Plastikfolie, Pappe und Kunststoff – interessanter findet als das Gespräch.

Bis Günther den Computer zur Hand nimmt. Weil er wissen will, ob wir langsam wirklich einen Ökofimmel haben und uns alles düster denken. Und ob das Plastik wirklich ein großes oder nur eines der vielen kleinen Probleme ist. Kurze Google-Suchanfrage (die angeblich zwei Gramm CO_2 kostet), dann den dritten Treffer angeklickt: Tag-der-Verpackung.de. Dort steht, dass Verpackungen nur zu einem Prozent am durchschnittlichen deutschen CO_2-Fußabdruck beteiligt sind – und damit es jeder begreift, wird das neckisch mit dem Abdruck des kleinen Zehs illustriert. Klickt man sich weiter durch die Seite, erfährt man vieles über die segensreiche Wirksamkeit von Verpackungen: »Verpacken lohnt sich. Auch unter Umweltaspekten, denn die Verpackung schützt mit einem geringen Aufwand große Werte. Kaufen wir zum Beispiel im Supermarkt Lebensmittel, so stecken 90 % der ökologischen Belastungen im Produkt und nur 10 % in der Verpackung.« Oder: »Verdirbt die Nahrung, ist der Schaden also viel größer, als wenn wir sie mit einer Verpackung schützen.«

»Dann ist doch alles prima«, sagt Günther.

»Wie?«

»Ja, prima. Wenn das stimmt, was die hier behaupten, dann ist es doch sogar gut, dass Lidl die Biogurken in Plastik einschweißt.« Petra grinst. Und fragt: »Warum ist die Biogurke eigentlich in Plastik verpackt, ihre konventionell angebaute Schwester aber nicht? Warum darf die frei atmen?«

Biogemüse in Plastik

Kurzes Zwischenspiel: Ja, warum eigentlich? Auf diese Frage findet sich die Antwort glücklicherweise im Internet. Denn die Frage, warum ausgerechnet das Biogemüse bei den Discountern in Plastik gepackt wird, haben sich schon andere vor uns gestellt: zum Beispiel Journalistenkollegen vom Bayerischen Rundfunk. Die Antwort: Supermärkte verkaufen Biogurken und solche, die konventionell angebaut werden. Damit man beide nicht miteinander verwechseln – denn man sieht der Biogurke ja nicht an, dass sie bio ist, und ebenso wenig dem Bioapfel oder der Biotomate oder der Biobanane – und ausschließen kann, dass konventionell angebautes Gemüse versehentlich beim Biogemüse landet, hat der Handel beschlossen, loses Biogemüse in Plastik einzuschweißen. »Ist was dran«, sagt Petra, »wenn jemand beim Einkaufen es sich anders überlegt und irgendetwas doch nicht haben will, dann legt er es nicht unbedingt dorthin zurück, wo er es herhat. Bei Gemüse oder Obst weiß man dann wirklich nicht mehr, ob das in die Bio- oder die andere Kiste gehört.«

»Aber warum packen die nicht das normale Gemüse in Plastik?«, fragt Jakob. »Würde doch besser passen.« Aber wohl noch mehr Plastikmüll produzieren, schließlich gibt es viel mehr Gemüse, das mit Pestiziden behandelt wurde. Schon komisch, dass wir das »normal« nennen.

Ende des Zwischenspiels, zurück zum allgemeinen Verpackungsmüll.

Irgendwie glauben wir der Webseite Tag-der-Verpackung.de nicht so ganz, dass der ganze Plastikmüll so überhaupt kein Problem ist. Die Webseite wird vom Deutschen Verpackungsinstitut betrieben, und das vertritt nun mal nicht irgendein Allgemeinwohl, sondern ganz einfach eine boomende Branche – glaubt man jedenfalls unseren unwissenschaftlichen Beobachtungen: Denn zweimal pro Woche schaffen wir einen 30-Liter-Sack mit Verpackung aus der Küche zu der großen gelben Tonne, die neben dem Haus steht. Die ist voll mit Dosen, Tüten, Plastikhüllen von Käse, dem Plastik, in das die Tomaten eingepackt sind, die Biomöhren und die Biogurke. »Wertstoffe« steht auf dem Sack und noch mal auf der Tonne, und eigentlich möchten wir das gern glauben. Irgendwie ist die Vorstellung schön, dass wir da Werte sammeln. In ehrlichen Momenten aber (und in denen, in denen mal wieder keiner den Müll rausbringen will) schreckt und nervt uns schon, dass unsere Verpackungsberge von Jahr zu Jahr wachsen. Und schon tauchen wieder die Plastikinseln im Pazifik vor unserem inneren Auge auf.

Schauen wir auf andere, unparteiischere Webseiten, so sehen die Zahlen da tatsächlich anders aus: Das Umweltbundesamt spricht für das Jahr 2014 – neuere Zahlen gibt es leider noch nicht – von 17,8 Millionen Tonnen Verpackungen in Deutschland. Das macht pro Bundesbürger mehr als 217 Kilo Verpackungsmüll. Wenn man sich diesen Berg vorstellt, ist dabei nur tröstlich, dass auch Großverpackungen mitgezählt werden. Also alles, was in der Industrie anfällt. Wir wissen nicht so genau, wie Autositze vom Zulieferer ins Werk transportiert werden, können uns aber gut vorstellen, dass die noch eine schützende Plastikhülle um sich herum haben. »Und dass die Maschine, die diese Sitze herstellt, wenn sie geliefert wird, ebenfalls in dicke Kartons, in Holz und in Plastik eingepackt ist«, sagt Günther. »Und die Maschinen, mit denen die Plastikfolie produziert wird, ebenfalls.«

Alle verdrehen die Augen, nur Jakob bleibt gelassen: »Okay, schauen wir mal, ob das Umweltbundesamt Zahlen für normale Verbraucher hat.« Hat es, man muss sie nur finden, was nicht ganz einfach ist. Denn sie verstecken sich in der Studie »Aufkommen und Verwertung von Verpackungsabfällen in Deutschland im Jahr 2014«, die Kurt Schüler von der Gesellschaft für Verpackungsmarktforschung in Mainz im Auftrag des Umweltbundesamtes vorgelegt hat und die von deren Webseite runterladbar ist. Dort steht, dass der Verpackungsverbrauch privater Endverbraucher mit über 8,34 Millionen Tonnen einen Höchststand erreichte. Das sind pro Bundesbürger immer noch mehr als 101 Kilo Verpackungen.

Hochgerechnet auf unsere Familie heißt das: Wir verbrauchen im Jahr 404 Kilo Plastiktüten, Pappkartons, Styroporboxen, Styroporchips, Holzwolle, Klebeband, Plastikfolie mit und ohne Luftpolster und so weiter.

Am Nachmittag kommt Franziska vom Ponyhof zurück. Sie zieht die Reitstiefel vor der Haustür aus, rennt hinunter in den Keller und kommt mit nackten Beinen wieder hoch. Scheint merkwürdig, hilft aber sehr. Sonst stinkt das Haus noch Stunden später nach Pferdemist – und das klingt harmloser, als es ist. Franzi holt dann noch die Brotbox aus einem selbst genähten Stoffsack und wirft eine Plastiktüte in den Müll, da waren Möhren für die Pferde drin. Als Jakob ihr erzählt, dass wir 404 Kilogramm Verpackungsmüll im Jahr produzieren, sagt sie: »Aha.« Und dann: »Aber wie viel ist das wirklich?«

Als sie kleiner war, war ihre Lieblingsfrage: »Was ist schwerer: ein Kilo Federn oder ein Kilo Steine?« Seither wissen wir: Nix geht über Anschauung. Also, was wiegt eigentlich eine von diesen dünnen Plastiktüten? Denn die sind für uns das sichtbarste Zeichen von Verpackungsmüll. Wir wissen es nicht. Franziska holt die Küchenwaage. Petra war gestern bei ihrem Lieblingsmarktstand, wo sie immer mit Tüten vollgeschmissen wird. Diese lagern dann in unserem Vorratsschrank an der Innenseite der Tür in einer Baumwolltasche und harren neuer Einsätze: für Schuhe und Schmutzwäsche auf Reisen, für Wasserflaschen und Sportzeug in Schultaschen – oder sie werden einfach irgendwann weggeworfen.

Eine Plastiktüte kann man nicht auf unserer Küchenwaage wiegen, zwei auch noch nicht gut, erst ab fünf gibt es ein einigermaßen sicheres Ergebnis. Franziska stopft zehn ineinander und die in ein zuvor gewogenes Marmeladenglas. 27 Gramm wiegen zehn Tüten, eine also etwa 2,7 Gramm. Tausend wiegen gerade mal 2,7 Kilo. Petras Taschenrechner liegt immer noch auf dem Tisch. Franziska tippt: »101 Kilogramm wären dann 37 407 Plastiktüten von dieser Sorte. Oder mehr als tausend am Tag«, sagt sie und: »Wer benutzt die alle?«

Jakob lacht, sagt: »Da habe ich letztens was gelesen.« Er nimmt das Handy, geht ins Internet, die Homepage des Satiremagazins *Titanic*. Rubrik »Briefe an die Leser«. Er liest vor: »Liebe Menschen, wir wissen es zwar nicht mit Sicherheit, aber wenn wir Euch so beobachten – zum Beispiel beim Kauf einer Rolle Müllbeutel bei Aldi, welche Ihr in eine an der Kasse erworbene Plastiktüte stopft, um wenig später alles zusammen in den Biomüll zu werfen –, müssen wir zwingend davon ausgehen, dass Ihr einen geheimen Plan habt, wie Ihr Umwelt, Klima und das Zusammenleben von Euch allen auch in Zukunft auf die Reihe kriegen werdet. Habt Ihr doch, oder?«

»Passt gut«, grinst er.

Plastiktüten werden laut der Umweltschutzorganisation »Robin Wood« im Schnitt nur 25 Minuten genutzt. Das heißt, sie werden genommen, normalerweise einmal verwendet und weggeworfen. Je nach Kunststoffsorte dauert es dann zwischen 100 und 500 Jahre, bis eine solche Tüte sich zersetzt hat, wenn sie nicht verbrannt oder recycelt wird. Die Papiertüte ist freilich nicht viel besser. Sie lässt sich zwar besser entsorgen und recyceln, dafür wird aber bei ihrer Herstellung mehr Wasser verbraucht und mehr als doppelt so viel CO_2 in die Luft geblasen. Man müsste eine Papiertüte dreimal so oft verwenden wie eine aus Plastik, um das auszugleichen. Machen wir in der Regel nicht. Auch Tragetaschen aus Baumwolle sind nicht unbedingt umweltfreundlicher, sondern müssen sehr häufig benutzt werden, denn sie benötigen beim Rohstoffanbau und der Herstellung viel Wasser und Energie. So kommt die Deutsche Umwelthilfe zu dem Schluss, dass am besten die kleinen, in sich selbst zusammenfaltbaren Tragetaschen aus Polyester seien.

Tiefkühlpizza, Coffee to go und Außenspiegel

Doch woher kommen die 101 Kilogramm Verpackungsmüll beziehungsweise die 404 Kilogramm für unseren Haushalt nun wirklich? Allein leichte Plastiktüten können es nicht sein. Glaubt man Kurt Schülers Studie, dann liegt die kontinuierliche Steigerung des Verpackungsmülls in den letzten zehn Jahren vor allem daran, dass … Petra sagt, »das muss man zitieren«. Nee, kann man nicht, das ist dermaßen trocken. Hier also übersetzt in Klartext: Wir – nicht unsere Familie, sondern die Gesellschaft als Ganzes – bestellen zu viel bei Versandhändlern, saufen zu viel Coffee to go aus Plastik- oder Pappbechern, zu denen wir dann irgendwelche plastikverpackten Sandwichs vertilgen oder uns irgendetwas vom Pizzataxi oder einem andern Lieferservice bringen lassen, kaufen zu viel Fertigessen oder halbfertige Produkte in Mini-Portionen, statt selbst zu kochen, und zu viele Dinge in winzigen

Packungseinheiten, von denen wir problemlos größere Mengen bevorraten könnten. Wir haben uns zu sehr in eine To-go-Gesellschaft verwandelt.

Wo stehen wir als Familie? Tiefkühlpizza, von der im Jahr 2015 mehr als 294 000 Tonnen in Deutschland verkauft wurden, gibt es bei uns regelmäßig. Wenn es mal schnell gehen muss oder die Eltern nicht zu Hause sind und die Kinder Pizza-und-Glotze-Party allein oder mit Freunden feiern. Häufig stehen auch Backcamembert, Fischstäbchen für die Tochter oder irgendwelche Stäbchen aus paniertem Käse für den Sohn auf dem Tisch. Und wenn die Eltern beim Schreiben so tun, als würden sie das Zeug zwar einkaufen (aber nur für die Kinder) und hätten ansonsten nichts damit zu tun, so stimmt das nicht: Günther verweigert sich nur selten den Fischstäbchen und der Pizza, Petra öfter, dafür liegt für sie immer ein Päckchen mit eingeschweißten Lachsfilets im Tiefkühlfach. Da ist die Umweltbilanz nicht besser.

Dann liegt häufig noch Eiscreme in kleinen abgepackten Portionen im Tiefkühlfach. Wir könnten natürlich große Becher kaufen, aber die kleinen Portionen fordern nicht so viel Selbstdisziplin. Petra trägt gern kleine Schokoladentäfelchen (so fünf bis zehn Gramm schwer) als Nachtischvorrat in ihrer Handtasche herum. Und dann kommt noch der Versandhandel dazu, den wir immer mal wieder nutzen. Immer mal wieder gibt es Kleinigkeiten, für die es selbst in Berlin keinen Händler gibt oder wo der so versteckt und entfernt liegt, dass die Bestellung im Internet das Leben wirklich leichter macht. Auch weil man für manche Dinge einfach keine Zeit verschwenden will. Beispielsweise für den Außenspiegel unseres Caddys, der uns nun schon dreimal abgefahren wurde und den man nur beim sechs Kilometer entfernten VW-Händler kaufen kann – aber viel billiger, dann nicht von VW, im Internet-Versandhandel. Oder die Ersatzklingen für einen elektrischen Rasenkantenschneider.

Ob man das alles fürs Lebensglück wirklich braucht, zum Beispiel den elektrischen Rasenkantenschneider, kann man natürlich trefflich diskutieren. Aber wenn, dann ist der Paketservice unschlagbar praktisch. Klar, dessen Anfahrt verursacht CO_2, aber das verdrängen wir mal kurz. Sicher ist: All die Sachen sind aufwendig, oft zweimal verpackt: einmal in der Originalverpackung des Herstellers, dann in der des Versandhändlers. Die ist oft zu groß, sodass die Originalpackung noch mit Luftpolsterfolie aus Plastik umwickelt ist.

So weit, so schlecht. Günther schreibt eine Mail an die Pressestelle des »Deutschen Verpackungsinstituts«. Das sitzt in Berlin, in einer Villa im schönen Stadtteil Zehlendorf. Er verweist auf die oben erwähnte Stellungnahme von der Webseite und bittet um möglichst konkrete Antworten auf folgende Fragen:

- Sind Konzepte wie »Original Unverpackt« (http://original-unverpackt.de/), der Supermarkt in Berlin-Kreuzberg, der damit wirbt, keinerlei Einwegverpackungen zu nutzen, aus Ihrer Sicht der falsche Weg, ökologische Ressourcen sinnvoll zu nutzen?
- Sollte, zugespitzt formuliert, nicht noch mehr verpackt werden? Beispielsweise auch Obst und Gemüse, das bislang häufig aus dem Karton oder aus Steigen verkauft wird, um es so besser vor Druckstellen zu schützen?
- Wie sieht das denn mit Doppelverpackungen aus? Tiefkühlpizza, die eingeschweißt und in Karton verpackt wird? Wie mit Verpackungen aus verschieden Materialien (Nudelkartons mit Plastik-Sichtfenster)? Sind die ebenfalls ökologisch unbedenklich?

»Die werden nicht antworten«, sagt Petra, als Günther ihr die Mail zeigt. Jakob stimmt ihr zu. »Niemals.« Franziska glaubt wie ihr Vater, dass doch eine Antwort kommen wird.

Wir schließen Wetten ab: Petra und Jakob auf der einen, Franziska und Günther auf der anderen Seite. Der Sieger darf das nächste Mal, wenn wir essen gehen, das Restaurant aussuchen. Der Verlierer zahlt.

Dann warten wir. Warten einen Tag, warten zwei Tage. Drei Tage. Jakob und Petra jubilieren schon innerlich, Günther und Franziska hoffen tapfer weiter.

Lieber unverpackt

Inzwischen bleibt Zeit, sich um die Alternativen zu bemühen.

An einem sonnigen Wochentag, langsam wird das Wetter wirklich besser und die Temperaturen wärmer, fährt Günther nach Kreuzberg zu »Original Unverpackt«. Natürlich mit dem Fahrrad. Wiener Straße, nahe dem »Görli«, dem Görlitzer Park, der ja einer der bekanntesten Parks Deutschlands ist, jedenfalls kommt er regelmäßig in Reportagen über das verkommene Berlin vor. Mal ist er dann als Drogenhölle berüchtigt, mal als Shoppingmall für ebendiese Drogen berühmt – je nach Perspektive. Der Laden liegt jedenfalls da, wo Kreuzberg sehr hip und sehr international ist.

»Original Unverpackt« ist ein winziger Laden. Vorne ein Tresen und die Kasse, ein paar Kisten mit ein bisschen Biogemüse (lose natürlich, aber das ist es im Bioladen fünf Häuser weiter auch), dann Regale mit Großbehältern für alles Mögliche: unverpackte Bionudeln (35 Cent für 100 Gramm, was einem Preis von 1,75 Euro für eine normale 500-Gramm-Packung, hier Papiertüte, entspricht), Großflaschen mit Haarshampoo, Essig und Öl, Riesenbehälter mit Müsli und Nüssen und dergleichen mehr.

Das sieht alles sehr nett aus, und die Betreiber sind ebenfalls sehr nett, aber das Problem ist: »Original Unverpackt« ist ein kleiner Bioladen, kein Supermarkt. Einer mit einer originellen Idee, bloß sollten wir da unseren 4-Personen-Wocheneinkauf machen, müssten wir nicht nur weit fahren, und zwar mit gespülten Tupperdosen und Einmachgläsern im Gepäck, wir würden gar nicht alles bekommen, was wir in diesen Mengen im Alltag brauchen: weder Toilettenpapier noch Dosentomaten, weder frische Möhren in den großen Mengen (wir haben immerhin zwei Kaninchen) noch saure Gurken oder Tiefkühlpizza (auch die muss ja nicht so richtig verpackt sein).

Die Macher sind sich trotzdem sicher. »Unverpackt« ist der Supermarkt der Zukunft. Doch ist er nicht vielmehr Vergangenheit? Günther erinnert sich, dass in der Siedlung, in der er aufwuchs, in den 1960er- und frühen 1970er-Jahren, noch alle paar Tage – ob das täglich war, weiß er nicht mehr – der sogenannte Milchmann vorbeischaute: ein VW-Bus mit einer Kühlanlage, dessen Besitzer lose Milch – jeder brachte seine Kanne mit –, unverpackte Butter und einzelne Eier verkaufte. Der Wagen kündigte sich immer mit einem lauten Hahnenkrähen an, die Mütter (das war damals noch Hausfrauenzeit) schickten die Kinder raus, und die kauften die Milch. Später eröffnete der »Milchmann« ein Einzelhandelsgeschäft in der Nachbarschaft, wo man täglich schnell vorbeigehen konnte. Inzwischen gibt es den Laden natürlich nicht mehr, ebenso wenig wie den Metzger, den Käsehändler und die Kneipe um die Ecke – alle, die heute in der Siedlung wohnen, fahren mit ihren Autos (okay, manche mit dem Rad) zu den nächsten Supermärkten. Wo dann alles in Plastik gepackt ist oder wird.

»Original Unverpackt« wäre vielleicht ganz gut, wenn es so etwas an jeder zweiten Ecke geben würde. So wie es früher Tante-Emma-Läden überall gab. Denn dort konnte man noch eingelegte Gurken einzeln und Sauerkraut lose aus dem Fass kaufen. Also einfach zurück in die Vergangenheit, und vieles würde gut? Wir wissen natürlich, dass das keine Option ist, jedenfalls nicht, wenn die Menschen weiter so mobil, so individuell und spontan in ihren Essgewohnheiten bleiben – und zugleich so wenig dafür bezahlen wollen.

Wette gewonnen

Und dann gewinnen Franziska und Günther doch noch die Wette. Nach neun Tagen kommt eine Mail: Thomas Reiner, Vorstandsvorsitzender des Deutschen Verpackungsinstituts e.V., beantwortet alle Fragen. Sehr ausführlich, zwei eng beschriebene Seiten über die Schutzfunktion von Verpackung, darüber, dass auch der »Unverpackt«-Laden Dinge natürlich in Verpackungen geliefert bekommt, dass die Verpackungswirtschaft nach dem Motto »So viel wie nötig, so wenig wie möglich« arbeite. »Ich glaube nicht, dass der Herr Reiner wirklich weniger Verpackung will«, sagt Franziska, als sie auf den Brief guckt. »Der will nur, dass wir denken, dass wir so viel Verpackung brauchen.«

Herr Reiner schreibt beispielsweise, dass die Doppelverpackungen der Pakete eine Funktion hätten. Wir denken, dass das mal stimmt und mal nicht. Klar braucht die Tiefkühlpizza zum Transport im Lastwagen einen besonderen Schutz. »Aber man kann zehn oder fünfzehn in Zellophan gewickelte Pizzen in einen großen unbedruckten Karton packen«, sagt Franziska. Der würde dann ausgepackt und die Pizzen würden dann ins Tiefkühlregal des Supermarkts gelegt. Schon wären 15 Pappkartons gespart. Nur sähe man dann halt schon im Laden die echten Pizzen und nicht den aufwendig gestylten und dann fotografierten sogenannten »Verzehrvorschlag« auf dem Karton. Kann sein, dass dann nicht nur weniger Verpackungsmüll, sondern auch weniger Umsatz anfiele.

Herr Reiner schreibt noch so einiges, was uns nicht einleuchtet. Aber mit einem Argument hat er leider recht: »Wir« – wie er die Gesamtheit der Verbraucher bezeichnet – würden »Obst und Gemüse nicht mehr kaufen, selbst wenn es nur einen geringen ›ästhetischen‹ Mangel aufweist, der die Qualität der Ware im Grunde nicht beeinträchtigt«. Verpackung würde die Waren besser schützen.

Auf manche Verpackung ließe sich also nur verzichten, wenn »wir« die Konsumgewohnheiten änderten.

Wollen wir das? Wir wollen das. Petra nimmt ab sofort Tupperdosen mit zur Wurst- und Käsetheke. Denn der Biosupermarkt um die Ecke bietet inzwischen an, die Ware nach dem Abwiegen direkt dort hineinzulegen. Den Kaffee to go nimmt sie nun direkt von zu Hause mit. Der Haushalt beschließt außerdem, Obst, Gemüse und Eier ab sofort nur noch (mit kleinen Einschränkungen, denn nicht immer ist dort alles zu haben) auf dem Markt zu besorgen. Zumal Petra durchaus erfolgreich beim letzten Einkauf beim Bauern einen Trick angewandt hat: Sie hat ihm immer sofort ihren Korb rübergereicht, noch bevor sie ihre Wünsche äußerte und er überhaupt ans Plastiksäckchen dachte. So kam sie nur mit drei statt mit etwa zehn Tüten vom Einkauf zurück. Und ihr Ehrgeiz ist erwacht: Beim nächsten Mal sollen es noch weniger werden.

Ein erster Schritt ist gemacht. Geht doch.

Juni

Wasser, Wein und die Moral beim Einkaufen

Manchmal ist Genießen schwierig, so als Familie. Zum Beispiel, wenn wir essen gehen wollen: Jakob ist bekanntlich Vegetarier, also brauchen wir ein Restaurant mit etwas größerer fleischloser Auswahl. Petra ist flexibel, zieht aber oft Gemüse dem Fleisch vor, Franziska isst am liebsten Nudeln und Pizza, und dann kommt lange nichts, und Günther ist undogmatisch dogmatisch – er lässt sich nicht in die Karten gucken, will immer mal wieder was gar nicht, das dann aber mit Nachdruck.

»Essen gehen?«

Die Reaktionen, die Petra an einem frühen Samstagabend auf diese Frage bekommt, sind ziemlich typisch. Gerade haben sich zufällig alle im Wohnzimmer versammelt, inzwischen ist selbst Jakob, der am Wochenende gern bis zum Mittag schläft, ziemlich wach.

»Ja gern«, sagt Jakob. »Am liebsten indisch.«

Franziska verzieht das Gesicht.

Jakob: »Thai!«

Franziskas Gesichtsausdruck wechselt zwischen leidend und beleidigt. Sie mag weder Currys noch andere scharfe Gerichte. Und sie weiß, dass Jakob das weiß. Ihr Gegenschlag lautet: »Italienisch!« Sie grinst. Sie weiß, das findet Jakob garantiert öde, zu oft hat er sich in der Mittagspause seiner Ganztagsschule eine Billigpizza geleistet.

»Mexikaner!«, sagt Petra mit einem tiefen Seufzen. Auf den konnten sich die Kinder bisher immer einigen.

Aber nun legt sich Günther quer. Dort isst er immer Tex-Mex, verputzt einen gigantischen Cheeseburger (was anderes kommt offensichtlich nicht infrage). »Ich will mich heute nicht wie eine Stopfgans fühlen.«

»Nee«, stöhnt Petra langsam genervt und murmelt was von verwöhntem Pack und dass Kinder früher dankbar waren, überhaupt mal mit ihren Eltern essen gehen zu dürfen. Dass sie eine ziemlich verwöhnte Familie habe und sie langsam zur Anhängerin von Diktatur in der Familie und vom Matriarchat werde. Leise murmelte sie: »Die nächsten beiden Kinder werden nix mehr gefragt. Da bestimme ich.«

Bevor die Stimmung völlig kippt, denn das kann in solchen Momenten, wenn alle schon ein bisschen hungrig sind, leicht passieren, zieht Günther den Trumpf: Er flüstert kurz mit Franziska. Dann sagen beide kurzerhand: »Zeus.« Das ist unser Hausgrieche. Als die anderen beiden verdutzt gucken, grinsen sie. Und ja, da fällt es auch dem Rest der Familie wieder ein: Sie dürfen tatsächlich bestimmen. Sie hatten ja eine Wette gewonnen und damit etwas gut.

Schließlich hat das Deutsche Verpackungsinstitut ja geantwortet – per Mail. Darauf hatten sie gewettet, die beiden anderen dagegengehalten.

Als wir im Restaurant sitzen und die Getränke vor uns stehen, frotzelt Franziska, wir sollten unbedingt auf das Deutsche Verpackungsinstitut anstoßen, Jakob findet seine kleine Schwester immer noch nervig, Günther grinst, und Petra wird etwas ernst.

»Wenn wir schon wegen der Verpackung hier essen«, sagt Petra, »was ist dann damit?« Sie hebt eine blau getönte, bauchige Flasche vom Tisch hoch: Darin ist Mineralwasser, in

Wahrheit aber 750 Milliliter Feriengefühl. Denn die Flasche »Souroti« kommt von der griechischen Halbinsel Chalkidiki, die wie Finger westlich der Stadt Thessaloniki in die Ägäis hineinragt. Sie erinnert also an blauen Himmel, klares Meer, strahlende Sonne. Petra schüttet den Rest in ihr Glas, bestellt gleich eine neue und fragt dann in die Runde: »Ist das ökologisch vertretbar, so eine Flasche aus der Ägais hierher zu schippern?«

»Niemals«, sagt Jakob ganz schnell. »Niemand braucht hier in Berlin Mineralwasser aus Griechenland.«

»Warum braucht man denn überhaupt Mineralwasser?«, fragt Franziska. Sie erinnert sich noch an den letzten Griechenlandurlaub: »Da haben die immer Wasserflaschen auf den Tisch gestellt.« Das stimmt. Stilles Wasser gab es in Lokalen auf Kreta umsonst. Aber können wir unseren Griechen nach Leitungswasser fragen, ohne wie Geizkragen auszusehen? Und was ist wirklich das Problem: Das Wasser? Die Flasche? Beides? Oder nichts von beidem?

Reisende Bierflaschen

Günther lacht, denn am Vormittag, als er etwas im Keller suchte, hat er eine Entdeckung gemacht: nämlich, dass seit neun Jahren ein leerer Bierkasten, besser gesagt ein Bierkasten mit 24 leeren Flaschen bei uns im Keller herumsteht. Er stammt aus Belgien, die Hälfte der Flaschen war noch voll, als wir aus Brüssel nach Berlin zogen, und der Kasten wurde von den Möbelpackern einfach, ohne zu fragen, in den Möbelwagen geladen.

Wir könnten auf drei oder vier Euro Pfand verzichten, hätten die Flaschen schon längst zum Glascontainer bringen und den Kasten dann in der sogenannten Wertstoffsammlung entsorgen können. Aber erstens macht er uns nicht so viel Sorgen (der Keller ist einfach zu groß), und zweitens hatten wir das Ding längst nicht nur im Keller verdrängt. Erst die Suche nach einer alten Schallplattenkiste hat den Bierkasten aus den tiefen Schichten des Kellers und Günthers Unterbewusstsein wieder hervorgeholt.

»Wie? Wir haben immer noch den alten Kasten im Keller stehen?«, fragt Petra ungläubig. Jakob und Franziska horchen auf ob des Tonfalls und gucken, als hätten sie gerade völlig neue Züge an ihrer Mutter entdeckt. »Jaaha«, sagt Günther genervt. »Aber das war eigentlich nicht das Thema, nur die Hinführung.«

»Hab ich wohl verstanden, du meinst, es wäre besser, wenn die Flaschen überall gleich aussehen würden. Damit man sie einfach überall abgeben könnte.«

»Ja, dann könnte jede Brauerei oder jeder Mineralbrunnen sie säubern und weiterverwenden. Und man müsste nicht leere Bierflaschen von Hamburg nach München oder von Köln nach Berlin und umgekehrt karren.«

»Es gibt aber doch noch Standardflaschen. Die für Mineralwasser mit den Knubbeln, solchen Perlen auf dem Flaschenhals. Die gab es doch früher schon aus Glas und jetzt aus Plastik.«

»Ja, auch beim Bier gibt es natürlich Brauereien, die noch Standardflaschen nutzen. Aber der Trend scheint woandershin zu gehen.«

Günther hat recht. Brauereien, Limonadenabfüller oder Mineralbrunnen setzen inzwischen stark auf ihr jeweils individuelles Flaschendesign. Es gibt schlanke und gedrungene Flaschen beim Bier, solche mit Bügelverschluss, andere mit geprägter Brauereibezeichnung. Mineralwasser gibt es in langen schlanken Flaschen wie Apollinaris mit rotem Dreieck drauf oder in solchen, die wie alte Schnapsflaschen aussehen – so die von Fachingen. Und eben noch in unterschiedlichen Farben. Ein Besuch bei einem Getränkemarkt lässt einen staunen – es herrscht da eine erstaunliche und zugleich schreckliche Formen- und Farbenvielfalt. Was unter anderem praktisch an der Pfandflasche war – ihre Austauschbarkeit –, wird so durch die Hintertür abgeschafft.

»Wenn ich König von Deutschland wäre«, Günther lacht, »ich würde nur noch Standardflaschen erlauben.« Und zu Jakob gewandt, der so wirkt, als würde er nicht zuhören: »Und dir, mein Sohn, befehlen, endlich den belgischen Bierkasten wegzubringen. Von mir aus zum Glascontainer. Noch ein Schluck Wasser?« Günther füllt den Rest der Flasche in Petras Glas.

Womit wir wieder bei der eigentlichen Frage wären: Ginge es ohne Wasser in Flaschen?

Und wenn ja, verbessern wir damit nennenswert unsere Klimabilanz?

Zu Hause trinken wir Leitungswasser. Das haben schon die Großeltern so getan, damals kam gar niemand auf die Idee, dass man Wasser in Flaschen füllen und verkaufen könne. Während des Studiums war es eine Frage des Geldes und änderte sich erst, als wir in Washington wohnten. Denn dort schmeckt es fürchterlich nach Chlor, und so kauften wir große Plastikkanister mit Trinkwasser.

Aber Günther war es bald leid, an Wochenenden Kisten und Plastikkanister vom Supermarkt ins Auto und danach ins Haus zu wuchten. Also schafften wir uns einen Kohlefilter an, um den Chlorgeschmack aus dem Leitungswasser herauszubekommen. Unser Verzicht lag also weniger in der Ökologie als in der Faulheit begründet. Er hatte aber Positives, denn wir erfuhren dann von unserer Kinderärztin, dass in den USA das Leitungswasser besser und strenger kontrolliert werde als jedes Wasser aus der Flasche – auch wenn die Werbung ständig etwas anderes suggeriere. Wir wollten das zunächst nicht glauben. Wir hatten die vielen Bilder von reinen Quellen und dem heilenden Effekt des besonderen und besonders teuren Nasses im Kopf. Der stete Tropfen der Werbeindustrie hatte gewirkt. Aber eine Recherche im Netz bestätigte: Das beste oder zumindest das sicherste war das Wasser aus der Leitung. Und was für die USA und Washington galt, galt in Brüssel ebenso und gilt auch in Berlin: Leitungswasser wird besser und strenger kontrolliert als jeder Mineralbrunnen.

CO_2-neutrales Trinken

Vor einigen Wochen musste Petra nach Karlsruhe. Das hatte eigentlich nichts mit Ökologie zu tun. Aber sie durfte dort die Wasserwerke besichtigen und lernte dabei Wolfgang Deinlein kennen. Und der überreichte ihr gleich zur Begrüßung eine Flasche. »Karlsruher Trinkwasser. Natürlich aus dem Wasserwerk Rheinwald. Eigenabfüllung unverkäuflich« stand auf dem Etikett unter einem blauen Signet. »Das ist das beste Getränk, das Sie kriegen können«, sagte Deinlein. Der große Mann mit den wuscheligen schwarzgrauen Haaren und dem gewinnenden Lächeln ist Geoökologe. Er kennt das Karlsruher Wasser so gut wie sonst kaum jemand. Er erforscht, wie es aus dem Schwarzwald in die Oberrheinische Tiefebene wandert, wo es unter der Erde mal schneller und mal langsamer durch den Kies strömt und so in vielen Jahrzehnten die

Steine schleift und ihre Mineralien aufnimmt. Er weiß, wo man es am besten durch einen Brunnen nach oben pumpen kann. Wo die Stadt den Boden besonders schützen muss und die Landwirte nur sehr vorsichtig düngen dürfen, damit keine Schadstoffe nach unten sickern.

Diese Flasche sei nur ein Werbegag, sagte Deinlein damals, die gebe es nur in kleiner Auflage, eigentlich brauche so was doch niemand. Wenigstens nicht in Karlsruhe, wo dieses Wasser aus jedem Hahn kommt und man längst per Handy-App öffentliche Trinkbrunnen finden kann.

Die Fahrt ging dann durch den Wald hin zu einem der Karlsruher Wasserwerke. Dort schloss Deinlein eine Tür zu einem riesigen Wassertank auf. »Bitte jetzt nicht husten und auch nicht reinfassen«, sagte er noch und lächelte wissend. Denn genau diesen Impuls löst die glitzernde, gluckernde Flüssigkeit aus. Man möchte sofort hineinspringen. »Wir müssen nur Eisen und Mangan herausfiltern, sonst nichts. Wir haben hier ein reines Naturprodukt. Da muss nichts dazu und wenig raus. Besser geht es kaum«, sagte Deinlein. Und dann holte er ein Blatt Papier aus seiner Tasche. Darauf konnte man eine klitzekleine Säule sehen: Die zeigt, dass man in Karlsruhe mit einem Liter Wasser aus dem Hahn 0,14 Gramm CO_2 produziert. Die Pumpen brauchen ja Energie – die aus Ökostrom kommt –, und das Wasserwerk muss im Winter beheizt werden. Eine durchschnittliche Mineralwasserflasche verursacht aber durch Abfüllung und Transport im Durchschnitt 201 Gramm CO_2. 1435-mal so viel. Beeindruckend. Man könnte also fast vier Jahre lang täglich einen Liter Leitungswasser trinken und hätte gerade mal so viel CO_2 produziert wie mit einer Flasche aus dem Supermarkt.

Und dann sagte Deinlein noch: »Mir tut das so leid, wenn ich manchmal alte Leute vom Discounter Plastikflaschen mit

Wasser nach Hause schleppen sehe. Die glauben, sie tun sich etwas Gutes. Dabei ist das Wasser bestenfalls so gut wie unseres, und es schadet auch noch dem Klima.«

Seit Petra diese Geschichte erzählt hat, trinken wir zu Hause mit noch größerer Überzeugung das, was aus dem Hahn kommt. Wir haben uns sogar daran gewöhnt, stilles Wasser zu trinken – obwohl wir in Restaurants seltsamerweise immer solches mit Sprudel bestellen (was vielleicht an einer »Wenn man es schon bezahlen muss«-Mentalität liegt). Zu Hause füllt inzwischen der, der den Tisch decken muss, automatisch vor dem Essen die Karaffen aus dem Hahn. Nur einmal im Jahr kommt Petra auf die Idee, dass sie doch lieber mal wieder welches mit Sprudel trinken will. Dann holen wir unseren alten Soda-Sprudler – den mit Glas-, nicht Plastikflaschen – aus dem Keller und kaufen einen neuen Kohlensäure-Zylinder. Wenn der dann wieder leer ist, steht das Gerät noch ein paar Wochen in der Küche herum, weil man wieder einen neuen Zylinder besorgen müsste, was aber keiner tut, und dann verschwindet es auf einmal wieder im Keller. Kisten mit sprudeligem Mineralwasser kaufen wir nur noch für unser Gartenfest im Sommer.

Wir sind damit in unserem Viertel eher die Ausnahme. Jede Woche sehen wir, wie unser Nachbar die Sechserpacks große Plastikflaschen ins Haus trägt. Die Statistiken der Informationszentrale Deutsches Mineralwasser verraten, dass der Durchschnittsdeutsche im Jahr 147,3 Liter Mineral- und Heilwasser trinkt. Das klingt nicht nach viel, aber wenn man die Menge über den Daumen hochrechnet und mal annimmt, das Mineralwasser werde nur in Literflaschen gefüllt, dann sind das allein hierzulande 80 Millionen mal 147,3 Flaschen. Günther tippt auf dem Rechner im Handy rum: »11 780 Millionen Flaschen, sprich 982 Millionen Wasserkästen.« Eine irre Menge, Franziska ist begeistert: »Und was passiert, wenn man die übereinanderstapelt? Die Flaschen, nicht die Kästen!« – »Dann fallen die um«, sagt Jakob knapp. »Blödmann, nein, wie hoch würde der Turm werden.« Neue Rechnung: Jede Flasche ist knapp 30 Zentimeter hoch, dann wären das 1 534 000 Kilometer. Das entspricht ungefähr der vierfachen Entfernung von der Erde zum Mond, denn die beträgt im Schnitt 384 400 Kilometer. Man könnte also mit dem deutschen Jahresverbrauch an Wasser, in Flaschen aufeinandergestapelt, vier Türme nebeneinandersetzen, die von der Erde bis zum Mond reichen. Jakob dazu: »Und warum sollte man das tun?«

Cool, aber nicht die Frage, die uns gerade umtreibt. Wir wissen inzwischen, dass Leitungswasser trinken nicht nur für das Klima am besten ist, sondern auch für unsere Gesundheit. Weil es genau kontrolliert wird. Aber wir wollen ja auch noch wissen, ob es beim Griff zur Flasche (wenn der sich nicht vermeiden lässt oder man einfach mal Lust drauf hat) große Unterschiede gibt. Ob die Wege, die sie zurücklegen, ein großes Problem für das Klima sind oder nur eins von den vielen kleinen.

Lastwagen voller Wasserflaschen

Wir Deutschen trinken ja nicht nur das Wasser aus der Nähe. Wir schicken es auf Reisen, »Gerolsteiner« und »Apollinaris« nach Griechenland und kriegen dafür »Souroti« von der Halbinsel Chalkidiki. Insgesamt fördern die deutschen Mineralbrunnen knapp 15 000 Millionen Liter im Jahr, von denen ein gutes Fünftel exportiert wird. Dafür kommen etwa 1100

Millionen Liter aus anderen Ländern nach Deutschland, sprich 1,1 Millionen Tonnen Wasser, die aus Griechenland, Italien, Frankreich oder sogar Island, Norwegen oder Alaska herbeigekarrt werden – für vier bis fünf Euro der Liter. Und alles in großen und kleinen Glasflaschen, von denen manche aussehen wie Parfümflakons oder vergrößerte Reagenzgläser. Die meisten werden entweder weggeschmissen oder hin- und hergeschafft. Und wenn sie aus Plastik sind, müssen sie hinterher geschreddert und irgendwie recycelt werden. Und das alles für ein paar Schlucke Wasser.

Die Flasche, die an unserem griechischen Abend den Restauranttisch ziert, ist schon ungewöhnlich schön, mit dem bläulichen Glas und der bauchigen Form. Die könnte man als Blumenvase wiederverwenden. Aber das passiert wahrscheinlich eher selten. In Deutschland zurückgeben kann man sie nicht, gerade wegen ihrer ungewöhnlichen Form, sie ist eben keine der normierten Sprudelflaschen. Gerade das macht ja ihren Reiz aus – und rechtfertigt so ihren stolzen Preis. Ob die wirklich leer zurück nach Chalkidiki geschafft wird? Oder landet sie im Glascontainer?

Wir gucken uns den Weg auf der Karte an und rechnen: Von Thessaloniki bis nach Berlin sind es 2000 Kilometer. Lädt ein Lkw 30 000 von diesen Dreiviertelliterflaschen auf unseren Tisch, dann bläst er etwa 4,5 Tonnen CO_2 in die Atmosphäre. Wir wissen nicht, wie viele Wasserflaschen aus Griechenland nach Deutschland kommen, doch sehen wir vor unseren inneren Augen eine unendliche Kette von Lastwagen vollbeladen mit Flaschen durch die Landschaft rollen.

Wenn man all das weiß, ist es schon verwunderlich, dass so viele Menschen im Alltag Mineralwasser kaufen. Zumal es ja nicht nur eine Umwelt-, sondern auch eine Kostenfrage ist. Sicher, es gibt Gemeinden, in denen das Leitungswasser nicht so gut schmeckt. Aber das Berliner schmeckt. Und das griechische Mineralwasser? Nicht schlecht, aber wir hätten es im Blindtest wahrscheinlich kaum von mit Sprudel versetztem Leitungswasser unterscheiden können.

»Aber, Papa«, sagt Franziska, die lange still an einem Lammkotelett genagt, anscheinend in ihrem Buch gelesen, aber ganz offensichtlich doch immer mal wieder dem Gespräch gelauscht hat, und deutet auf Günthers Weinkaraffe: »Was ist denn damit? Wo kommt der denn her?« Günther stutzt, Petra lächelt: Sie trinkt Riesling von der Mosel. Gut, auch kein lokales Getränk, aber wenn man nun mal Wein trinken will, ist Mosel-Riesling regional gesehen noch eine der am nächsten gelegenen Möglichkeiten. Die paar Flaschen, die in Brandenburg gekeltert werden, sind wirklich nicht der Rede wert. Und viel näher hat es der Riesling von der Saale auch nicht nach Berlin.

Den Naoussa-Rotwein, der in Günthers Glas schon wieder fast leer ist, kann man aber mit noch so viel gutem Willen nicht als regional angebaut bezeichnen. Er stammt aus Nordgriechenland, aus Zentralmakedonien, und hat wie das Mineralwasser eine 2000 Kilometer lange Reise bis nach Berlin hinter sich. Günther kratzt sich den Kopf, Petra lächelt mal wieder und hebt ihr Glas. Sie guckt abwartend.

»Okay, der kommt aus Griechenland«, sagt Günther, »aber das ist kompliziert.« Dann redet er von griechischem Wein zu griechischem Essen, davon, dass das gut passt und prima schmeckt. »Der deutsche Riesling passt aber auch«, sagt Petra und lächelt wieder. Etwas süßlich-süffisant, findet Günther. Er vermutet, dass sie sich nun freut, war er doch derjenige, der am frühen Abend mithilfe der Kinder durchgesetzt hatte, dass sie mit den Fahrrädern und nicht, wie Petra wollte, mit dem Auto zum Restaurant gefahren waren. Nach dieser Weinwahl steht es eins zu eins im abendlichen Klimaretter-Rennen.

Angestrengt sucht Günther nach einer Replik. Und dann fällt ihm die Finanzkrise ein und dass man die griechischen Winzer und damit die Wirtschaft und das Land unterstützen müsse. »Aus dem gleichen Grund haben wir ja letztens Olivenöl in den großen Kanistern bei einer griechischen Kooperative bestellt. Um den Griechen, die ihr Land nicht verlassen wollen, zu helfen.« Das Gegenargument ist so klar, dass es aus Jakobs und Franziskas Mund gleichzeitig kommt: »Aber Olivenöl kann man hier ja nicht anbauen. Wasser und Wein gibt es hier.«

»Okay, also sollen wir nur noch Dinge aus dem Ausland konsumieren, die hier nicht angebaut werden können?«, fragt Petra: »Das würde bedeuten: keinen ausländischen Wein (Günther und Petra), keine französische oder italienische Salami (Franziska), keine Mangos aus Marokko (Jakob). Und wovon sollen dann die Leute in den Ländern leben, die brauchen doch den Export? Wie sieht das mit dem Welthandel aus?«

Die Antwort weiß keiner. Wieder mal endet ein Tag mit einer kleinen Erkenntnis: »Weiter Wasser aus dem Hahn trinken.«

Und einer neuen großen Frage: Was passiert mit den Menschen im Rest der Welt, wenn wir nur noch lokal einkaufen?

Günther bittet um die Rechnung. Während Petra ihr Geld rausholt (sie muss ja zahlen), bringt der Kellner zwei Ouzo. Importiert natürlich, per Lastwagen nach Berlin gebracht. Aber er riecht himmlisch, schmeckt herrlich, und dafür gibt es ja glücklicherweise keinen deutschen Ersatz.

Für den Abend ist die Debatte beendet.

Die schwierige Frage nach der Verantwortung

Und doch: Die Fragen stehen im Raum. Sie treiben uns weiter um. Denn nach dem Griechen ist vor dem Griechen – oder vor dem Mexikaner, der Wein aus Argentinien auf seiner Getränkekarte anbietet. Oder vor dem nächsten Supermarktbesuch, bei dem wir Avocados aus Südafrika oder Chile kaufen können. Eigentlich auch wollen. Aber auch dürfen?

Beim Mineralwasser fällt uns die Antwort leicht. Besser nicht. Beim Wein wird es für Günther schwieriger, und bei der Avocado ist es für Jakob und Petra ganz schwierig. Bei der Mango ebenso. Denn da vermischen sich geschmackliche mit moralisch-ethischen und ökologischen Fragen. Im Klartext: Avocados sind lecker, wohl sogar gesund, ihr Anbau braucht aber wahnsinnig viel Wasser in trockenen Landstrichen, und außerdem müssen sie von weit herangeschafft werden. Mangos schmecken wirklich nur gut, wenn sie reif geerntet und dann eingeflogen werden. Deren CO_2-Bilanz ist schlecht.

So ergeben sich bizarre Konflikte: Wenn wir beispielsweise reife Mangos aus Bangladesch essen (das Land produziert immerhin eine Million Tonnen der Früchte) oder Erdbeeren aus Ägypten, grüne Bohnen außerhalb der Saison, die süßeren Ananas, dann bindet das zwar Länder wie Bangladesch stärker in den Welthandel ein. Dadurch prosperiert im Idealfall die Wirtschaft, und die Armutsquote sinkt. Gleichzeitig führt unser Konsum aber zu weiteren CO_2-Emissionen und in der Folge, wie wir wissen, wahrscheinlich zu einem weiteren Anstieg des Meeresspiegels. Ein Meter mehr würde aber in Bangladesch dazu führen, dass 30 000 Quadratkilometer Land dauerhaft überflutet sind. 15 Millionen Menschen müssten dann als Klimaflüchtlinge umsiedeln. Was also tun? Mangos aus Bangladesch kaufen oder besser nicht?

Die dortige Landwirtschaft und die Menschen stärken und gleichzeitig zu ihrem Untergang beitragen?

Wir denken nach, bis die Köpfe rauchen, drehen uns im Kreis, Jakob lässt den Philosophieunterricht und ein Kant-Seminar, das er an der Technischen Universität besucht, in seinem Kopf rotieren, Günther erinnert sich schwach an sein Philosophie-Studium, Petra an ihres der Wirtschaftswissenschaften, und Franziska stellt immer wieder spitzfindige Fragen. Gemeinsames Denken macht mitunter Spaß, selbst wenn es sich im Kreise dreht – zumindest ist eines klar: Die Mango löst ein großes Problem und schafft ein anderes, vielleicht noch größeres.

Praktische politische Philosophie

Wir suchen uns Hilfe, und die ist nah. Zumindest räumlich. Wir wohnen im Südwesten Berlins, nahe der Freien Universität im Ortsteil Zehlendorf. In der Thielallee 43, etwa einen Kilometer von zu Hause, steht die sogenannte Hermeneutik-Villa des Fachbereiches Philosophie an der Freien Universität, in der heute aber nicht mehr die Philosophie des Verstehens, sondern eher praktische Philosophie gelehrt wird. Im Idealfall finden wir dort Erste Hilfe für die ethische Frage des Alltags. Jemanden, der uns sagt, was richtig ist und was falsch. Ob wir die Mango kaufen dürfen oder nicht – und welche Entscheidung uns zu besseren Menschen macht.

Die Hermeneutik-Villa ist ein Gelehrtentraum mit Zimmern, die sich zu einem alten Garten öffnen. Ein Seminarraum, ein paar Büros, darunter das von Valentin Beck. Der Philosoph hat ein Buch mit dem Titel »Eine Theorie der globalen Verantwortung – Was wir Menschen in extremer Armut schulden« geschrieben, das sich, das darf man sagen, zwar nicht immer wie ein Krimi liest, aber die spannende Frage von globaler Gerechtigkeit in unserem Alltagsleben erläutert. Günther und Jakob haben ihn mal bei einer Freundin kennengelernt, die in Berlin alle paar Wochen an einem Abend einen privaten Salon unterhält. Sie lädt Wissenschaftler, Unternehmer, Journalisten in ihr Wohnzimmer ein. Dazu etwa 20 diskussionsfreudige Freunde, und so ist ein netter und spannender Abend sicher. Der geladene Gast berichtet aus seinem Fach- oder Interessengebiet und wird dann gelöchert.

Valentin Beck ist mittelgroß, hat strubbelige schwarze Haare, ein markantes Grübchen im Kinn und trägt ein dunkles, offenes Hemd und eine schwarz umrandete Brille – ein Kontrast zu den überwiegend weißen Möbeln in seinem recht kleinen und erstaunlich ordentlichen Büro. Schreibtisch und Regale sind weiß, ebenso der kleine runde Besprechungstisch mit den beiden Stühlen. Keine Bücherstapel auf dem Fußboden, keine Papierberge auf dem Schreibtisch – die Bücher stehen ordentlich aufgereiht im Regal. Rezensenten rühmten unter anderem seine methodische Vorgehensweise in seinem Buch.

»Herr Beck, wir haben ein Problem mit der Mango«, sagt Günther. Der Philosoph guckt verdutzt. Also erklärt ihm Günther unser Problem nun etwas abstrakter: »Wir wollen wissen, wie weit unsere globale Verantwortung als Familie gehen muss? Und wie wir sie wahrnehmen können und müssen?«

Nun will Günther nicht das gesamte Gespräch mit Valentin Beck wiedergeben, aber einige von dessen Kernargumenten seien doch genannt: Ja, jeder Mensch, also auch unsere Familie, hat eine konkrete moralische Verantwortung für andere Menschen. Er fühlt sie für die Mitmenschen in seiner Umgebung und handelt in der Regel auch danach. Denn jeder würde ein Kleinkind, das in einem seichten Teich zu ertrinken droht, retten, wenn niemand anderer zu Hilfe kommt – egal ob er sich Schuhe und Strümpfe dabei ruiniert.

Das Beispiel mit dem Kind und dem Teich, das Beck anführt, stammt vom australischen Philosophen Peter Singer. Wie dieser sagt auch Valentin Beck, dass sich moralische Verantwortung heute aber nicht mehr nur wie früher auf den unmittelbaren Nahbereich, die heimische Nachbarschaft, beschränken lässt. Wir sind eben nicht nur für das Kind im Teich verantwortlich, das wir mit beherztem Griff rausziehen können, ohne uns selbst zu gefährden, sondern auch für Menschen in der Ferne. Da die Welt zu einem globalen Dorf geworden ist, sind wir mit allen anderen Menschen auf der Welt verbunden – sei es durch Wirtschafts- und Handels- oder durch politische Abkommen – und hätten deshalb auch allen Menschen gegenüber eine konkrete Verantwortung (weiterführend, und das hier nur am Rande, setzt sich Beck dann in den Handlungsempfehlungen sehr von Peter Singer ab).

Für Valentin Beck beschränkt sich unsere globale Verantwortung aber nicht nur auf Menschen in extremer Armut; sie gilt für ihn ebenso bei ökologischen Fragen. Es geht uns also an, was der Genuss der Mango mit der Umwelt in Bangladesch macht. Die Ökologie ist für ihn genauso wichtig wie die Frage nach der Armut. Zumal beides oft miteinander verknüpft ist. Ein Satz aus seinem Buch macht das klar: »Die meisten in extremer Armut lebenden Menschen (sind) als *Klimagläubiger* anzusehen, die schon heute zunehmend unter Umweltschäden zu leiden haben, die größtenteils auf das Konto der Bewohner wohlhabender Länder (…) gehen, die als *Klimaschuldner* gelten müssen.« Daraus folgt: Wir müssen bei unserem Verhalten auch Umwelt- und Klimafragen berücksichtigen.

Und was bedeutet das nun konkret für die Mangos?

Zufällig hat Valentin Beck einige Tage zuvor einen Vortrag zur »Globalen Konsumentenverantwortung« gehalten. Das ist der Vorteil der praktischen Philosophen – sie können nach konkreten Antworten suchen, die echte Menschen brauchen können, und damit die Wirklichkeit direkt verändern. Die Welt, wenn es gut läuft, ein bisschen verbessern. Die erste Antwort von Beck klingt trotzdem noch ziemlich theoretisch: Ja, der Konsument einer Mango hat eine globale Verantwortung, es geht ihn etwas an, was sein Verhalten mit den Armen, dem Klima und der Umwelt macht. Die zweite Antwort ist konkreter, aber auch enttäuschender. Sie lautet: Eine klare Lösung gibt es so einfach nicht. Weder eine Kaufempfehlung noch ein Verbot. Nur ein beherztes »Das hängt davon ab«. Weil es von zu vielem abhängt.

Nun kann man leicht sagen: Also, mal wieder eine typische Philosophenantwort: Nix Genaues weiß man nicht. Aber das stimmt nicht, denn eines ist für Beck sicher: Man sollte nicht alles tun, was möglich ist. Nicht zu viel konsumieren, und wenn, dann möglichst zertifizierte Produkte – also solche, die wenigstens ein Biosiegel haben oder noch besser eines, das faire Arbeitsbedingungen garantiert. Selbst wenn die nicht in allem hundertprozentige Sicherheit versprechen.

Hilfreiche Zertifikate

Günther ist zunächst ein bisschen ernüchtert. Gern wäre er mit einem klaren Ratschlag nach Hause gekommen. Immerhin hat er in den vergangenen Wochen immer gelästert, wenn Petra doch noch mal mit eingeflogenem Obst vom Einkaufen kam. Er erzählt Valentin Beck, wie Jakob sich sein Handy kaufte. »Ich brauchte ein Handy. Es gab zwar bessere, aber keine faireren.« So antwortet Jakob, wenn er gefragt wird, warum er Mitte 2013 sein Fairphone bestellte und kaufte. Von seinem gesparten Taschengeld. Es wurde dann Anfang 2014 geliefert, und er nutzt es immer noch. Die Fairphone-Macher, ein holländisches Unternehmen, warben und werben damit, den Herstellungsprozess des Handys weitgehend offenzulegen, die Arbeiter in den Fabriken besser zu bezahlen und ihnen bessere Arbeitsbedingungen zuzugestehen. Teile sind immer austauschbar, und wenn irgendwo etwas hakt – so schwächelte Jakobs Akku irgendwann –, kann das Handy problemlos repariert werden. Außerdem sollen die notwendigen seltenen Mineralien und Metalle möglichst nicht aus Konfliktregionen stammen und möglichst umweltfreundlich, eben auch durch Recycling, gewonnen werden.

Das alles gelingt nicht zu einhundert Prozent: vor allem bei den sogenannten Metallen der seltenen Erden, die man braucht, gibt es noch Probleme mit den Lieferketten. Aber es klappt zu großen Teilen, und damit wird sein Fairphone allemal unter besseren – sowohl für Mensch wie Natur – Bedingungen produziert als fast alle anderen Handys, egal ob sie von Samsung, Apple oder anderen stammen. Für Valentin Beck hat Jakob individuell einen Schritt in die richtige Richtung getan – die Firma Fairphone als Unternehmen übrigens ebenso.

Es gibt unterschiedliche Initiativen, die sich dem fairen Handel widmen. Leider gibt es aber unterschiedliche Gütesiegel und keine verbindlichen Standards. Bei der Fairtrade Labelling Organizations International, die das Fairtrade-Siegel vergibt – in Deutschland Transfair, in Österreich Fairtrade und in der Schweiz Max Havelaar –, ist sichergestellt, dass die Lieferanten für ihre Rohstoffe feste Preise erhalten, mit denen sie besser als mit den schwankenden Weltmarktpreisen kalkulieren können. Wobei auch dabei manches kritikwürdig und Günthers Meinung nach nicht ganz sauber ist: Viele Produkte werden als »fair« gekennzeichnet, obwohl nur ein Teil ihrer Rohstoffe wirklich aus fairem Handel stammt. So gibt es zahlreiche Schokoladenkekse, die stolz das Fairtrade-Siegel tragen und damit werben, obwohl nur der Kakao im Schokoladenüberzug des Kekses aus fairem Handel stammt. Nicht astrein, wenn dann das gesamte Produkt als »fair« beworben wird, obwohl nur ein Bruchteil seiner Bestandteile sich ernsthaft so bezeichnen lassen könnte.

Trotz dieser und anderer Kritik – so müssen die Lieferanten Lizenzgebühren für die Zertifizierung als »Fairtrade« bezahlen, und »Fairtrade« ist auch kein qualitatives Gütesiegel – sieht Valentin Beck solche Zertifizierungen überwiegend positiv: Denn diese, und das ist wichtig, bieten den Menschen eine Möglichkeit, die Verantwortung für ihre Konsumentscheidung zu übernehmen. Außerdem besitzen – so schreibt Beck in einem Aufsatz über Fairtrade – »Zertifizierungssysteme wie dasjenige von FLO (...) das Potenzial, die Haltung von Konsumenten gegenüber der Frage nach der globalen Verantwortung von Unternehmen und Privatpersonen grundlegend zu verändern«. Das heißt, sie wirken aufklärerisch und zeigen den Konsumenten, dass sie mit ihrer Kaufentscheidung etwas bewirken – in welche Richtung auch immer. Zum anderen machen sie den Konsumenten klar, dass sie von Unternehmen ein faires Umgehen mit Lieferanten und Belegschaft und gleichzeitig eine beispielsweise umweltfreundliche Produktion verlangen könnten.

Somit auch ein Schritt in die richtige Richtung.

Eingeflogene Mango – ja oder nein? Sich einmischen!

Doch zurück in die Hermeneutik-Villa. Denn natürlich ist damit das Mango-Einkauf-Problem noch nicht gelöst. Die kann jetzt bio und fairtrade sein, trotzdem steht immer noch die Ausgangsfrage im Raum: Darf ich?

Eine klare Antwort gibt es immer noch nicht. Aber weitere Kriterien. Weniger für einen konkreten Kaufentscheid als vielmehr für unsere Art, wie wir als Konsumenten (und als Bürger) globale Verantwortung wahrnehmen sollten.

Beck hält zwar den Kauf zertifizierter Produkte für empfehlenswert und wichtig, aber bei Weitem nicht für ausreichend. Denn die Konsumentenverantwortung ist nicht nur individuell, sondern auch strukturell-gesellschaftlich. Das heißt: Wir müssen als Konsumenten Position beziehen. Wir müssen am politischen Leben teilnehmen, auch durch Druck auf Konzerne, durch die Unterstützung von Nichtregierungsorganisationen – aber alles, ohne dass sich dadurch die Verantwortung ins Diffuse verflüchtigt, in ein bloßes Schimpfen auf »die da oben«. Wir müssen uns als aktiv Handelnde begreifen – und handeln. Uns einmischen, politisch aktiv werden, sehen, dass man die Welt auch verändern muss und kann.

Dabei sollten wir aber – so Valentin Beck – auf eines achten: den Unterschied zwischen Moral und Eigennutz. Der Begriff der »globalen moralischen Verantwortung« verkommt zur Formel von Sonntagsreden, wenn er nur genutzt wird, um Eigeninteressen zu verschleiern. Wollen wir den Klimawandel nur aufhalten, weil wir Angst vor Klimaflüchtlingen haben, ist das zwar ein legitimes Eigeninteresse, es darf aber nicht mit unserer moralischen Verantwortung verwechselt werden.

Damit trifft er bei Günther einen Punkt. Der hat dann nicht mehr nach den Mangos und dem konkreten Fall nachgefragt. Er hat sich bedankt, mit rauchendem Kopf, aber zufrieden die Villa verlassen. Denn mehr als Kriterien, das hat er gelernt, kann man nicht bekommen. Weiterdenken muss man alleine. Darf man? Für sich hat er die Antwort gefunden. Ob die Antworten von Petra, Franziska oder Jakob genauso ausfallen, weiß er nicht.

Juli

Alpen, Radtouren und ein Zelt am See

Wir sind in diesem Sommer nicht nach Griechenland geflogen. Und wir müssen gestehen: Die Ökologie war nicht unbedingt das ausschlaggebende Argument, selbst wenn wir nach einigen Monaten Selbstversuch und vielen Gesprächen schon so weit sensibilisiert sind, dass wir das meiste, was wir tun, darauf überprüfen. Und so manches inzwischen lassen, den acht Euro billigen Kurzflug übers Wochenende zu Freunden nach Brüssel beispielsweise. Das riecht jetzt zwar ein bisschen streng nach Eigenlob. Aber es ist wahr und nicht mal ein großer Verzicht.

Aber nun zum Urlaub: Wir haben uns für die Alpen entschieden, die französischen, und sind an den Lac de Serre-Ponçon gefahren. Dieser Stausee liegt im Tal der Durance, einem östlichen Nebenfluss der Rhone. Nahe Gap, nahe Embrun, nahe Briançon. Bestes Bergetappengebiet der Tour de France. Dort hingekommen sind wir mit dem Auto, die kürzeste Strecke von Berlin sind 1305 Kilometer. Wir sind ein paar Umwege gefahren, pro Strecke eher 1600 Kilometer, dazu kamen die Kilometer vor Ort, sodass hinterher fast 3900 Kilometer mehr auf dem Tacho standen. Insgesamt sorgten wir damit für weitere 827 Kilogramm CO_2 in der Atmosphäre. Hört sich erst einmal nicht nach einer ökologischen Spitzenleistung an. Aber wären wir nach Kreta geflogen, hätten wir für die vierfachen Emissionen gesorgt.

Dass das eine schlimmer als das andere ist, entschuldigt natürlich erst einmal nichts. Aber vielleicht lohnt es sich, deshalb genauer hinzusehen.

Die Anfahrt: Zwei zu lange Tage im Auto, zu viel Verkehr – interessanterweise spricht man als Autofahrer ja immer vom Verkehr, als sei man selbst nicht daran beteiligt. Man sagt: »Wir stehen im Stau« statt »Wir sind der Stau«. Wir waren jedenfalls das ein oder andere Mal der Stau, nämlich bei Leipzig, bei Nürnberg, in Landshut, in Bregenz und rund um Zürich. Dazu kam Dauerregen, aber wider Erwarten wenig Streit im Auto. Was auch daran lag, dass Franziska während der Fahrt Skat spielen lernte – und zu einer begnadeten Zockerin wurde. Einer fährt, drei reizen: So lassen sich selbst lange Fahrten überstehen.

Urlaub, diese Mischung aus Vorfreude, Aufregung und Entspannung, stellte sich ein, sowie wir die Grenze zu Frankreich überquerten. Petra hatte während der Fahrt in einem schönen, wenn auch etwas teuren Hotel in Thônes, einer Kleinstadt im Tal des Fier, zwei Zimmer reserviert. Als wir dort ankamen, war von der Umgebung nicht mehr viel zu sehen, schemenhaft ein paar Berge, es gab noch etwas zu essen. Noch ein paar Runden Skat und danach nur schlafen.

Morgens zeigte sich, wie schön sich das Haus an die Felswand am Fuße des 2351 Meter hohen Tournette schmiegte. Die Sonne lachte, wir auch, dann überquerten wir Alpenpässe, bewunderten staunend schneebedeckte Gipfel und die Radfahrer, die sich lange zehnprozentige Steigungen am Col du Galibier hinaufquälten. Bergab überholten uns einige von ihnen. Über Albertville und Briançon erreichten wir Embrun, trafen dann auf den Lac des Serres-Ponçon, kamen nach Savines-le-Lac, fuhren am südlichen Ufer des Sees entlang und bogen auf einem Hügel rechts zum Wasser hin ab. Dort liegt in einer weiten Bucht des Sees »Les Chappas«, unser Campingplatz. Ja, richtig: Camping.

Camping und Sport – ein südwestdeutscher Reiseveranstalter bietet dort Familienurlaub auf dem Campingplatz an. Fast alles inklusive und sympathisch selbstgestrickt: Es gibt ein großes Küchenzelt und einen Koch, aber jeder, der älter als 15 Jahre ist, muss einmal in den zwei Wochen Küchendienst machen. Morgens trifft sich eine Gruppe, schnippelt Obst für den Obstsalat, kippt Joghurt und Müsli in große Töpfe, schichtet Käse und Wurst auf Platten, schneidet Tomaten, Gurken und Paprika, füllt die große Kaffeemaschine und präsentiert schließlich alles auf einem Büfett. Nachmittags trifft sich die Küchencrew gegen 17 Uhr, dann wird Salat gewaschen und Gemüse gekocht, gebraten, gesotten und geschmort. Vorspeise, Salat, Hauptgang, Nachtisch – alles auch in einer vegetarischen Variante. Den ein oder anderen Pastis oder Rotwein gibt es für die Küchenmannschaft gratis dazu – so steigt die Laune. Frühstück und Abendessen werden gemeinsam von allen zusammen an großen Tischen verspeist, für mittags macht man sich eine Stulle (oder wie die Südwestdeutschen sagen: ein Vesperpaket).

Ansonsten gibt es Surfbretter und Segelboote, Sportstudenten, die einem beibringen, wie man beides benutzt, dazu Paddelboote und eine Kinderbetreuung, es gibt Klettergurte und jemanden, der mit den Urlaubern Klettersteige besucht, mitunter werden Wanderungen angeboten, abends wird mal ein Lagerfeuer am Strand entfacht, eine größere Party steigt nach einer Woche. Kinder und Jugendliche finden sich schnell zu Gruppen zusammen, die Erwachsenen erstaunlicherweise ebenso – und das ohne Gruppenzwang. Sie verabreden sich für den nächsten Tag – zu Rad- und Mountainbike-Touren (ein paar Leihräder gibt es auch) oder Besuchen auf den zahlreichen Märkten in der Umgebung. Dort kann man kaufen, was Touristen im Frankreichurlaub begehren: Hartwürste, Käse, Honig, Kekse, Textilien aus Biobaumwolle und selbst gemachte Lavendelseifen. Wer will, kann aber auch gar nichts tun und nur in der Hängematte liegen.

Die meisten Gäste des Feriencamps sind aber aktiv. »Hier kann man so viel machen«, sagt Franziska glücklich, als sie abends müde auf die Matratze sinkt. Doch da fängt eigentlich genau das erste Klimaproblem an: Denn dass man um den Lac de Serres-Ponçon so viel machen kann, haben andere natürlich ebenfalls schon gemerkt.

Der See ist ein Stausee im ehemals sehr engen und tiefen Tal der Durance. 1961 änderte sich das Landschaftsbild. Seither versperrt ein Damm den Flusslauf. 1500 Menschen wurden damals umgesiedelt, und ein 20 Kilometer langer und bis zu 120 Meter tiefer Stausee entstand. Der Fluss, der zuvor im Frühjahr oder nach heftigen Regenfällen immer wieder für große Überschwemmungen sorgte, wurde so gebändigt und dient seither auch zur Energieversorgung: Das anliegende Wasserkraftwerk produziert jährlich etwa 700 Millionen Kilowattstunden Strom und somit ein Zehntel der in Frankreich aus Wasserkraft gewonnenen Energie. Was im Land der Atomkraftwerke ja schön ist.

Mit dem Stausee wurde zugleich aus einem ehemals sehr schmalen und daher an der Sohle oft dunklen Tal ein eher sonnenverwöhntes, da zum einen die Talsohle um 30 bis 50 Meter gehoben wurde, zum anderen der See temperaturausgleichend wirkt. Eine Berglandschaft mit Wildwiesen, ein wenig Landwirtschaft und Wäldern entstand, die seither überwiegend vom Tourismus lebt. Weil sie eben anders als viele andere Täler auch noch alle Arten von Wassersport bieten kann. Wir kennen die Region seit 2004. Schon damals gab es hier viel Tourismus, aber inzwischen hat der Besucherandrang noch deutlich zugenommen. Das ist meist noch nicht unangenehm, die Orte sind besucht, aber nicht überlaufen – am Mittelmeer ist es deutlich voller. Aber von Jahr zu Jahr werden die Autos mehr, und man kann damit im August leicht zum Teil des Staus werden.

Mit dem Rad auf den Col d'Agnel

Franziska hat recht: Man kann hier sehr viel unternehmen, aber das meiste, was sie als Wasserratte liebt, spielt sich auf dem Campingplatz, am Ufer, auf einem Boot oder direkt im Wasser ab. Aber Jakob und Günther fahren Rad, und die wenigsten Radtouren beginnen direkt vor Ort. Die beiden packen also die Räder ins Auto und fahren mit einer Gruppe gleichgesinnten anderen Urlaubern beispielsweise nach Chateau Ville-Vieille. Dort laden sie die Räder aus, und dann geht es los: 21 Kilometer, knapp 1400 Höhenmeter hinauf auf den 2744 Meter hohen Col d'Agnel, den dritthöchsten asphaltierten Pass in den Alpen. Drei Kilometer einrollen, dann schnaufend die erste steile Rampe hinauf. Bei Molines-en-Queyras sind es erstmalig über 15 Prozent Steigung.

Bald schon zieht sich das Feld der 15 Radler weit auseinander. Zwei Fragen gehen Günther durch den Kopf: »Warum mache ich das eigentlich?« Und: »Bin ich der Einzige, der sich fragt, warum er das tut?« Er denkt an das Nichtstun, das auch eine Option wäre, zudem eine umweltfreundliche – Entspannen in der Hängematte oder im Liegestuhl, ein Buch dabei –, rechnet immer wieder aus, wie viel an Strecke und Höhe noch fehlt. Aber als er nach zwei langen Rampen und einer Kehre auf einmal etwa 500 Meter oberhalb von sich die fünf Kilometer entfernte Passhöhe sieht, weiß er: Er wird da oben ankommen. Der Blick zum Ziel trägt ihn. Nicht, dass er nun leicht treten würde, aber es fließt. Und schon bevor er oben ankommt, kann er die erste der beiden Fragen beantworten: Warum mache ich das eigentlich? Weil der Pass nun einmal da ist und es glücklich macht, da hinaufzufahren.

Die zweite Frage stellt er oben Jakob, der – es gibt wohl einen Zusammenhang zwischen Tempo und Alter – doch einige Zeit vor ihm angekommen ist. »Bin ich der Einzige, der sich dabei fragt, warum er das tut?« Tröstlich ist: Jakob hat sich unterwegs auch die Sinnfrage gestellt.

Eine dritte Frage drängt sich Günther auf, als er, nach einer tollen Abfahrt ins Tal und dem Einladen der Räder in die Autos, hinter dem Lenkrad sitzt und an die 60 Kilometer denkt, die sie nun wieder zurück zum Campingplatz fahren. Wie umweltverträglich ist der Spaß?

120 Kilometer hin und zurück durch die Bergwelt. Bei einer anderen Radtour auf den nicht ganz so hohen Col de Cayolle waren es ebenfalls knappe 60 Kilometer Anfahrt bis nach Uvernet-Fours; erneut 120 Kilometer hin und zurück. Vier Autos, ein Dutzend Fahrer, die dort ihre Räder besteigen: Nun weiß Günther nicht mehr so genau, was für Autos da unterwegs waren, doch nimmt man unseren Caddy als Mittelwert, dann pustete der Ausflug zum Col de Cayolle bei insgesamt 480 gefahrenen Kilometern 101 Kilogramm CO_2 in die Luft. Ist das viel?

Die Antwort ist schwer. Nichtstun oder im See schwimmen wäre ökologischer. Es wäre auch ökologischer, von dort direkt loszuradeln. Durch die Anfahrt mit dem Auto werden pro Person knappe 8,5 Kilogramm CO_2 emittiert – das entspricht etwa dem, was bei der Herstellung von einem Kilo Käse aus

Kuhmilch anfällt. Oder dem, was zur Produktion von 750 Gramm Rindfleisch nötig ist. Nach dem Ja-zur-Radtour das Ja-zum-vegetarischen-Abendessen – das bringt die Bilanz zwar nicht ins Reine, verbessert sie aber. Und noch ein Trost bleibt den Radfahrern: Machten sie die Tour zu Hause, hätten sie danach ausgiebig geduscht. Heiß, was pro Minute allein ein Kilo CO_2 in die Atmosphäre geschafft hätte. Zehn Minuten duschen wäre also genauso schlimm. Hier sind die meisten nach der Rückkehr nur in den See gesprungen.

Wir haben in diesem Urlaub überhaupt selten warm geduscht. Täglich dreimaliges Scnwimmen im Süßwassersee, das reicht, um sauber zu sein, dazu Zähneputzen bei Mondschein. Aber unter dem Strich stehen etwa 700 Autokilometer in zwei Wochen – 148 Kilogramm CO_2. Für Fahrten zu den Märkten, zu den Wanderungen, zu Radtouren, auf Klettersteige und zum Raften.

Dabei verzichten wir ja auf andere Vergnügungen, solche, denen man ihre Umweltschädlichkeit direkt ansieht. Es gibt am See Quad-Parcours, wo man mit einer Art vierrädrigem Motorrad Wiesen und Hügel umpflügen kann: »Das ist kein Verzicht, dass ich diesen Blödsinn nicht mache. Das ist Entspannung«, sagt Günther, und auch Jakob, der als Sechzehnjähriger das noch am ehesten verführerisch finden müsste, stimmt seinem Vater ausnahmsweise zu. Er findet Quads peinlich.

Es gibt Leichtflugzeuge, die den See überfliegen, Wasserskiangebote und Freizeitparks – alles nichts für uns. Dazu noch jede Menge anderer Attraktionen, die genauso gut in der Lüneburger Heide stehen könnten. »Warum sollen wir da hin, das hat mit den Alpen nichts zu tun«, sagt Petra. Für sie ist es wichtig, dass man in den Bergen das tut, was man in den Bergen tun kann – dass diese Welt ihr typisches Gepräge und ihre

Großartigkeit behält. Sie und Günther haben anderswo gesehen, was zu viel Drumherum mit einer grandiosen Landschaft macht: in Nordamerika, an den Niagarafällen. Die sind von Parkplätzen, Shoppingmalls und Vergnügungsstätten so umrahmt, als würde das ungeheuerliche Naturschauspiel allein nicht ausreichen – was inzwischen eben auch stimmt. Denn nach und nach wurden die Wasserfälle so zubetoniert, dass sie ihre Ausstrahlung zwar nicht komplett, aber beträchtlich verloren haben.

Die Alpen als Freizeitpark

Der Geograf Werner Bätzing, einer der besten Kenner der Alpen, warnt eindringlich vor einer solchen Entwicklung. Er schreibt in seinem Buch »Zwischen Wildnis und Freizeitpark«, dass »die Alpen (von Besuchern) nur noch als schön wahrgenommen werden, was jedoch schnell langweilig wird. Deshalb müssen jetzt Aussichtspunkte mittels Technik – spektakuläre Aussichtsplattformen, Hängebrücken und Ähnliches – aufgewertet werden, um das Panoramaerlebnis attraktiver zu machen. Längere Bergwanderungen gelten heute ebenfalls als eher langweilig, und sie werden durch verschiedene Aktivsportarten ersetzt, die in der Regel gebaute Infrastrukturen wie einen Bike-Park benötigen, um optimal ausgeübt werden zu können.« Günther trifft den Geografen auf einer Recherchereise in die Alpen. Und im Gespräch warnt der noch eindringlicher davor, den Urlaubern nur noch Kunstwelten anzubieten: »Man ist quasi in einer künstlichen Freizeitwelt, die mit technischen Strukturen verbaut ist. Die Alpen lernt man da überhaupt nicht mehr kennen.« (Nebenbemerkung, um Jakobs und Günthers Ökobilanz ein wenig zu retten: Sie fuhren mit Rädern jahrzehntealte normale Passstraßen hinauf und hinab und keine extra gebauten Bike-Park-Routen.) Bätzings Warnung klingt so: »Aus den schrecklich-schönen Bergen wird ein Freizeitpark, und aus der Gegenwelt wird ein Teil des städtisch geprägten Alltags.«

Wir fahren seit einigen Jahren in die Alpen, und wir nutzen sie sicher ein bisschen als Freizeitpark. Günther freut sich über die Straßen, die er mit dem Rennrad rauf- und runterfahren kann. Und Petra über die Märkte. Aber beides gäbe es auch ohne uns Touristen. Außerdem wandern wir gern, und wandern lässt Bätzing gelten.

In den ersten Tagen des Urlaubs steigen wir mühsam durch die Wälder hinauf, bestaunen meterhohe Ameisenhaufen, suchen Walderdbeeren und Blaubeeren, sitzen verzaubert an murmelnden und reißenden Bächen. Dann werden wir langsam mutiger, gehen höher, kommen raus aus dem Wald, wundern uns über krüppelige, vom Wind hinuntergedrückte Kiefern, über wild blühende Wiesen und Bienen und dicke Hummeln und freuen uns, wenn wir ein Murmeltier pfeifen hören – noch mehr, wenn wir dann wirklich eines sehen. Wir stehen staunend vor blanken Felsgruppen, wagen uns manchmal an deren Rand, bewundern Schneereste im Sommer, sehen Bergziegen, Steinböcke und Gämsen. Und seit wir wissen, dass die Alpen eben keine Natur-, sondern weitgehend eine Kulturlandschaft sind, bemühen wir uns auch, die zu unterstützen, die diese Kulturlandschaft pflegen. Die Almbauern, denn die sorgen dafür, dass die Landschaft mit saftigen Wildwiesen, die wir so bewundern, erhalten bleibt. Würden sie die Beweidung einstellen, würden sie nicht ab und an viel Holz schlagen, wären viele der Wiesen schnell mit krüppeligen Kiefern überwachsen.

Auch deshalb kaufen wir Schinken und Käse bei den Almbauern – aber der Einkauf ist, da sind wir ganz ehrlich, in erster Linie kein selbstloser Akt. Wir sitzen gern auf dicken Holzbänken vor Almhütten, schauen ins Tal, wieder auf den Berg, wieder ins Tal und sind stolz darauf, was wir geschafft haben. Wir trinken Holundersirup mit Quellwasser und schauen auf die kleine Karte. Brotzeit mit Wurst und/oder Käse ist eigentlich alles, was draufsteht, und eigentlich reicht uns das.

Der ökologisch beste Urlaub

Bleibt die Frage: Wie sähe denn nun der ökologisch beste Urlaub aus? Wir diskutieren sie noch am Lac, vor den Erwachsenen stehen Gläser mit französischem Landwein, Jakob trinkt Panaché, eine französische Variante des alkoholfreien Radlers, süß und süffig. »Ganz einfach«, sagt Jakob. »Am besten bleiben wir zu Hause im Garten oder setzen uns auf den Balkon. Tun nichts, das aber sehr intensiv und lesen Bücher aus der Stadtbücherei, die wir dort zu Fuß oder mit dem Fahrrad abholen.« Dann grinst er und sagt: »Ich gehe jetzt gern 'ne Runde Skat spielen – und zwar an einem französischen See.« Er nimmt seine Flasche und verzieht sich mit ein paar anderen Jugendlichen.

»Zu Hause bleiben will ich nicht«, sagt Günther nachdenklich. »Das will doch keiner.«

Stimmt nicht. Das weiß Günther. Denn wir haben Freunde in Schleswig-Holstein. Die leben auf einem kleinen Bauernhof in hügeliger Landschaft. Wald, Pferdeweiden, Streuobstwiesen, einen kleinen Badesee gibt es auch. Sie halten fünf

Pferde, einen Hund, eine Katze, sechs Hühner (wobei die Zahl je nach Aktivität des Fuchses stark schwankt) und ein paar ausgewilderte, aber noch ziemlich zahme Kaninchen. Das Ganze ist kein professioneller Betrieb, eher ein kostspieliges Hobby. Dafür aber haben sie unter ihrem Reetdach immer viel Platz für Freunde, und wenn die ab und an mal beim Jäten, Stallausmisten, Zäunereparieren oder im Gemüsegarten helfen, dürfen sie gern bleiben, ausreiten und das Dorfleben genießen.

Denn das ist es: ein Leben in und mit dem Dorf. Die Freunde haben hier höchst interessante Menschen mit höchst interessanten Verhaltensweisen kennengelernt. Da ist die Nachbarin, die immer mit ihrer Ziege und ihren Laufenten spazieren geht, der Demeter-Bauer mit seinen niedlichen Ferkeln, die an manchen Tagen wild über den Hof toben (und die dann irgendwann höchst prosaisch verwurstet werden), es gibt Hundezüchter und schließlich eine Familie, die wahrscheinlich mit ihrem Urlaubsverhalten jeden Grünen in den Schatten stellt. Unsere Freunde fanden das nur durch einen Zufall heraus, als sie diese Nachbarn zu einem Fest einluden und die wiederum mit dem Hinweis auf ihren Urlaub absagten. Wo sie denn hinführen, erkundigte sich unsere Freundin Michaela interessiert und bekam nach einem längeren Schweigen zur Antwort: »Zelten. Auf unserer Wiese unten am See.«

Erst wollten die Freunde das nicht glauben. Welcher normale Mensch würde sein Haus verlassen, um 500 Meter entfernt für ein paar Tage in einem Zelt den Urlaub zu verbringen?

Sie fragten nach, aber tatsächlich hatten sie richtig gehört: Die Familie packt einmal im Jahr ihre Sachen und alles, was man fürs Campen braucht, schließt für ein paar Tage ihr Haus ab und zieht auf die Wiese. Sie ist dann weg. Weg von den

Gewohnheiten, den Bequemlichkeiten, dem Fernseher. Und geht während des Urlaubs nicht nach Hause.

Nun haben die meisten Menschen keinen kleinen See, nur ein paar Hundert Meter entfernt vom Haus, und auch keine große Wiese. Aber der entscheidende Punkt ist ein anderer: Warum glauben wir, erst abschalten zu können, wenn zwischen uns und zu Hause ein paar Hundert oder sogar Tausend Kilometer liegen. Warum beginnt Urlaub erst, wenn man weg ist? Warum packen andere Bekannte ihre beiden Kleinkinder im Februar für lange Stunden ins Flugzeug und fliegen für zwei Wochen nach Sri Lanka – muten sich und den Kindern einen langen Flug, Klimawechsel und Zeitumstellung zu und kommen dann wieder in ein graues, kaltes Deutschland und fangen sich wahrscheinlich eine Erkältung, sicher aber eine große Portion Winterfrust?

Auch Petra und Günther sind früher in viele Länder gereist, um etwas anderes zu erleben. Schon kurz nachdem sie sich kennenlernten, verbrachten sie Monate in Lateinamerika. Dann wohnten sie in den USA, Jakob wurde da geboren, dann in Brüssel, wo Franziska auf die Welt kam. Das Fernweh könnte eigentlich gestillt sein. Oder zumindest das Gefühl, nicht genug von der Welt gesehen zu haben.

Dennoch: Da wir nun nicht vorne raus in den Bergen und hinten raus am Meer und gleichzeitig mitten in der Großstadt leben, wollen wir verreisen. Und tun es. Und so sitzt Franziska mit zwei neuen Freundinnen auf einem Volleyballfeld in Südfrankreich, wo sie sich über Gott weiß was austauschen, Jakob spielt Karten mit anderen Jugendlichen, und Petra und Günther reden immer noch über Urlaubsmöglichkeiten.

»Klar, eine Wanderung oder Radtour, die zu Hause beginnt, läge bei null CO_2-Emissionen«, sagt Günther, »lässt man mal die Herstellung der Schuhe und Fahrräder beiseite.«

»Aber das wollten wir ja irgendwie nicht. Schon weil sich hier im Süden selbst schlechtes Wetter besser als zu Hause anfühlt«, antwortet Petra.

»Weiß ich nicht, aber zumindest anders. Außerdem gibt es natürlich viele gute Argumente für das Verreisen: in der Fremde etwas Neues kennenzulernen; offen für Menschen und Situationen zu sein; die Neugierde stillen. Oder wir könnten nach Griechenland fahren, um damit ein wenig gegen die wirtschaftliche Krise dort zu tun. Tourismus kann Entwicklung schaffen, und von irgendetwas müssen die Vermieter in Lentas schließlich leben.« Günther grinst.

»Na, das ist aber ehrlich gesagt nur eine Hilfskonstruktion«, sagt Petra. »Wir suchen uns unser Reiseziel doch nicht danach aus, wo wir am meisten Gutes tun können.«

»Okay, Griechenland bedeutet eine Sehnsucht stillen. Sonne tanken, Mittelmeer, Kultur. Oder Italien: das Land, in dem die Zitronen blühen. Goethe und so.«

»Der war aber nur einmal in Italien. Mit der Kutsche.«

Vielleicht ist es für uns heute einfach zu leicht und zu billig, in ein Flugzeug zu steigen? Neun Euro bis nach Venedig hat ein Freund kürzlich bezahlt. Und so treibt uns alle eine Mischung aus Warum-nicht, Gewohnheit und – Einfallslosigkeit. Denn es ist sehr einfach, in drei Stunden in Athen und sechs Stunden später auf einer Insel anzukommen, zu einer kleinen Pension zu fahren und dann ein paar Tage einfach nichts zu tun. An der Ostsee im Februar nichts zu tun ist schon schwerer – außer man kann sich ein teures Hotel mit Spa leisten.

Tourismus als Naturerhalt?

»Ja, das ist kompliziert mit dem Tourismus«, sagt Wolfgang Strasdas. Der Professor für Nachhaltigen Tourismus am Fachbereich Nachhaltige Wirtschaft der Hochschule für Nachhaltige Entwicklung in Eberswalde hatte uns ja im Frühjahr vor der Urlaubsplanung schon einmal beraten – und vor allem vor den schnellen Flugreisen irgendwohin gewarnt. Denn vor allem wegen des Fliegens ist der internationale Tourismus für fast ein Zehntel aller Treibhausgase verantwortlich. »Geht es nur um die Ökologie, dann darf man viele Reisen nicht machen. Dann bleibt man wirklich am besten zu Hause auf dem Balkon«, sagt Strasdas und setzt aber dazu: Tourismus sei nun mal eine Errungenschaft wohlhabender Gesellschaften, und er glaube als optimistischer Mensch ja immer noch daran, dass Reisen im besten Sinne bilde und sogar positive Auswirkungen in armen Ländern, die man besuche, haben könne. Also müsse man Kompromisse finden. Er bringt ein Beispiel: »Unter ökologischen Gesichtspunkten sind Fotosafaris das Grauen. Man fliegt viele Stunden, man fährt viele Stunden mit dem Auto umher, alle anderen Freizeitvergnügungen vor Ort werden ebenfalls mit dem Auto unternommen.« Dazu komme, dass Tourismus in solchen Regionen oft in der Trockenzeit stattfindet. »Dann kann man besser Tiere beobachten. Die kommen dann nämlich zu den Wasserlöchern.«

Dennoch hätten Studien gezeigt, dass rein ökologisch etwas Positives in der Bilanz stünde: Wo Fotosafaris stattfänden, sei die Anzahl der Wildtiere deutlich größer als in anderen Regionen. Es gäbe weniger Wilderei, weniger illegale Abschüsse. Die Natur habe einen materiellen Wert – und das sei oftmals der erste Auslöser, sie zu schützen. Walfangverbote waren leichter durchzusetzen, wenn die Bevölkerung vor Ort mit

Walbeobachtung mehr Geld als mit Walschlachten verdienen konnte.

Generell gelte: Dort, wo mit der Natur und/oder mit Tourismus Geld verdient werden kann, wird sie eher geschützt – auch wenn die Alpen mit ihren Wintersportfabriken, Kunstschneeanlagen und allem, was Werner Bätzing als »künstliche Erlebniswelten« bezeichnet, mitunter das Gegenteil beweisen. Denn wenn das Geld eine zu große Rolle spielt und deswegen zu viele Besucher angelockt werden, entstehen neue Probleme – die damit zu tun haben, dass über Alternativen zu wenig nachgedacht wird.

Es ist ein Dilemma: Günther hat es sich im Frühjahr auf einer Reise ins Tiroler Zillertal angeschaut: Dort findet man 33 000 Einwohner und 50 000 Gästebetten, und fast alle Einwohner leben irgendwie vom Tourismus, sei es als Vermieter und Hotelier, als Andenkenverkäufer, in der Gastronomie oder als Maler, der nach Saisonende Hotel- und Pensionszimmer renoviert. Aus einem armen Tal, aus dem die Menschen auswanderten, wurde so in den letzten 50 Jahren ein blühender Fremdenverkehrsstandort. Aber einer, der künftig darum kämpfen muss, attraktiv zu bleiben. Denn das Geschäft ist schwieriger geworden: Heute sind die Gäste nicht mehr so treu wie früher, sie buchen ihren Urlaub später, und der ist dann oft kürzer. Scheint die Sonne, kommen sie, regnet es und lässt der Wetterbericht keine Besserung erwarten, wird schnell wieder storniert, erzählten Günther Hoteliers und Fremdenverkehrsmanager vor Ort. Das Problem im Tourismus ist die Wertschöpfung. Denn die sinkt, der Urlaub wird immer billiger, und die Urlaubsdestinationen unterbieten sich gegenseitig. Schließlich ist die Welt sehr klein geworden, und für den Preis von zwei Wochen Aufenthalt im Ziller- oder einem anderen Tal in Frankreich oder Österreich kann man einen Fernflug in ein Pauschalurlaubsparadies auf irgendeiner Sonneninsel buchen.

Mancherorts hat man sich entschieden, aus dem Affenrennen des »Immer mehr, immer weiter, immer schneller« auszusteigen. Der Österreichische Alpenverein hat schon vor Jahren sogenannte Bergsteigerdörfer ausgezeichnet, der Deutsche Alpenverein zieht seit wenigen Jahren nach. Erstes Bergsteigerdorf in Deutschland ist Ramsau im Berchtesgadener Land; man erfüllt dort die Anforderungen des Alpenvereins. Die sind nicht sehr hoch, aber viele Orte wollen sie trotzdem nicht erfüllen, denn sie müssen sich verpflichten, das traditionelle Ortsbild großräumig zu erhalten, ebenso Naturschutzgebiete. Und zusätzlich sich künftig stärker mit Fragen der Nachhaltigkeit zu beschäftigen. In Ramsau werden deswegen die Skigebiete nicht weiter ausgebaut, es gibt keine neuen Lifte, keine Sommerrodelbahn, keine Großraumdisco, keine großen Events, keinen Lift auf den Watzmann oder andere Gipfel, keine Ansiedlungsflächen für neue Hotels.

Was bleibt, sind Wanderwege: In drei Stunden hinauf zur Halsalm, in fünf Stunden zum Wimbachtal oder für wirklich trittsichere, schwindelfreie und konditionsstarke Bergsteiger die Watzmann-Überschreitung in zwölf bis vierzehn Stunden. Die Ramsauer hoffen, so eine Zukunft zu finden, die gut ist für die Menschen. Und für die Natur. Und Bürgermeister Herbert Gschoßmann erzählt, dass viele Familienpensionen vor Ort langsam merken, dass ihre Angebote geschätzt werden. Und deswegen ein oder zwei Euro pro Nacht mehr verlangen können.

Ganz gute Bilanz

Doch zurück in die französischen Alpen bzw. zu der Ausgangsfrage – und leider auch zurück nach Hause: Dort stellt Petra einige Tage später die Rundfrage in der Familie: Was denkt ihr? War unser Urlaub nun eher besonders ökologisch schädlich oder eher auf der positiven Seite? Die Antwort, zusammengefasst: »Wir glauben, eher positiv.« Doch mehr als glauben können wir zunächst nicht. Eine Gesamtrechnung ist schwer aufzumachen. Relativ sicher ist: Zwei Wochen im Urlaub selber kochen hätte mehr Energie verbraucht, als Teil einer großen, geplanten und gut geölten Küchenmaschinerie zu sein. Wir wären jeden zweiten Tag zu einem Supermarkt oder einem anderen Markt gefahren, ebenso 24 andere Familien. Hätten uns dort gestritten, wären entnervt wieder zurückgefahren. Etwa 25 Familien hätten täglich für sich kochen müssen, sie hätten irgendetwas zum Kühlen benötigt. Im Feriencamp fuhr der Koch alle zwei Tage mit dem Lieferwagen zum Supermarkt und lud ihn voll. Zum einen, weil es so für ihn am einfachsten und schnellsten, besten und billigsten war, zum anderen, weil der Koch in seiner Großküche weniger Wert auf die Herkunft der Lebensmittel legt als auf gesicherte Qualität. So unterstützen wir durch unsere Mahlzeiten zwar nicht unbedingt die lokale Entwicklung, sondern haben durchaus Melonen und Pfirsiche gegessen, die nicht aus den nächstgelegenen Anbaugebieten kamen, sondern aus Spanien herbeigeschafft wurden. Aber insgesamt haben wir durch das gemeinsame Kochen, die einfachere und effektivere Vorratshaltung und den durch Großeinkäufe verringerten Abfall ökologischer als in einem Ferienapartment gelebt.

Das Öko-Institut Freiburg hat im Februar 2013 eine Studie veröffentlicht, die das bestätigt. Diese vergleicht die »klimarelevanten Bereiche einer Urlaubsreise«. Und zwar den Energieverbrauch der Anreise sowie für Übernachtungen in Hotels und auf Campingplätzen (Zelt oder Wohnmobil). Drei Beispiele haben die Freiburger Ökologen sich angesehen, eines davon war ein Ziel in Südfrankreich – wo genau dort, verraten sie leider nicht. Ausgangspunkt dieser zweiwöchigen Reise war jeweils Frankfurt.

»Es ist im Grunde furchtbar einfach«, sagt Günther, als er von der Studie berichtet. »Der Löwenanteil der Treibhausgasemissionen entsteht durch die An- und Abreise.« Die Unterschiede dabei sind trivial: »Ein normales Auto braucht natürlich weniger Benzin als ein Wohnmobil. Und die Kombination von Flugzeug und Mietwagen ist die größte Sauerei.« Denn dadurch entstehen allein bei An- und Abreise nach bzw. von Südfrankreich mehr CO_2-Emissionen als bei allen anderen Reiseformen im gesamten Urlaub – pro Person 420 Kilogramm CO_2. Und wie sieht das mit dem Auto und dem Zelt aus? »Dann sind es pro Person 209 Kilogramm CO_2 – alles inklusive: An- und Abreise, Fahrten vor Ort, Unterkunft und Verpflegung.« Besser schneidet nur noch das Wohnmobil ab – aber nur, wenn man sich vor Ort auf einen Stellplatz stellt und sich von dort nicht mehr oder nur noch mit dem Rad fortbewegt. Dann landet man bei 194 Kilogramm CO_2 pro Person. »Aber das ist Quatsch«, sagt Petra. »Zum einen hat man ein Wohnmobil, weil man immer weiter will« – sie kennt das gut, ihre Eltern haben früher immer Wohnmobilurlaub mit ihr und ihrer Schwester gemacht, und Petra fand das nicht immer schön –, »zum anderen hält man das doch auf diesen Stellplätzen nicht aus.« Das stimmt, das kann man nicht aushalten: Die Wohnmobilstellplätze in Gemeinden Südfrankreichs sind meist betonierte, schattenlose Wüsten, die in der Hitze flimmern – oft nahe einer Durchgangsstraße. Da muss man schon sehr leidensfähig sein, um dort länger als unbedingt nötig zu bleiben. Und verlässt man diese nach einer Nacht wieder und fährt weiter, verschlechtert sich die Klimabilanz ordentlich.

»Bingo!« Die Familie fühlt sich bestätigt. Ist doch prima, wenn ein toller Urlaub in einer Ökostudie gut wegkommt. Auch der Aufenthalt auf dem Campingplatz soll die ökologischste Urlaubsvariante sein.

Was bleibt? Wir haben uns wunderbar erholt, haben etwas erlebt und hatten Spaß. Wir hätten sicher vor Ort weniger Auto fahren können. Aber zugute dürfen wir uns halten, dass wir andere Mitradler und -wanderer zu den Gipfelstürmen mitgenommen haben, statt mit deren dickeren Autos zu fahren. »Wir haben heldenhaft unsere Klimabilanz geopfert, um die der anderen zu retten«, sagt Günther und klopft sich, Petra, Jakob und Franziska auf die Schulter. »Mann, sind wir toll«, sagt Petra und klopft mit. »Spitze«, sagen Jakob und Franziska und klopfen ebenfalls.

Klar, richtig gut wäre es gewesen, wären wir mit der Bahn angereist. Aber statt des großen Zelts für alle mit ein wenig Lagerraum (was etwa 25 Kilo wiegt) hätten wir dann zwei kleine tragbare Zelte mitnehmen müssen. Keine Stühle, keine Hängematte, die lauschig zwischen Bäumen mit Blick auf den See hing, keinen Tisch, nur drei Bücher pro Person und entweder Turn- oder Wanderschuhe. Und trotzdem wären die mindestens drei Umstiege während der mindestens 15-stündigen Fahrt sehr beschwerlich geworden. Die Fahrräder wären sowieso zu Hause geblieben, weil man dann mindestens sechsmal umgestiegen wäre und 32 Stunden gebraucht hätte. Natürlich, fürs Klima wäre das besser gewesen.

Aber wie gesagt, auch der Campingurlaub in Brandenburg wäre da besser gewesen.

Oder zu Hause zu bleiben.

August

Nervensägen, Selbstbetrug, Kleiderschrank

An einem dieser lauschigen Spätsommerabende stellen Günther und Petra den Tisch neben den Apfelbaum in den Garten. Nicht darunter, weil der langsam schon beginnt, die überzähligen Früchte abzuwerfen (und das kann wehtun). Später kommen ein paar Freunde. Dann sitzen alle um den Tisch, essen selbst angebauten Salat, Pizza und Käse, schauen den Kaninchen in ihrem Freigehege zu und staunen über die Fledermäuse, die in der Dämmerung über den Himmel kreuzen. Die Kerzen flackern, und das Licht der bunten Lampions spiegelt sich in den Weingläsern.

Günther holt noch zwei neue Weinflaschen aus dem Keller und die mit dem Kirschwasser aus dem Schrank. Petra, am anderen Ende des Tisches, erzählt vom Urlaub, Günther zeigt stolz ein Foto, wie er mit dem Rad auf der Passhöhe steht, und lässt sich gebührend bewundern. Alle schwärmen von ihren Sommerreisen, trauern darüber, dass das nun leider vorbei sei, und langsam, ganz langsam nähert sich das Gespräch wieder der Arbeitswelt.

»Ach nee, ihr schreibt ein Buch, das den Leuten ein schlechtes Gewissen machen soll? So ein Pamphlet, das wieder mal die kleinen Leute gängelt und die großen Umweltsünder vergisst?«

Puff. Das sitzt. Einer der Freunde sagt diese beiden Sätze zu Petra. Günther kriegt erst gar nichts mit, er schwärmt immer noch von seinen Radfahrerheldentaten. So merkt er erst auf, als dieser Freund, irgendwie jetzt an alle gerichtet, eine Tirade beginnt: Das Paradies auf Erden, so seine Rede, kriege man sowieso nicht. Auch wir mit dem ganzen grünen Getue, dem fair gehandelten Ökoscheiß und dem selbstgerechten Weltrettungsgehabe. »Mehr Katholizismus bitte. Sündigt lieber auf Erden fröhlich und mit Genuss, beichtet rechtzeitig, dann wird im Himmel schon alles gut«, endet er schließlich. Und hebt sein Glas.

»Prost Mahlzeit«, antwortet Günther betreten. Und um die Stimmung nicht völlig den Bach runtergehen zu lassen, setzt er dann noch hinzu: »Auf die Sünder.« Alle grinsen. Und reden über den Wein. Und die süßen Kaninchen, ehe sie sich dann wieder anderen Themen zuwenden.

Später in der Nacht, nachdem alle gegangen und die Überreste ins Haus getragen sind, sitzen Petra und Günther noch mit einem letzten Glas Wein im Garten. In eine Decke gehüllt, den Blick in die Sterne gerichtet, sprechen sie über sich und den Freund. Der ist kein ignoranter Zyniker, der mit dem Porsche auf der Überholspur der Klimakatastrophe davonrasen will. Er ist vielleicht kein Grüner, aber er trennt seinen Müll. Er engagiert sich politisch, immer auf der Seite der Entrechteten. Er hat, als die Flüchtlinge kamen, sofort in einem Heim die Küche funktionsfähig gemacht. Voller Lebenslust glaubt er daran, dass einzelne Menschen wenn nicht die Welt, so aber wenigstens in der Welt etwas verändern können. Man muss ihn mögen, auch, weil man mit ihm feiern und schwelgen kann. Deswegen sehen Petra und Günther ihn gern, oft bei einem Essen und viel gutem Wein. Und deshalb trifft sie sein Vorwurf, so freundlich er verpackt ist, mehr, als sie an dem Abend zugeben wollten.

Ökologische Nervensägen

Denn da schwingt ja eine unangenehme Charakterisierung mit: Unsere Familie wird in seinen Augen zu Nervensägen, zu Besserwissern. Oder wie die Kinder sagen würden: uncool!

Passiert das einmal, kann man es wegstecken und annehmen, dass der andere wohl einen schlechten Tag hatte oder man einfach in einem Punkt unterschiedlich tickt. Passiert, kommt in den besten Kreisen vor. Beim zweiten Mal aber, als ein Bekannter bei einer Party still die Gesprächsrunde verlässt, während Petra noch über das Fliegen und ihre CO_2-Bilanz redet, und später anderen erzählt, dass er dieses Ökogerede nicht mehr ertrage, werden Petra und Günther nachdenklich. Denn auch der ist kein Klimaleugner, sondern eigentlich ein aufgeklärter, fortschrittlicher und sich gemäßigt grün-sozial gebender Mensch.

In den folgenden Wochen hören sie genauer hin. Sie bauen in Gespräche immer wieder Hinweise und Infos über ihr Projekt ein. Sie erzählen beispielsweise davon, wie mühsam es war, herauszukriegen, was der Kauf eines Apfels aus Neuseeland mit dem Klima zu tun hat. Dass die Größe ihres Hauses ihnen Gewissensbisse macht. Dass sie im Herbst nicht in den Urlaub fliegen wollen, weil ihnen der CO_2-Ausstoß der Reise unangenehm ist.

Manche Leute reagieren nachdenklich, wollen mehr erfahren. Geben zu, dass sie oft genug hilflos und mit einem latent schlechten Gewissen vor den Regalen der Supermärkte stehen und zwischen Bio- und Regional- und Fairtrade-Produkten hin und her schwenken. Dass sie den normalen Salat kaufen, weil der so viel billiger sei, dann aber quasi als Entlastung die Biotomate dazulegten. Dass ihnen ihre Fliegerei ein blödes Gefühl mache, sie dann aber doch zugriffen – spätestens wenn sie die Flugpreise von easyJet oder Ryanair sehen. Verglichen mit einem normalen Bahnticket sind die Billigflieger einfach unschlagbar. Und dann eben: Scheiß auf das schlechte Gewissen, das ist schnell verdrängt.

Oft genug aber ist die Reaktion anders. Mal freundlich, mal mit einem verbindlichen Seufzer, mal genervt wird Petra und Günther vorgeworfen, zu Spaßbremsen zu mutieren. Zu Leuten, mit denen man nicht über schöne Reisen reden kann oder über schicke Klamotten, von Fernreisen ganz zu schweigen. Die ein wunderbar duftendes, argentinisches Rindersteak vorgesetzt bekommen und über dessen Ökobilanz dozieren, statt einfach zu genießen. Kurz: zu den Leuten, die sie nie werden wollten.

»Ich rede einfach nicht mehr über das Buch«, sagt Petra irgendwann mit einem entnervten Seufzen. »Klima ist wie Religion oder Russland. Das Thema ist zu vielen Leuten offensichtlich zu unangenehm, um offen darüber zu streiten.« Am Abend zuvor hatten Freunde gefragt, ob sie nicht ein Wochenende mit nach Mallorca fliegen wollten. Die ehrliche Antwort: »Nein, das machen wir aus ökologischen Gründen nicht« war auf ein genervtes Stirnrunzeln gestoßen, gefolgt von der Bemerkung: »Ach, ihr mit eurem neuen Ökofimmel.« Wieder zwei Freunde weniger?

»Quatsch!«, sagt Günther dazu und dass er sich bei seinen Gesprächsthemen nicht einschränken lassen wolle. »Wir sind doch nicht aus den USA nach Europa zurückgezogen, um nun hier amerikanische Gesprächsregeln einzuhalten.« Dort habe er es ja hingenommen, das sei schließlich ein fremdes Land. Aber er ertrage es nicht, wenn nun hier »No sports, no politics, no religion« ersetzt werden müsse durch »Meine Klimabilanz ist mir zu privat, du!«. Er wolle genau darüber reden, was ihn bewege: »Wenn man schon nicht mehr unter

Freunden und Bekannten über solche Themen reden kann, mit wem denn dann?«

»Okay. Ist aber schwierig«, entgegnet Petra: »Vor allem für mich. Männer ertragen Frauen, die mehr wissen, sowieso schon schlecht. Wenn ich denen nun noch die Klimabilanz ihrer Spielzeuge darlege und das Auto oder den Flug in die Karibik madigmache, kann ich gleich einpacken. Dann bin ich die nervige Besserwisserin.«

»Aber wenn wir es besser wissen? Können wir das dann einfach ignorieren?«

Man könnte hier aufhören. Den Freundeskreis oder die Gesprächsthemen ändern – je nach Laune. Aber Petra und Günther lässt das Ganze keine Ruhe. Sie rätseln weiter, was diese ungewöhnlich harschen Reaktionen hervorruft. Oder anders formuliert: Warum ist das Reden über den privaten Klimaschutz so heikel wie das Geständnis, einer esoterischen Glaubensgemeinschaft beigetreten zu sein? Warum sorgt es bei ganz unterschiedlichen Leuten für betretenes Schweigen oder Aggression?

Die beiden kennen viele Menschen mit ganz unterschiedlichen politischen Haltungen. Schon durch ihre Jobs ist ihr Bekanntenkreis recht bunt. Das war bisher immer eher schön. Und sie glauben, dass ihre Klimarecherche zwar ihr Wissen vergrößert, aber nicht ihren Charakter oder ihr Auftreten grundsätzlich verändert hat – sie sind wahrscheinlich oder hoffentlich nicht wahnsinnig besserwisserisch geworden.

Auch das Auftreten und die Art zu reden hat sich sicher nicht grundsätzlich verändert: Schon immer haben sowohl Petra als auch Günther Antworten zu ganz unterschiedlichen Fragen recherchiert. Sie haben sich oft lange mit Themen beschäftigt, und das färbt natürlich auf die Kommunikation ab. So konnte man und kann man sich mit Petra durchaus tiefschürfend über Welthandel und mit Günther ebenso fundiert über Kulturgüterschutz unterhalten – die Themen ihrer letzten beiden Bücher. Und während der Schlussphase der Arbeit an diesen Büchern kaum über etwas anderes – was natürlich eine Art professioneller Deformation war.

Trotzdem hat sich selten ein Zuhörer darüber mokiert, wenn sie davon berichteten. Im Gegenteil, die Reaktionen waren in der Regel positiv, viele haben sich interessiert, manche gestaunt, und klar, manchmal gab es Widerspruch. Nie aber Abfälligkeit. Oder offensives Desinteresse. Was also ist jetzt anders?

Von Gänseblümchen, Antikapitalisten und Technofixern

Auf der Suche nach einer Erklärung sortieren Petra und Günther die Vermeidungsstrategien ihrer Gesprächspartner – nebenbei bemerkt: Sie kennen auch Menschen, die keine anwenden. Die schon viel früher als sie begonnen haben, über ihre Klimabilanz nachzudenken, zu reden und etwas zu tun. Sie sortieren nun aber, um Gegenstrategien zu finden, durch die sie künftig nicht die Mehrzahl der Freunde vertreiben oder immer die Klappe halten und sich selbst damit verleugnen müssen. Sie kommen grob auf folgende drei Varianten:

- Die »Gänseblümchen«: nichts wissen und damit an nichts schuld sein.

So nennen sie Bekannte, die eher unpolitisch sind. Die auch bei anderen Fragen nicht so genau Bescheid wissen wollen und Fakten einfach ignorieren. Leute, die alles viel zu kompliziert finden, sich damit gut eingerichtet haben und nach dem Motto leben: Wenn man nichts weiß, braucht man sich nicht zu verändern. Lassen wir doch alles so, wie es schon immer war. War doch schön.

Die Idee, dass sich vielleicht in der Welt und beim eigenen Verhalten einiges ändern muss, damit anderes so bleiben kann, wie es ist – schon die ist ihnen offensichtlich zu kompliziert. Aus dieser Ecke kommt gern der unterschwellige Vorwurf, Klimaschützer seien verbildete, grün angehauchte Wohlstandsbürger aus der Großstadt und damit Leute, die es sich leisten können, komisch drauf zu sein. Die sowieso mit dem Fahrrad oder der U-Bahn überall hinkommen, denen der Verzicht auf das Auto also leichtfällt, weil er gar kein echter Verzicht ist. Weil sie sogar den Bioladen um die Ecke haben und ihn sich auch leisten können. Die anderen, die echten Menschen und natürlich noch mehr die kleinen Leute hingegen brauchen das Auto und den Billigflug zweimal im Jahr. Und die eingeflogene Ananas vom Lidl. Dabei ist interessant, dass es nicht die Armen sind, die so reden. Eher Mittelschicht, bei der aber das Gefühl tief sitzt, irgendwie ein Recht auf die Verschmutzung der Welt zu haben.

Gänseblümchen tun zugleich oft so, als ob umweltgerechtes Verhalten ausschließlich eine Frage von Status, Einkommen und Wohnsitz ist. Als ob man sich Klimaschutz nur mit Unidiplom und doppeltem Einkommen leisten kann.

- Die verbalradikalen »Antikapitalisten«: Fangt doch erst einmal bei denen da oben an.

Besonders beliebt unter linken Freunden ist diese Variante des Verdrängens. Sie leben in der Grundgewissheit: Uns will man immer gängeln, aber »die da oben« dürfen alles. Oder konkret: Uns, den einfachen Bürgern, werden von den Politikern die Glühbirnen verboten, aber die Kohlekraftwerke dürfen weiter laufen. Also fordert der Antikapitalist: Soll »die Politik« doch erst einmal die da oben zur Kasse bitten. Die Energiekonzerne. Die Autoindustrie. Die großen Agrarfabriken. Er nutzt die Ungerechtigkeit der Welt, um sich selbst zu exkulpieren, frei nach dem Motto: Im Vergleich mit den großen Verschmutzern bin ich doch nur ein kleiner Fisch. Oder: Bevor man die Großen nicht gefangen hat, brauche ich nichts zu tun. Oder: Das Klima lässt sich sowieso nicht durch mein Verhalten, sondern nur politisch retten. Durch Gesetze und internationale Abkommen. Gern wird diese Haltung noch kombiniert mit einer tiefen Verachtung für den Markt. Das geht dann so: Die Idee, dass der mündige Bürger durch sein Kaufverhalten als Verbraucher die Welt verbessern und verändern kann, sei nur so ein verspäteter Auswuchs der neoliberalen Ideologie. Durch die werde alle Verantwortung individualisiert und damit entpolitisiert. Für schuldig erklärt werde immer der Einzelne, weil keiner mehr den Mut hat, das System infrage zu stellen.

Mit dieser Haltung buchen einige Freunde mehrmals im Jahr Flüge, darunter gern eine Fernreise nach Vietnam oder in die Südsee. Und können dann, gemein gesagt, dort mit reinem Gewissen und antikapitalistischer Haltung den ersten Inseln beim Untergehen zugucken.

- Die »Technofixer«: Wir kriegen das schon noch hin.

Das Gegenmodell zum Linken ist der grüne Realo: Der sagt gerne, man dürfe die Leute nicht überfordern. Ein klassischer Repräsentant ist der baden-württembergische Ministerpräsident Winfried Kretschmann. Als der sein Amt zum ersten Mal antrat, wagte er in einem Interview mit der *Bild*-Zeitung den Satz: »Es muss auch mal weniger Autos geben dürfen.« Es folgte ein Sturm der Entrüstung und daraufhin das Schweigen des Politikers. Heute sagt er solche Sätze nicht mehr. In einem späteren Interview mit der *Süddeutschen Zeitung* behauptet er, wie schon in der Einleitung zitiert, sogar das Gegenteil: »Verzicht hat noch nie funktioniert.«

Diese Behauptung ist nicht nur ahistorisch, sie widerspricht auch einem Prinzip, das viele Religionen vereint. Denn diese verkünden: Nicht das Schlaraffenland, die immer ausschweifendere Völlerei sorgt für zufriedene Menschen. Sondern Mäßigung und, ja, Verzicht. Wir (nämlich Petra und Günther – und wahrscheinlich auch Jakob und Franziska) wollen hier nicht dem Pietismus das Wort reden, ebenso keine asketische Verzichtsideologie propagieren. Aber zu einem erfüllten Leben können das Fasten, die Bescheidenheit und der bewusste Verzicht gehören, und sei es nur, um danach intensiver genießen zu können.

Doch der grüne Realpolitiker ist nicht nur das Gegenmodell zum linken Kapitalismuskritiker, er ist auch sein Alter Ego. Denn er ist ebenso Technokrat und glaubt nicht an Verhaltensänderungen der Menschen oder zumindest nicht daran, dass man sie politisch mit anstoßen sollte. Er setzt auf Technofixes, darauf, dass sich die meisten Probleme schon irgendwie durch neue Technologien lösen lassen, durch grüne Ökonomie. Die beruht auf der Idee, dass sich letztlich für das Klimaproblem alle ökologischen Probleme technologisch lösen lassen. Dass wir nur genug wachsen und investieren müssen, damit die richtigen Innovationen entstehen. Durch den richtigen Konsum kaufen und wachsen wir uns aus der Ökokrise.

Das sind die drei Reaktionsformen in Reinkultur, in Wirklichkeit treten sie aber meist als Mixtur auf. Und in allen steckt ein Körnchen Wahrheit.

Und nun? Eine Handlungsstrategie leitet sich nicht unmittelbar daraus ab. Dann stößt Petra durch Zufall im Bücherregal eines Freundes auf ein wunderbares Buch. Es lautet »What we think about – when we try not to think about global warming« (Worüber wir nachdenken, wenn wir versuchen, nicht über die Klimaerwärmung nachzudenken). Verfasst hat es der norwegische Psychologe Per Espen Stoknes, der seit vielen Jahren darüber forscht, warum die Menschen zwar immer mehr über den Klimawandel wissen, warum es ihnen aber zugleich so schwerfällt, das Problem ernst zu nehmen und entsprechend zu handeln. Es ist angenehm frei von moralischen Appellen. Stoknes legt die Menschheit einfach auf die Couch. Petra liest und liest, ist begeistert und schwärmt Günther die Ohren voll.

Kognitive Dissonanz

Ein Schlüsselbegriff für Stoknes ist der der kognitiven Dissonanz. Dieser stammt aus der Sozialpsychologie, und wenn man ihn liest, möchte man im ersten Augenblick das Buch gleich zur Seite legen – wer braucht das schon, wenn es um Klimaerwärmung geht. Doch durch ihn begreift man nicht nur den beeindruckenden Mechanismus des Selbstbetruges, dem wir unterliegen, man versteht auch schlagartig, warum wir zwar immer mehr wissen, uns aber trotz all der Fakten so schwer damit tun, konsequente Klimaretter zu sein. Und was der Schweinehund in jedem von uns mit dem Klima zu tun hat.

Kognitive Dissonanz nennen es die Experten, wenn Verhalten und Wissen nicht zueinanderpassen. Per Espen Stoknes beschreibt den Mechanismus und die Folgen zunächst am Beispiel von Rauchern.

Die meisten Raucher wissen genau, dass Zigarettenkonsum ihrer Gesundheit schadet. Sie rauchen trotzdem. Eigentlich ist das unlogisch: Welcher halbwegs rationale Mensch wird sich schon wissentlich selbst vergiften? Erleichtert wird das bizarre Verhalten (mal abgesehen von der Sucht) durch folgende psychologische Tricks:

1. Kleinreden des Zigarettenkonsums: So viel rauche ich doch gar nicht!
2. Relativieren der wissenschaftlichen Erkenntnisse: So sicher ist der Zusammenhang zwischen Rauchen und meiner Gesundheit doch gar nicht!
3. Entlastung und damit der Versuch, die Schädlichkeit des Rauchens durch anderes, gesundes Verhalten wettzumachen: Ich jogge ja regelmäßig, also bin ich ja doch gesundheitsbewusst.
4. Zuletzt Leugnen: Es gibt doch gar keinen Zusammenhang zwischen Rauchen und der Gesundheit.

Die meisten Raucher beruhigen sich selbst mit einer dieser Entschuldigungen. Als hochgradigen Süchtigen, der sein eigenes Leben und seine Gesundheit wider besseres Wissen aufs Spiel setzt, sieht sich niemand gern.

Petra berichtet Günther davon, und wie es der Zufall will, werden sie wenige Tage später, an einem Sonntagvormittag auf dem Flohmarkt, Zeuge des folgenden Gesprächs. Zwei Händler stehen hinter einem Stand voller alter Uhren, Vasen und anderem Krimskrams. Der eine hat eine Packung Zigaretten in der Hand. Der andere murmelt was von »Kippen und Krebs«.

»Ach hör bloß auf, mir das Rauchen madigzumachen. Der Helmut Schmidt hat auch geraucht und ist über 90 Jahre alt geworden.«

»Stimmt, da rauchste nicht, und dann kriegste einen Herzinfarkt, einfach so. Oder ein Auto überfährt dich.«

»Genau. Es gab doch da den einen Sportler. Der ist grade mit nicht mal 50 gestorben, und der hat nie geraucht.«

Einer der beiden zieht ein Etui aus der Tasche. »Nimm eine von meinen. Ich hab die verkleidet. Mag die Bilder von den Raucherlungen auf den Packungen nicht immer sehen.«

Beide stecken sich eine Zigarette an.

»Weeste«, sagt der eine dann noch: »Vegetarier sollen auch nicht so gesund sein. Und schlecht für die Umwelt sindse auch noch. Die essen den Tieren das Essen weg.«

Stoknes schreibt, dass viele Menschen sich beim Klimawandel so verhalten wie beim Rauchen. Denn der wird mit ähnlichen Strategien relativiert:

1. Kleinreden des eigenen Verhaltens: So schlimm ist unser ökologischer Fußabdruck doch gar nicht. Die Amis, die Saudis oder die Russen sind viel schlimmer.
2. Relativieren des Problems: Die Wissenschaftler dramatisieren die Lage. Es gab doch immer wieder Hitzeperioden in der Geschichte der Erde.
3. Entlastung: Ich beziehe doch schon Ökostrom und kaufe Biogurken. Also kann ich mal nach Thailand fliegen.
4. Leugnen: Klimawandel ist nur eine Erfindung überdrehter Wissenschaftler. Da sind sich doch immer noch nicht alle einig, ob es den überhaupt gibt.

»Da fehlt noch was«, sagt Günther. »Die Sorge vor Ablehnung. Davor, dass die Freunde einen für einen Spinner halten. Das treibt uns doch um. Wir wollen nicht aus dem Rahmen fallen und plötzlich als öde Spaßbremsen dastehen.« Tatsächlich lässt sich leicht fordern, dass man sich Freunde suchen sollte, die zur eigenen Haltung passen, die das Gute in einem verstärken. Oft genug ist es aber umgekehrt. Die Gruppe, in und mit der man lebt, verändert einen, und das geht schleichend. Man passt sich an. Denn niemand kann und will ständig anecken. Also haben Petra und Günther sich natürlich bisher so benommen, wie ihr Freundeskreis es in Ordnung findet, zumindest im Großen und Ganzen. Wie normal, ethisch richtig und nicht so schlimm die Freunde manche (zumindest fürs Klima) zweifelhaften Verhaltensweisen finden, fällt den beiden erst jetzt auf. Als sie aus dem Rahmen fallen. Und das, ohne besonders revolutionär aufzutreten.

Unsere Familie fällt schon aus dem Rahmen, seit wir die Mischung aus Einkauf im Bioladen und Urlaub in Asien plötzlich infrage stellen. Seit wir finden, dass genau das eine zynische Verantwortungslosigkeit demonstriert. Oder um es konkret zu machen: Natürlich würden wir und würden auch die meisten unserer Freunde *nicht* auf die Malediven fliegen, um dabei zuzugucken, wie die als Folge eines steigenden Meeresspiegels und damit des Klimawandels untergehen. Wer guckt sich das schon gern in Echtzeit an. Aber irgendwo anders hingeflogen wären wir natürlich – und hätten damit den Klimawandel beschleunigt. So wie viele unserer grün fühlenden Freunde.

Wechselbäder

Wenn Günther und Petra über all das nachdenken, verfallen sie oft in eine komische Laune. Mal in ein Die-Welt-ist-schlecht-und-zynisch-Gefühl, mal in Schuldbewusstsein wegen ihrer alten Sünden. Oder wie neu geboren und ziemlich selbstgerecht wie die wahren Retter der Welt. Denn sie machen es ja seit Monaten anders. Sie halten in solchen Momenten all die anderen für Weicheier, inkonsequente Zyniker, Ignoranten. Und fühlen sich mal wie Don Quichotte im Kampf gegen Windmühlen oder wie Sisyphus, der dazu vergattert ist, den Stein immer und immer wieder den Berg hinaufzurollen. Irgendwie sehr allein, bestraft und gefangen. Aber sie wissen auch, dass man sich – laut Camus – Sisyphus als glücklichen Menschen vorstellen muss, als jemanden, der akzeptiert hat, was er nicht ändern kann, aber dort Entscheidungen trifft, wo er etwas ändern kann und will. Wie man den Stein rollt beispielsweise.

Alles nicht immer sehr angenehm. Aber man lernt dabei auch etwas über sich selbst.

Per Espen Stoknes kennt diese Wechselbäder der Gefühle. Er empfiehlt deswegen, einfach aus dem emotionalen Spiel um Schuld, Moral und Anschuldigung auszusteigen. Sich selbst moralisch zu überhöhen oder zu kasteien würde ebenso wenig weiterführen, wie anderen die Schuld zuzuweisen. Bei der ersten Variante sei die Gefahr groß, dass man selbst irgendwann frustriert aufgebe. Bei der zweiten würden die anderen einfach dichtmachen. Menschen wollten sich nicht an ihr eigenes Versagen erinnern lassen. Dann blockierten sie. Typisch seien folgende Reaktionen: »Ich will nicht von so einem scheinheiligen Besserwisser beschämt werden. Ich will meine Reisefreiheit nicht verlieren. Der ganze grüne Kram ist zu teuer. Den kann ich mir nicht leisten …«

Stoknes empfiehlt, in Geschichten zu denken. Über das Klimathema in anderen Tönen zu reden. Und deshalb reden Petra und Günther ein paar Tage später, wieder mal bei einem Abendessen, als sie Freunden von den Schwierigkeiten unseres Buchprojektes berichten, nicht mehr nur von Fakten, sondern von den Mühen – dem täglichen Streit mit den Kindern ums Lichtlöschen und dem doofen Gefühl, wenn sie doch wieder Auto fahren. Wie unangenehm es ist, wenn man plötzlich als öder Öko dasteht. Wie ertappt man sich fühlt, wenn andere von dem Projekt wissen, man dann in der Kantine trotzdem mal ein Schnitzel isst und sofort ein blöder Spruch folgt. Der Abend wird lang. Und er wird nett.

Und am nächsten Tag bekommen sie folgende Mail: »Lieber Günther, das Gespräch über Euer ökologisches Jahr hat uns sehr inspiriert, auch wenn wir uns nicht sicher sind, ob wir dabei unsere zarte und junge Ehe mit so einem Versuch so sehr aufs Spiel setzen würden, dass wir froh sind, es nicht zu probieren.« Dann beschreibt die Freundin, wie sie ihre Kinder früher gezwungen hat, Musikinstrumente per Fahrradanhänger durch Bamberg zu transportieren – statt sie wie all die anderen Mütter mit dem Auto durch die Gegend zu fahren. Wie unangenehm das den Töchtern zeitweise war, damit so sichtbar aus dem Rahmen des Normalen zu fallen, und wie gern sie heute davon erzählen. »Laura war dabei die Unkomplizierte (dabei ist sie weitaus weniger politisiert als Anna). Anna hatte zwar schon damals ein extrem ökologisches Bewusstsein, aber ihr war das vor den Augen ihrer Klassenkameraden superpeinlich. Sie wollte nicht, dass die gesamte Schule sah, wie durchgeknallt unsere Familie war.«

Längst fällt man mit einem Fahrradanhänger in Bamberg nicht mehr aus dem Rahmen. Aber so, wie diese Freundin ihre Erinnerung beschreibt, geht es offensichtlich vielen Menschen trotzdem noch. Nur in anderen Situationen. Petra und Günther erleben das in den folgenden Wochen immer dann, wenn sie mit anderen nicht politisch diskutieren. Wenn sie nicht von Fakten berichten, nicht von der Ökobilanz der brasilianischen Mango, sondern von ihren Mühen erzählen und kleinen Erfolgen, vom Versagen und dem inneren Schweinehund. Dann bekommen sie Geschichten als Antworten. Und stellen fest, wie viele Leute sich immer fragen, was sie richtig machen können im Leben. Und dann versuchen, scheitern und neu versuchen.

Das macht wieder Mut.

Mut, Unangenehmes anzugehen. Sehr Unangenehmes. Womit es nun um Petra geht. Und ihren Kleiderschrank.

Der Kleiderschrank als Achillesferse

Das ist Petras Achillesferse. Soweit ein Schrank eine Ferse sein kann. Also vielleicht besser ihr Problem. Und zwar ein ziemlich großes.

Schon beim ersten Vorgespräch der Familie am Küchentisch, als wir zu viert überlegten, was wir als potenzielle Klimaretter überhaupt an unserem Leben ändern müssen, sagten beim Stichwort »Klamotten« drei spontan: Petra! Dieser Konsum ist ihr wunder Punkt, da sind sich alle einig. Wenn Kleidung ein Klimaproblem verursacht, wenn sich also hier durch Verhaltensveränderung etwas verbessern lässt, dann muss sie da ran. Jedenfalls mehr als jedes andere Familienmitglied.

Wahrscheinlich sind wir damit eine ziemlich typische Durchschnittsfamilie.

Klar, wir alle kaufen immer mal wieder neue Hosen, Mäntel, Schuhe und Strümpfe, und zwar oft da, wo sie billig sind, und dann, wenn wir sie brauchen. Allerdings ist schon die Definition von »brauchen« sehr, sehr dehnbar. Jakob geht furchtbar ungern in Läden, er ist froh, wenn sein Vater ihm einfarbige und möglichst Logo-freie T-Shirts, Strümpfe oder auch mal ein neues Hemd mitbringt. Regelmäßig klagt er tagelang über sein hartes Los, wenn es offensichtlich wird, dass er doch bald mal neue Schuhe oder eine Jeans selbst in einem Geschäft anprobieren muss. Im Alter von 13 Jahren ist er sogar mal ein paar Wochen im tief verschneiten Winter in kaputten Sommerschuhen in die Schule gelaufen, weil er partout keine neuen kaufen wollte. Er fand, das sei Zeit- und Geldverschwendung.

Irgendwann wurde es ihm wohl doch zu kalt und er ließ sich herab, Winterschuhe zu kaufen. Die trug er allerdings bis weit ins Frühjahr hinein, entsprechend roch es, wenn er sie wieder auszog. Diese Phase ist glücklicherweise vorbei, er kann heute sogar darüber lachen. Trotzdem besitzt er nur zwei Paar Schuhe, eins für den Winter und eins für den Sommer. Dazu ein Paar Sandalen, Hausschuhe und zwei Paar zum Joggen. Entsprechend leer ist sein Teil des Schuhschrankes, ähnliche Leere herrscht in seinem Kleiderschrank. Jakob ist also für die Bekleidungsindustrie bisher ein eher hoffnungsloser Fall. Würde der Rest der Deutschen seine Konsumgewohnheiten übernehmen, brächen düstere Zeiten für die Branche an.

Günthers Kleiderschrank ist hingegen voll – allerdings nur, weil er nichts wegschmeißen mag. Er muss fast immer genötigt werden, ein ausgeleiertes T-Shirt in die Altkleidertonne zu werfen. Dabei treibt ihn nicht etwa Geiz, sondern eher eine altmodische Art von Verantwortungsgefühl, das Gefühl, nichts zu ersetzen, was nicht kaputt ist. Und was ist heute schon kaputt, bei Kleidung hängt das jedenfalls sehr vom jeweils aktuellen Modetrend ab. Regelmäßig freut sich Günther, wenn T-Shirts mit aufgeribbeltem Rand am Hals wieder mal als Vintage modern werden.

In seinem Alter hat er alles tatsächlich schon mehrmals erlebt. Und da er außerdem in den vergangenen 20 Jahren kaum zugenommen hat, passt er sogar noch in seinen Hochzeitsanzug. Den hat er so wenig getragen, dass der noch wie neu aussieht. Und da Schnitt und Farbe ziemlich zeitlos sind, kann er ihn zu festlichen Anlässen wirklich noch anziehen. Ohne dass jemand komisch guckt. Im Gegenteil, regelmäßig gibt er damit an – wer sonst tritt noch 17 Jahre nach der Hochzeit in demselben Anzug auf?

Franziska hat neuerdings das Bummeln mit einer Freundin für sich entdeckt, und ein bisschen das Shoppen. Drei- oder viermal waren die beiden bisher einkaufen, und mehr als eine Bluse, ein T-Shirt oder einen Rock haben sie nicht mitgebracht. Die beiden gucken bei den Modeketten, kaufen ein Teil und gehen dann von ihrem Taschengeld lieber Kakao trinken, Muffins essen und danach schnell wieder zum Ponyhof. Weil Franziska außerdem noch schnell aus allen Klamotten rauswächst, ist ihr aktueller Besitz an Hosen und Pullovern durchaus überschaubar. Wir zählen aber zur Sicherheit nach: Von den zehn Hosen in ihrem Schrank sind derzeit vier noch nicht zu kurz. Bei den T-Shirts ist die Lage etwas besser, aber schon von den Strümpfen müsste eigentlich die Hälfte weg, weil sie zu klein sind. Damit ist ihr Klamottenkonsum ziemlich vertretbar.

Das Problem, falls es eins gibt, liegt eindeutig bei Petra. Und deshalb schreibe ich, Petra Pinzler, hier. Confessio:

Ich weiß schon lange, dass ich viel zu gerne viel zu viele Klamotten kaufe. Ich bin mir sicher, dass mich das mit vielen anderen Frauen verbindet. Ein kurzer Besuch an einem beliebigen Vormittag in der Damenabteilung eines Kaufhauses reicht als Beweis: Da wandern versonnen blickende Frauen um die Ständer mit Pullovern, streichen über die Stapel mit den T-Shirts und prüfen den Stoff der Kleider. Die meisten von ihnen wirken entspannt, so, als ob sie sich ein kleines Aus vom Alltag gönnen. Dabei spielt ihr Alter erstaunlicherweise kaum eine Rolle, diesen Blick haben Zwanzigjährige genauso wie Vierzig- und Siebzigjährige. Die jungen tauchen nur häufiger zu zweit auf und kichern mehr. Die älteren haben häufiger ihren Gatten dabei.

Die Männer verbindet ein Ausdruck gähnender Langeweile. Leser werden deswegen kaum glauben, was jetzt hier steht und was jede Leserin weiß: Shoppen ist für viele Frauen, wenn es nicht gerade um den Wochenendeinkauf für die Familie geht, ziemlich entspannend. Ja, wirklich. Sonst gäbe es nicht so viele Klamottenläden.

Ich nehme mich davon nicht aus. Zwar neige ich seltener als früher dazu, mir aus Langeweile oder Frust mal eben schnell ein neues Teil zuzulegen. Aber den Wunsch, immer wieder anders angezogen aufzutreten, kann ich immer noch nicht, auch nicht durch noch so rationale Gegenargumente, auslöschen.

Weil mir dummerweise Zeit, Lust und wahrscheinlich auch das Talent fehlen, die dafür notwendigen Klamotten selbst zu schneidern, kaufe ich sie. Mit diesem warmen Gefühl im Bauch, diesem »Jetzt gönn ich mir mal was«, schleiche ich dann samstagmorgens nach dem Einkauf bei Bauern und im Biosupermarkt doch hin und wieder – zu einem Anbieter von preiswerten Markenklamotten. Immer allein und so, dass es von meiner Familie keiner mitkriegt. Oft komme ich mit zwei Teilen mehr wieder raus, als ich eigentlich kaufen wollte. Die verstecke ich dann schnell im Schrank, bevor einer der Jungs eine blöde Bemerkung über den Einkaufsrausch loslassen kann. Denn die lästern eh schon genug.

Ich muss zugeben, dass mir dieser Teil unseres Experimentes deswegen am meisten Bauchschmerzen gemacht hat. Wir haben sicher alle unsere schwachen Punkte. Aber der ist mir wirklich peinlich. Als klimaschädliche Shopping-Queen möchte ich nicht gern geoutet werden.

Kurz überlegte ich sogar, dieses Thema einfach zu schlabbern oder wenigstens ein bisschen zu schummeln und bei der Bilanz meines Kleiderschrankes das ein oder andere Teil einfach zu vergessen. Das machen berühmtere Leute als ich bei wichtigeren Themen ja auch. Da »vergisst« eine EU-Kommissarin ihre Firma auf den Bahamas und ein millionenschwerer Fußballfunktionär seine schwarzen Konten in der Schweiz. Sind da meine überzähligen Röcke nicht wirklich Peanuts?

Irgendwie schon. Aber sind es auch klimapolitische Peanuts? Ich hoffe es, weiß es aber nicht. Und ich habe vier Probleme: mein eigenes Gewissen hat nach Monaten des Redens über Klimafragen an dem Punkt einiges an Elastizität eingebüßt, und die drei anderen der Familie, die gierig wissen wollen, wie es sich mit Petras schwachem Punkt verhält. Ob der wirklich so vernachlässigbar ist?

Bei der Suche nach den Klimafolgen von Kleidung hilft mir Achim Lohrie. Der arbeitet bei Tchibo und ist dort für Nachhaltigkeit zuständig. Ich traf ihn bei einer Podiumsdiskussion, wo er heftig dafür warb, dass die Politiker die Unternehmen durch neue Regeln zu mehr Transparenz verpflichten: Unternehmer dürften nicht länger ignorieren, wo die Ware, die sie anbieten, herkommt und wie sie hergestellt wird. Sie müssten sich im Gegenteil mehr darum kümmern, dass auch die Produkte, die aus der Ferne kommen, ökologischen und sozialen Mindeststandards entsprechen. Also die Umwelt nicht massiv zerstören und die Menschen, die sie herstellen, nicht ausbeuten.

Ungewohnte Töne für einen Unternehmensvertreter.

Lohrie kann voller Enthusiasmus davon reden, dass es sich doch lohnt, etwas zu tun. Und dass sich nichts tut, wenn man es selbst nicht anfängt.

Als ich ihn nach dem CO_2-Ausstoß von Produkten frage, legt er seine Stirn in Falten: Das sei kompliziert, sagt er, und dass er das mal für den Kaffee habe durchrechnen lassen. Da sei oft die Kaffeemaschine des Konsumenten die entscheidende Variable. Je nachdem, wie viel Strom die verbrauche. Bei Klamotten sei die Sache noch viel komplizierter. Er verweist mich auf eine Studie und eine Internet-Seite, und diese verweist wieder auf andere, und nach einem Tag verwirrender Lektüre ist mir wenigstens eines klar: Ich habe die Klimafolgen von Klamotten deutlich unterschätzt. So wie bei jedem anderen Produkt entstehen natürlich auch bei der Herstellung meiner Blusen, bei deren Transport, Lagerung, Gebrauch und Entsorgung Treibhausgase.

Es gibt einfache Antworten: Logischerweise ist bügelfreie Bettwäsche beispielsweise viel besser als die, die immer wieder gebügelt werden muss (auch wenn wir das nie tun), und generell sind Naturfasern besser als Kunstfasern.

Um es konkret zu machen: Bei einem Damen-Longshirt aus Baumwolle fallen durch Produktion, Transport, Anbau der Rohstoffe und schließlich die Entsorgung etwa sechs Kilogramm CO_2 an. Dazu kommen im Laufe des Shirt-Lebens noch einmal durch Waschen, Trocknen im Wäschetrockner und Bügeln weitere drei Kilogramm, wobei davon ausgegangen wird, dass das Kleidungsstück 55-mal mit 40 Grad gewaschen wird. Das erscheint mir jetzt nicht wahnsinnig viel, und ich beschließe, diese Erkenntnis bei nächster Gelegenheit mit der Familie zu teilen.

»He«, sage ich an einem Freitagabend, als wir beim Essen sitzen. »Ich habe mich mal über die CO_2-Bilanz von Kleidung informiert.«

Keine Reaktion. Ich muss vielleicht sagen, dass Käsefondue auf dem Tisch dampft, und da wird am Anfang bei uns immer sehr konzentriert, sprich schweigend, gegessen. Man könnte es gierig nennen.

»Hallo, hört mir jemand zu?«

»Ja«, nuschelt es aus vollen Mündern.

»Ich glaube, es ist gar nicht so schlimm.«

Günther legt die Gabel beiseite, seufzt und nimmt einen Schluck Wein – er ahnt, das stillschweigende, konzentrierte Essen ist nun für ihn vorbei. »Und warum?«

»Ja, es sind nur etwa sechs Kilo CO_2 bei einem Longshirt.«

»Was ist ein Longshirt?«

»So ein überlanges T-Shirt, oft mit langem Arm, das über den Po reicht.«

Günther kratzt sich am Kopf und spießt neues Brot auf seine Gabel. »Weiß ich nicht, ob das viel ist. Aber wenig auch nicht.« Er zieht das Brot durch die Käsemasse. »Müssen wir gleich mal gucken. Nach dem Essen.«

Okay, ich sehe den dreien beim Essen zu – beim Käsefondue halte ich mich eher an die Salatbeilage. Bald ist das Caquelon porentief rein. Wir verziehen uns mit der Rieslingflasche und dem Tablet aufs Sofa. Womit können wir das am besten vergleichen? Vielleicht mit Autofahren. Der CO_2-Rechner der Dekra spuckt uns ein Ergebnis aus – eines, das mich nicht mehr lachen lässt: Die sechs Kilogramm CO_2, die allein dadurch entstehen, dass so ein Longshirt überhaupt in meinem Schrank landet, entsprechen etwa 30 Kilometer Autofahrt mit unserem Caddy.

Ich bin geschockt, vor allem, als ich am nächsten Morgen vor dem Kleiderschrank stehe. Der ist so voll. Ich streife mit der Hand über Blusen, Kleider und Röcke, nehme einen Stapel T-Shirts und beginne zu zählen. Günther kommt, sieht, was ich tue, und bohrt tief in meiner »Ich bin eine CO_2-Sünderin«-Wunde: »Zähl ruhig. Ich schätze, dass man mit deinem Kleiderschrank, umgerechnet in Autofahrten, einmal um die Erde kommt.«

»Du spinnst!«, sage ich spontan. »Das sind 40 000 Kilometer. Das wären«, ich muss den Taschenrechner auf dem Handy anwerfen, »das wären ja, wenn man das Longshirt zum Maß aller Dinge macht und damit 30 Kilometer weit kommt, 1333 Stück davon. Die habe ich nicht.«

»Aber ein paar doch. Und viele T-Shirts. Und Kleider. Und Röcke. Und Blusen. Und Hosen. Und Jacken. Und Mäntel. Und bei all diesen Dingen ist mehr CO_2 in die Luft geblasen worden als bei diesen Longshirts.«

»Mensch, kannst du gemein sein.«

Kann er wirklich. Aber er hat irgendwie recht. Ich beginne zu zählen: 20 Jacketts hängen da, 20 Kleider, im nächsten Schrankteil mehr als ein Dutzend Röcke, zig Blusen. Hosenstapel, Pullover in Körben, Berge von Socken und die ganzen anderen Dinge, die hier nicht genannt werden.

Ich brauche gar nicht alles durchzuzählen! Und jetzt? Ich weiß ja längst, dass mein Schrankinhalt reicht, um bis zum Tod damit angezogen zu sein – öko hin oder her. Selbst wenn man den Verschleiß mit einberechnet. Und selbst wenn man berücksichtigt, dass ich immer noch modisch gekleidet sein oder wenigstens nicht völlig unmodisch aus dem Rahmen fallen will, muss da nicht mehr viel Neues dazukommen. Denn im Schlafzimmer hängen nur die aktuell getragenen Sommerklamotten, die Wintermäntel und -hosen sind im Keller verstaut. Und dort gibt es in einem anderen Schrank noch eine Stange ältere Klamotten, schicke Hosen mit derzeit zu engem und weitem Schlag, kürzere und längere Kleider und Jacketts mit ganz unterschiedlichen Schnitten.

Ich glaube, für 40 000 Kilometer wird es nicht reichen. Aber weit. Sehr weit.

Und ich weiß auch: Die einfache, radikale, klimaneutrale und zugleich völlig unrealistische Lösung wäre der Kaufstopp. Aber das wird nicht klappen. Eine Freundin hat mir kürzlich erzählt, sie habe sich ein Jahr nichts Neues gekauft, weil sie es sich einfach nicht leisten konnte, und das Jahr habe sich wie eine Entbehrung angefühlt. Mir würde es wahrscheinlich ähnlich gehen.

Was tun? Ich werde ja nicht eines Tages, wenn der Klimawandel wirklich zuschlägt, meinen Kindern sagen wollen: Ach, dumm gelaufen, mir waren damals das nette rote Kleid und der Einkaufsbummel wichtiger.

Bei der Suche im Netz stößt man inzwischen auf unzählige Ökofashion-Webseiten, die Käuferinnen auf den richtigen Pfad lenken wollen. Da gibt es »vegane Schuhe«, »eco-faire Label mit sportlichen Lieblingsteilen«, »nachhaltige und lustige Kindermode«, »trendige Hanfkleider aus nachwachsendem Rohstoff«, »upcycling Ökomode«, »good Jeans«. Kaum eine Webseite propagiert den kompletten Verzicht, schon weil sich daraus einfach kein werbeaffiner Internetauftritt basteln ließe – und verkaufen kann man damit eben auch nichts. Nein, sie alle preisen mehr oder weniger harte Kompromisslösungen an. Schöne Dinge zu hohen Preisen, die sie gut begründen: weil sie lokal produzieren, die Umwelt schützen, ihre Leute anständig bezahlen.

Und wenig von diesen Dingen. Capsule Wardrobe nennt sich eine Klamotten-Diät. Angeblich kommt man dabei mit 37 Teilen aus, inklusive der Dessous. Das, geschickt kombiniert, soll zum einen reichen, um für jede Situation richtig angezogen zu sein, zum anderen auch den morgendlichen Stress vor dem Kleiderschrank reduzieren, weil frau dann nie mehr vor dem vollgepackten Kasten steht und nicht weiß, was von den vielen Dingen noch passt, an der Hüfte, zum Anlass und zur Laune.

Damit das Ganze nicht zu entsagungsvoll wird, solle man jedes halbe Jahr fünf Teile austauschen. Ich finde das ganz interessant, weiß aber nicht, ob das zu meinem Leben passt. Zum einen wegen der vielen offizielle Termine, ich fürchte, mit dem, was dann an Jacketts, Hosen und Röcken erlaubt ist, nicht durchzukommen, zum anderen, weil man bei nur 37 Teilen echt oft die Waschmaschine laufen lassen muss. Halb voll.

Günther, der merkt, wie ich langsam vor dem Kleiderschrank verzweifele, sagt einen tröstenden Satz: »Das Problem sind ja nicht die Teile, die du vor Jahren gekauft hast und immer wieder anziehst. Das Problem sind die, die du vor vier Wochen gekauft und einmal getragen hast, dann doch nicht so dolle fandest, und die seither rumliegen. Und rumliegen werden.«

Die Erkenntnis ist mir nicht neu, sie hilft mir aber in dem Moment doch: Ich muss nicht vor den Klamotten verzweifeln, ich muss nur der sogenannten *fast fashion* widerstehen. Denn das ist das Problem: Früher umfasste ein Modejahr in der Regel zwei Zyklen: Es gab eine Frühjahr/Sommer- und eine Herbst/Winter-Kollektion. Inzwischen hauen vor allem die preiswerteren Bekleidungsfirmen – die teuren ziehen langsam nach – ein Dutzend Kollektionen heraus. So gibt es immer wieder Neues zu entdecken. Auf das ich dann hereinfalle. Ich befinde mich dabei übrigens in einigermaßen guter und vor allem großer Gesellschaft: Laut Greenpeace haben wir heute alle viermal so viel Kleidung im Kleiderschrank wie noch im Jahr 1980.

Um dem Fast-Fashion-Kaufrausch zu entgehen, gibt es natürlich jede Menge Tipps – beispielsweise auf der Webseite Utopia.de. Hilfreich sei es, sich vor jedem Kauf drei Fragen zu stellen: Wie oft werde ich das Kleidungsstück tragen? Wie lange wird es halten? Wie viel besitze ich bereits?

Ich füge noch eine vierte Frage hinzu, nur um das Gewissen noch mal zu aktivieren: Und was ist mit der Umwelt und den Menschen, die es hergestellt haben?

Das alles klingt zwar etwas moralinsauer, wie ein öder Appell ans schlechte Gewissen. Und ob das klappt? Wenn die Sache so einfach wäre, wäre die Welt längst eine bessere. Aber es funktioniert schließlich bei anderen; Günther erzählte mir letztens, dass er kurz vor der Kasse eine Jacke wieder zurückgehängt habe, weil ihm eingefallen sei, dass er eine ähnliche bereits besitze.

Auf der Suche nach Lösungen stoße ich auf Kirsten Brodde. Die Journalistin hat ein Buch zum Thema geschrieben, ist im Netz immer mal wieder aktiv und arbeitet bei Greenpeace. Sie geht sofort ans Telefon und hat die fröhlich-wache Stimme der Menschen, die viel wollen – und nicht gleich an der ersten Hürde scheitern. Sie erzählt von ihrem Weg, wie sie als junge Frau vor allem in Jeans und T-Shirt rumlief, sich dann aber auch ihr Kleiderschrank immer mehr füllte. Sie hatte für sich sogar noch eine vermeintlich gute Entschuldigung: Die Sachen waren alle öko und fair gehandelt. Also okay.

»Es war nicht okay«, sagt Brodde. Denn irgendwann sei die reine Menge das Problem. Sie fing an mit der Reduzierung des

Schranks auf die Basics, aber es fehlte ihr was. »Ich stand ja nicht morgens vor dem Schrank und dachte an die Menge gespartes CO_2«, sagt Brodde. »Ich sah die Leere.« Es habe gedauert, bis sie es langsam praktisch fand, morgens mehr Zeit zu haben. Und das Leben sich nicht leerer, sondern leichter anfühlte. Weil sie nicht mehr zwischen unzähligen Sachen das richtige Teil aussuchen musste. Trotzdem fehlte noch was, denn Brodde mag Klamotten und auch Mode.

Und dann fand sie für sich folgende Lösung: Sie wurde Mitglied bei der Kleiderei: Die schickt ihr jetzt jeden Monat ein Paket mit neuen Klamotten, und sie schickt es dann wieder zurück – und kriegt ein neues. Damit ist ihr Durst nach Abwechslung gestillt. »Auch das hat gedauert – ein Jahr –, bis ich mich daran gewöhnt habe, die Teile zurückzuschicken, statt den Kleiderschrank immer mehr aufzufüllen«, sagt Brodde. Heute lebt sie mit dieser Lösung gut. Und wenn sie davon erzählt, voller Begeisterung und dann auch wieder Nachdenklichkeit, dann glaubt man ihr sofort, dass es hier jemand ehrlich meint. Mit sich und mit dem Rest der Welt. Denn für sie ist die wichtigste Lektion all ihrer Versuche: Frau muss Geduld mit sich haben.

Dann erzählt sie noch von einer Umfrage, die Greenpeace gemacht habe. Da wurden junge Frauen und Männer gefragt, ob sie wüssten, wie die Billigklamotten hergestellt wurden. Fast alle wussten von den miesen Arbeitsbedingungen der Näherinnen und von der Umweltzerstörung. Fast alle sagten aber: Beim Akt des Kaufens zähle das nicht. Wenn ein schickes T-Shirt nur drei Euro kostet, dann setzt der Kopf aus. Dann gewinnt die Gier. Der Bauch und nicht der Kopf. Und dagegen muss man sich immer wieder wappnen. Durch andere Geschichten, die nicht von Entbehrung handeln, sondern von Spaß und guten Gefühlen.

Das kenne ich.

Ich werde versuchen, mir beim Ausflug in die schöne Welt des Konsums regelmäßig vier Fragen zu stellen: »Wie oft werde ich das Kleidungsstück tragen? Wie lange wird es halten? Wie viel besitze ich bereits? Und was ist mit der Umwelt und den Menschen, die es hergestellt haben?« Immerhin bringt das ein bisschen mehr Rationalität in die Sache. Es sorgt für eine weitere kurze Pause zum Nachdenken. Und vielleicht bleibt dann am Ende, mit dem netten Pullover in der Hand, tatsächlich nur die radikale Erkenntnis: Hier beginnt dein ganz persönlicher Verzicht. Der muss sein.

Er allein wird zwar das Klima nicht retten. Aber das ist eben genau das Problem bei jedem unserer vielen kleinen Schritte. Die wirken nur, wenn viele es ähnlich machen.

September

Hobbys, Arbeit, Bücher

»Ich habe das billigste und umweltfreundlichste Hobby.« Jakob sagt es und grinst, als wir eines Abends feststellen, dass es außer Autofahren, Fliegen, Urlaub und Kleidung noch einen weiteren privaten Bereich gibt, in dem wir Energie und Ressourcen verbrauchen. »Ja, Rumhängen und Nichtstun«, antwortet Günther schnell, obwohl er weiß, dass das nicht mehr stimmt. Aber das war längere Zeit eine seiner schönsten Freizeitbeschäftigungen. Dann entdeckte er den Sport, und heute geht er mehrmals die Woche joggen. Dafür reichen ihm ein paar alte Laufhosen, zwei Paar Laufschuhe, die er im Wechsel anzieht, sowie einige von diesen Sport-T-Shirts, die vermutlich aus alten Plastikflaschen recycelt wurden.

Wir überlegen, was jeder so in seiner Freizeit macht und wie sich das auf die Umwelt auswirkt: Sieht ziemlich gut aus, denn die sportlichen Hobbys unserer Familie sind alle recht unaufwendig. Günther fährt seit einem knappen Jahr Rad, seit er einen Ermüdungsbruch vom Laufen hatte und es beim Joggen immer mal wieder zwickt. Dafür braucht er ein Rennrad, dessen Rahmen zugegeben aus Aluminium und dessen Gabel aus Carbon ist, also nicht ganz so sauber in der Herstellung. Zum Radfahren braucht man mehr Spezialkleidung als zum Laufen, aber viel ist das nicht. Gepolsterte Hosen, Radlershirts, eine winddichte Jacke, Rennradschuhe. Wie bei allem gibt es dabei natürlich keine Grenze nach oben. Man kann das Zeug für viel Geld und in großer Menge kaufen, aber glücklicherweise besteht die Gefahr bei ihm nicht.

Denn eines ist bei uns allen ausgeprägt: Wir sind ziemlich uneitel, wenn wir uns sportlich bewegen – vielleicht, weil bei Ausdauersportarten die roten Köpfe, zumindest bei Petra und Günther, sowieso jeden anderen Eindruck überstrahlen. Für ihr Yoga braucht Petra nichts Besonderes. Eine Gummimatte, ein bisschen bequeme Kleidung – hier ist nur entscheidend, wie sie in ihr Studio kommt. Da das aber nahe der Arbeitsstelle liegt, geht sie meist zu Fuß dorthin oder fährt mit dem Fahrrad. Jakob läuft von zu Hause los, und Günthers Radtouren beginnen ebenfalls an der eigenen Haustür.

Franziska schließlich geht reiten. Der Hof liegt knapp fünf Kilometer entfernt, mit dem Fahrrad sind das 20 Minuten. Reithose, Reithelm, Stiefel aus Gummi, eine alte Jacke. Der Hof ist wie Franziskas Reitjacke – eher das Gegenteil von schick. Daher ist seine Umweltbilanz sehr okay. Das winzige Büro ist im Winter eher spärlich beheizt, es gibt draußen eine kleine Lichtanlage, damit auch dann, wenn es früh dunkel wird, der Reitplatz benutzt werden kann, es gibt keine Ställe, sondern nur offene Unterstände für die Tiere, die sich so immer frei bewegen können. Natürlich, der Hof ist ein landwirtschaftlicher Betrieb, und deshalb muss manchmal der Trecker den Mist wegfahren, oder es wird Heu geliefert, und im Sommer werden ein Dutzend Pferde und ein Dutzend Mädchen in die Nähe von Neuruppin aufs Land verschickt, wo sie dann gemeinsam Ferien machen.

Aber insgesamt befinden wir uns mit unseren Hobbys auf der sicheren Seite. Keine langen Anfahrtszeiten, kein großer technischer Aufwand, wenig Materialien, und wo doch welche eingesetzt werden, wenig Verschleiß.

Der Halbmarathon – ein Umweltproblem?

Nur einmal ist Jakobs Hobby wenig umweltbewusst. Denn er und eine Freundin laufen beim Müggelsee-Halbmarathon mit. Lange hatte er dafür trainiert, erst heimlich, dann machte er es offiziell. Eines Nachmittags, als Günther ihn fragte, warum er denn so lange laufe und ob das nicht langweilig sei, beantwortete er die zweite Frage erst mit einem kurzen »Nö«, die erste dann etwas ausführlicher: »Ich will beim Müggelsee-Halbmarathon mitlaufen und brauche auch eure Unterschrift dafür. Denn wenn man unter 18 ist, müssen die Eltern die Anmeldung unterschreiben.« Günther unterschreibt, und Jakob verrät, dass er gern unter zwei Stunden, lieber unter 1:50 bleiben würde.

Der Müggelsee-Halbmarathon ist eine große Runde mit einigen Schlenkern um den See im Südosten Berlins. Man könnte auch an der Haustür starten und dann 21,0975 Kilometer laufen, aber dann wäre der Spaß nicht so groß. Da die Freundin sich noch anmelden muss, müssen beide sehr früh dahin. Günther fährt sie mit dem Auto, eine Strecke von 28 Kilometern. Als sie kurz vor 9 Uhr ankommen, sind alle Plätze auf dem großen Parkplatz nahe dem Startpunkt schon besetzt. Günther lässt die beiden Läufer raus und fährt, wie von der Polizei, die den Verkehr regelt, empfohlen, zu dem nächsten, etwa ein Kilometer entfernten Parkplatz. Hier passen geschätzt weitere tausend Autos drauf. Der Parkplatz ist halb voll, aber ständig strömen Autos drauf.

Zwar ist der Start-/Zielbereich auch per Bus zu erreichen, aber man kann die Läufer verstehen: Nach einem Halbmarathon oder auch nach fünf oder zehn Kilometern will man nicht mehr lange in Sportkleidung im Bus sitzen – es war an dem Tag mit nur neun Grad Celsius ordentlich kalt. Als die drei jedenfalls zurückfahren, bilden sie mit anderen Autos zusammen einen Stau.

Die meisten der Läufer würden sich wie Jakob und Elea als umweltbewusst bezeichnen und sind es vielleicht auch. Doch in der Masse tragen sie zu einer Umweltsauerei bei. Zu viel CO_2 durch die Anfahrt – für Günther als Fahrer, Jakob und die Freundin waren es knapp zwölf Kilogramm –, zu viel Plastikmüll dank der Trinkwasserbecher für die Läufer, dazu Energie (für Lautsprecher, die beheizte Halle, in der die Läufer sich umziehen konnten, die Filmaufnahmen, die Computer, die Lautsprecher, die Drucker für die Urkunden etc.), Wasser und Abwasser; insgesamt dürfte die Klimabilanz einer solchen Veranstaltung nicht sehr positiv sein. Dabei ist der Müggelsee-Halbmarathon mit seinen etwa 3200 Teilnehmern in den drei Laufklassen keine große Veranstaltung, am Berlin-Marathon nehmen mehr als zehnmal so viele Läufer teil.

Das wichtigste Ergebnis des Vormittags: Jakobs Zeit – 1:47, und »zwei Minuten schneller wäre noch drin gewesen«.

Petra und Günther, die beiden nicht laufenden Schreiber dieses Buches, hören es schon: Das ist doch das Wichtigste, was müsst ihr dabei über Umwelt nachdenken? Könnt ihr die Läufer nicht einfach Läufer sein lassen?

Können wir (Petra und Günther) und wollen wir. Wir glauben, dass man als Super-Energiesparer seinen Mitmenschen gehörig auf die Nerven gehen kann. Und damit wäre nichts gewonnen. Die Läufer sollen ihren Spaß haben, und wir glauben im Gegenteil sogar, dass allein schon durch ihr Training in Parks und Wäldern die Läufer die Umwelt wertschätzen. Aber natürlich schaffen Massenveranstaltungen auch Umweltprobleme – deutlicher wird das natürlich bei Events wie Open-Air-Konzerten, bei denen ungleich mehr Menschen zusammenkommen. Manche Veranstalter kompensieren die anfallenden Emissionen dann über Atmosfair, so die von der Familie geliebte Band »Die Ärzte«. Schön wäre es, wenn mehr Veranstalter so etwas tun würden: Atmosfair hat auf seiner Webseite eine Musterberechnung für eine zweitägige Veranstaltung mit 1000 Teilnehmern. Hineingerechnet sind Strom, Gebäude, Heizkosten, zwei Übernachtungen je Teilnehmer, Verpflegung, Wasserverbrauch, Müllentsorgung sowie die Anreise und die Fahrten vor Ort. Die Umweltbelastung durch Kleinlaster und größere, auf denen beispielsweise Bühnenteile transportiert werden. Die Kosten, die zur Kompensation der CO_2-Belastung einer solchen Veranstaltung entstehen, sind erstaunlich niedrig: Für die knapp 76,5 Tonnen CO_2 müssten 1758 Euro aufgebracht werden. 1,70 Euro pro Nase insgesamt, 85 Cent pro Tag. Oder weniger, falls der Veranstalter etwas von seinem Gewinn abgibt (was er sollte). Er könnte dann zum Beispiel die CO_2-Belastung der Veranstaltung auf dem Ticket veröffentlichen und verraten, wie teuer deren Kompensation ist. Natürlich kann man überlegen, ob Kinos, Theater und andere Spielstätten versuchen sollten, ihre CO_2-Belastungen zu kompensieren. Schön wäre es.

Bücher oder E-Book-Reader

Was bleibt noch an Hobbys? Alle Familienmitglieder lesen viel; Zeitungen, Bücher, auch digital. Einen E-Book-Reader hat niemand. Dabei war so etwas immer schon mal Thema: Vor den Ferien, wenn entweder ein Rucksack mit Büchern extra ins Flugzeug musste oder jemand die Bücherkisten ins Auto wuchtete – wenn wir mit dem Auto fahren, ist die Urlaubsbibliothek größer. »E-Books wären schon praktischer«, sagt Petra gern. »Kauf dir einen«, antwortet Günther dann immer; er selbst verweigert sich dem strikt. Mit immer demselben Argument: »Wenn ich einen E-Book-Reader habe, dann lade ich da hundert Krimis drauf. Und drei bis vier etwas sperrigere Bücher – einen oder zwei nicht ganz so zugängliche Romane, die ein wenig Geduld und Konzentration erfordern, sowie zwei Sachbücher. Dann lese ich im Urlaub erst die ganzen Krimis, und wenn die kurzen Wochen rum sind, habe ich kein einziges Buch gelesen, das mich gefordert hat.« Außerdem liest er sowieso lieber auf Papier.

Noch zieht das Argument, aber Günther glaubt trotzdem, dass Petra sich bald irgendwann einen E-Reader kaufen wird. Sobald sie Muße hat, sich darum zu kümmern und zu vergleichen, wie welcher Reader funktioniert und wo die Vor- und Nachteile der einzelnen liegen.

Ein Vorteil dem Buch gegenüber könnte die Ökobilanz des Readers sein.

Denn E-Books sind in ihrer Benutzung fast klimaneutral. Man lädt sie aus dem Onlineshop runter und liest sie auf dem Reader. Up- und Download vom Server brauchen kaum Energie, die neuesten Reader dank ihrer Bildschirme ebenfalls kaum. Dem gegenüber steht allerdings, dass die Herstellung der Geräte ziemlich umweltbelastend ist: Sogenannte seltene Erden und Edelmetalle, die teils unter hohen sozialen und ökologischen Kosten gefördert und ausgewaschen werden, dazu die Produktion in Fernost, all das führt dazu, dass sie sich umwelttechnisch erst für Vielleser lohnen. Das Ökoinstitut in Freiburg hat ausgerechnet, dass bei der Fertigung eines E-Book-Readers etwa acht Kilogramm CO_2 anfallen.

»Das ist nicht viel«, sagt Petra. Und sie hat recht. Das ist sogar sehr wenig. Denn bei der Herstellung eines etwa 300 Seiten dicken Buches fallen, inklusive des Vertriebs, etwa 1,1 Kilo

Kohlendioxid an. »Das sind dann ja nur acht Bücher, die ich runterladen muss, um sauberer dazustehen.« Petra lächelt. »Erstaunlich wenig, und wenn dann noch das Recyceln stimmt.«

Denn das ist der einzige Punkt, der hier noch Sorgen bereitet.

»Viel lohnender wäre aber in unserem Haushalt die Umstellung der Tages- und Wochenzeitungen auf elektronische Ausgaben«, sagt Jakob dazu. Er liest viel am Bildschirm, und er hat recht: Der Papierberg, für den täglich der *Tagesspiegel,* die *Süddeutsche Zeitung* und die *FAZ* sorgen, wäre bedeutend geringer. Aber zum einen liest er selbst gern Zeitung auf Papier, zum anderen sträuben sich bei Petra und Günther die Nackenhaare, wenn sie dran denken, morgens mit dem Tablet am Frühstückstisch zu sitzen.

Franziska liest übrigens am ökologischsten: Sie fährt mit dem Fahrrad zur Stadtbücherei und leiht sich dort ihre Schinken aus. »Aber wie sieht denn die Umweltbilanz von Büchern überhaupt aus?«, will sie wissen. Günther, an den die Frage in erster Linie gerichtet ist – er arbeitet viel für Buchverlage –, zuckt die Achseln: »Genau weiß ich das nicht.«

»Und ungenau?«

Gemein erwischt. Auch ungenau weiß er es nicht.

Aber die beiden setzen sich hin und sammeln Fragen.

»Welches Buch nehmen wir?« Franziska wedelt mit 1000 Seiten Fantasy-Literatur.

»Nee, lieber das, was Petra und ich gerade schreiben.«

»Aber das ist doch noch nicht fertig.«

»Ist doch egal, man kann aber alles ungefähr berechnen. Anhand von anderen, genauso dicken Büchern. Das werden ungefähr 250 Seiten.«

Zuvor will Günther aber eines klären: »Wir müssen die CO_2-Berechnung aber einschränken. Wir tun so, als ob ich hier alles am Schreibtisch mache. Die Recherche und was man dafür braucht, also dass wir irgendwo hinfahren müssen, dass wir telefonieren oder was im Internet suchen, das alles lassen wir weg. Weil das ja von Buch zu Buch verschieden ist.«

»Also, deine Arbeit lassen wir raus?«

»Ja, und auch die im Verlag, das ist zu kompliziert. Der ist weit weg. Der Lektor sagt mir, dass er in der Regel das Manuskript zweimal ausdruckt, einmal beidseitig, einmal einseitig mit breitem Rand. Dann wird es für den Korrektor noch einmal ausgedruckt, weil er so besser die Fehler sieht, dann kommt der Satz. Den machen sie im Verlag selbst, dabei drucken sie bestimmt wieder ein paar Seiten aus, um zu sehen, wie alles auf Papier aussieht. Besser können wir uns angucken, wie die Druckerei funktioniert, in der dieses Buch dann gedruckt wird. Die soll nämlich umweltmäßig vorbildlich sein.«

Denn das haben Günther und Petra mit Stefan Ulrich Meyer, dem Programmchef bei Droemer, schon als Teil des Klimaretter-Selbstversuchs besprochen: Das Buch sollte möglichst umweltschonend produziert werden, natürlich mindestens auf zertifiziertem Papier mit dem Siegel des Forest Stewardship Council. »Des was?« Franziska guckt fragend.

»FSC, das ist das Forest Stewardship Council. Das vergibt ein Siegel für nachhaltig bewirtschaftete Wälder, also solche, in denen nicht mehr Holz geschlagen wird, als nachwächst, und dafür, dass der Holzanteil eines Produktes eben aus so einer nachhaltigen Forstwirtschaft stammt. Das steht dann meistens vorn im Buch drin.« Günther kramt im Regal, zieht ein Buch raus, guckt nach – nix. Ein zweites, wieder nix. Ein drittes, diesmal eines, das er selbst geschrieben hat: Glücklicherweise ist es da zu finden. Er muss aber zugeben: Gewusst hatte er das vorher nicht. Und auch nicht drauf geachtet.

Dabei es ist schon wichtig, wo das Papier zur Buchherstellung herstammt. Für 1000 Bücher von 250 Seiten – so hat es das Umweltinstitut München ausgerechnet – müssen mehr als zwölf Bäume gefällt werden.

»Am besten wäre es, wenn Bücher auf Recyclingpapier gedruckt würden«, sagt Günther. »Und warum macht man das nicht?«, fragt Franziska. »Weiß ich auch nicht. Vielleicht weil man denkt, dass das Papier nicht glatt genug ist, dass es ein wenig grau ist. Aber ein kanadischer Verlag hat mal Harry Potter auf Recyclingpapier gedruckt.«

Die Druckerei – Berlin-Mitte am Südkreuz

Stefan Ulrich Meyer hatte Günther schon vor ein paar Wochen angerufen und ihm erzählt, dass die Kollegen eine Druckerei gefunden haben: das Druckhaus Berlin-Mitte, das zwar gar nicht mehr in Berlin-Mitte residiert, sondern in einem Gewerbegebiet nahe dem Bahnhof Berlin Südkreuz, aber – und das ist viel wichtiger – das Buch so drucken kann, dass es dann sogar einen Blauen Umweltengel tragen darf. »Davon gibt es bisher nicht viele«, hat er noch geschwärmt. »Unter den großen Verlagen sind wir die Ersten, die so etwas machen.« Das wiederum erstaunt uns alle sehr. So viele Tausend Bücher erscheinen jedes Jahr, darunter nicht wenige, die sich mit der Rettung der Umwelt befassen. Aber fast keines ist umweltfreundlich hergestellt. Wir finden das ziemlich absonderlich.

»Das heißt, dass die auf Umweltpapier drucken? Dass das Papier zu 100 Prozent aus Altpapier recycelt ist?« Günther wollte es bei dem Telefonat von dem Programmleiter nun ganz genau wissen.

»Ja, aber nicht nur das.« Meyer zählt auf: »Es darf auch kein Chlorbleichmittel verwendet werden, um das Papier weißer zu machen. Keine Zusatzstoffe, die für Umwelt und Gesundheit nicht so verträglich sind. Bestimmte Farben sind auch nicht möglich, also solche, die beispielsweise Quecksilber oder Blei beinhalten.«

Der Blaue Umweltengel, der eigentlich einfach nur Blauer Engel heißt, war bei seiner Einführung 1978 sehr bekannt, ist es aber heute weniger – zu viele Signets verweisen auf bio, öko oder Ähnliches.

So muss Günther erst noch mal nachlesen und dann Franziska erklären, was es damit auf sich hat – und er tut es wie immer gern: »Den kriegen Produkte verliehen, die im Vergleich zu anderen, ähnlichen Produkten, besonders umweltschonend produziert werden. Toilettenpapier beispielsweise, wenn es aus reinem Recycling stammt. Oder eben deine Hefte für die Schule. Weil die auch aus Altpapier sind.«

»Das heißt, dass das Buch im Unterschied zu allen andern Büchern, die gedruckt werden, sauberer ist?«

»Ja, genau.«

»Und wie machen die das?«

»Keine Ahnung. Ich hoffe, dass die mir das erzählen können.«

Und so schreibt Günther wieder einmal eine Mail. An Martin Lind, den Geschäftsführer des Druckhauses Berlin-Mitte. Die beiden telefonieren und verabreden sich, und Günther setzt sich an einem schönen Septembertag auf sein Rad und fährt zur Druckerei. Martin Lind, schwarz umrandete Brille, Dreitagebart, empfängt ihn nicht allein, auch Christin Lieke ist dabei, die Umweltbeauftragte des Unternehmens. Und eine Praktikantin, die in Stuttgart Druck- und Medientechnologie studiert und hier arbeitet, weil im Studium Umweltfragen doch eher stiefmütterlich behandelt werden. Eine Umweltbeauftragte gibt es nur in den wenigsten Druckbetrieben.

Martin Lind und Christin Lieke können viel über das Unternehmen berichten. Konzentriert und offen, ohne fachfremde Besucher wie Günther gnadenlos zu überfordern. Beim Druckhaus Berlin-Mitte wird im Offset-Druckverfahren gedruckt, sprich, die Druckvorlage befindet sich auf belichteten Aluminiumplatten. Das Papier wird erst auf der einen, dann auf der anderen Seite bedruckt, die Bögen werden anschließend gefalzt, beschnitten und gebunden. Andere, größere Buchdruckereien lassen alles durch sogenannte Buchstraßen laufen, automatische Fertigungsstraßen, in die vorne Papierrollen eingespannt werden und die hinten fertige Bücher ausspucken, egal ob Hardcover oder Taschenbuch. »Das wirkt irgendwie so, als säße der Autor noch mittendrin und hacke auf seiner Tastatur rum«, sagt Günther, der so etwas schon einmal gesehen hat.

Seit 2002 versucht man im Druckhaus Berlin-Mitte einigermaßen umweltverträglich zu arbeiten. »Damals hat man begonnen, sich nach EMAS validieren zu lassen«, erklärt Martin Lind. Günther guckt wohl etwas verständnislos, was Christin Lieke zu einer Erklärung veranlasst: EMAS sei die Kurzbezeichnung für Eco-Management and Audit Scheme, unter Fachleuten auch als EU-Öko-Audit bekannt. Entwickelt von der Europäischen Union, diene es Unternehmen, die ihre Umweltbilanz verbessern wollen.

»Die Unternehmen«, sagt sie und schiebt Günther die »Umwelterklärung 2016« des Druckhauses zu, »definieren für sich Ziele, die sie erreichen wollen, veröffentlichen diese und lassen später extern überprüfen, ob sie eingehalten wurden.«

»Was mitunter trickreich ist«, ergänzt Martin Lind, »denn nach EMAS können sich selbst Kohlekraftwerke erreichte

Umweltziele bestätigen lassen.« – »Klar, wenn die Ziele nur gering genug definiert sind.«

Da ist das Druckhaus Berlin-Mitte ambitionierter. So wurde von 2015 auf 2016 beispielsweise der Alkoholeinsatz im Druck um mehr als 40 Prozent reduziert. Als Günther durch die Druckerei geführt wurde, roch er das. Oder besser gesagt eben nicht – der charakteristische schwache Geruch nach verdunstendem Alkohol fehlte. Man wechselte auch die Reinigungsmittel, mit denen die Druckmaschinen gesäubert werden – was höhere Kosten verursachte und mehr Arbeit machte. Martin Lind: »Das führte erst einmal zu Unmut bei der Belegschaft. Bis wir erklärt haben, dass die neuen Reinigungsmittel besser für die Gesundheit der Arbeiter sind. Die anderen waren zwar von der Berufsgenossenschaft erlaubt, man weiß aber, dass sie auf Dauer gesundheitsschädlich sind. Außerdem dürfen wir sie nicht benutzen, wenn wir den Blauen Engel behalten wollen.« Wichtiger ist aber vielleicht, dass der Stromverbrauch – »Wir nutzen hier zertifizierten Ökostrom« – um knapp zehn Prozent je 100 000 bedruckter Papierbögen gesenkt werden konnte.

»Sie werben doch mit klimaneutralem Drucken?«, fragt Günther. »Wie geht das?«

Klimaneutral heißt – so erfährt er dann – nicht wirklich klimaneutral, sondern dass der Energieverbrauch möglichst gesenkt und, wo das nicht möglich ist, kompensiert wird. Man errechnet, was der einzelne Druckauftrag an CO_2 verursacht hat, und gleicht das dann aus. Wobei nicht die Druckerei, sondern der Auftraggeber die Kosten der Kompensation übernimmt: in diesem Fall eben der Verlag. Über ClimatePartner, einem der Anbieter, die ähnlich wie Atmosfair nach sehr strengen Maßstäben ihre Klimaschutzprojekte auswählen. Martin Lind: »Die berechnen unseren gesamten CO_2-Ausstoß als Unternehmen.« Insgesamt stammten allerdings nur 15 Prozent der CO_2-Emissionen bei den Druckereierzeugnissen aus der Druckerei selbst, der Rest resultiere aus der Papierherstellung und dem Transport. Und bei der Herstellung schneidet Recyclingpapier wesentlich besser als anderes ab.

Natürlich schwankt der gesamte CO_2-Fußabdruck des Unternehmens, er liegt abhängig vom Geschäftsjahr zwischen 100 und 150 Tonnen CO_2. Insgesamt spart man aber seit einigen Jahren CO_2 ein, denn heute fallen je Kilogramm bedruckten Papiers 1,46 Kilogramm CO_2 an, was etwa sieben Prozent weniger als noch vor drei Jahren sind. Normalerweise findet der Versand CO_2-neutral (oder kompensiert) statt.

Es gibt vier Dienstwagen, drei Pkw und einen Transporter wegen der zweiten Produktionsstätte in Brandenburg, erfährt Günther. Die meisten Mitarbeiter kommen mit öffentlichen Verkehrsmitteln oder dem Fahrrad zur Arbeit, und geflogen wird innerhalb Deutschlands nur nach München und Stuttgart. »Das kompensieren wir«, sagt Martin Lind, »und wenn demnächst der schnelle ICE Berlin und München verbindet, dann lohnt sich der Flug dorthin sowieso nicht mehr.«

»Die meinen es ernst«, berichtet Günther später zu Hause. »Die wollen wirklich im Rahmen ihrer Möglichkeiten sauber drucken. Denen geht es wie uns: Sie haben einmal damit angefangen, über das Thema nachzudenken. Dann hört man nicht mehr so schnell damit auf.«

Seit 2002 habe sich, sagt Martin Lind, der ökologische Anspruch an die eigene Arbeit kontinuierlich erhöht. »Das ist nicht immer leicht. Es kostet ja auch. Allein die EMAS-Revalidierung etwa 6000 Euro im Jahr.« Es gab Zeiten, so erinnert er sich, da hatte nicht jeder im Betrieb Verständnis für solche Kosten. Inzwischen gehöre die Umweltverträglichkeit aber zum Selbstbild des Unternehmens. »Insgesamt rechnet es sich nicht für den einzelnen Auftrag, aber wir können uns über das Umweltthema präsentieren.«

Das Druckhaus Berlin-Mitte war eine der ersten Bogenoffset-Druckereien, die bestimmte Produkte nach den strengen Kriterien des Blauen Engels produzierten: »Nicht alles, was wir drucken, bekommt den Umweltengel«, gibt Lind zu: »Wir raten den Kunden dazu, Umweltpapier zu nehmen, aber wenn die etwas anderes wollen, dann drucken wir auch auf normalem Papier. Bei Farben, Lacken, Klebstoffen oder Reinigungsmitteln erfüllen wir jedoch immer alle Kriterien.«

Als Günther am Abend zu Hause von seinem Besuch erzählt, sind alle erst einmal beeindruckt. Dann erlahmt die Aufmerksamkeit. So genau will es dann doch keiner wissen, denkt sich Günther – vielleicht irrt er aber auch: Franziska rutscht auf dem Sofa hin und her, zieht dann unter einem Kissen ihren dicken Fantasy-Wälzer hervor und sagt: »Und wie ist nun die Umweltbilanz von dem?«

»Puh«, sagt Günther. »Ganz genau weiß ich das immer noch nicht. Aber du erinnerst dich doch, es waren etwa 1,1 Kilo je 300 Seiten.«

»Also knapp vier Kilo«, sagt Franziska, den Wälzer schwenkend. »Und: Ist das viel?«

»Na ja«, sagt Günther, der rasch auf dem Tablet den inzwischen als Lesezeichen markierten CO_2-Rechner geöffnet hat. »Das entspricht etwa 17,5 Kilometer mit unserem Auto.«

Er denkt kurz nach. »Wenn es aus dem Druckhaus Berlin-Mitte käme, könnte ich dir sagen, wie viel CO_2 das Buch beim Druck verursacht hat. Das wären dann 1,46 Kilogramm pro Kilogramm bedrucktes Papier, sprich 1,46 Gramm pro Gramm Buch. Allerdings nur im Schnitt bei denen. Da ist ja auch die normale Druckerei mit drin.« Er steht auf und holt die Küchenwaage. »Lass mal sehen: 792 Gramm, das sind 792 mal 1,46, also 1159 Gramm CO_2.«

»Und bei eurem Buch wären es?«

Günther schnappt sich ein dünnes aus dem Regal. 250 Seiten. Legt es auf die Waage. »314 Gramm. 458 Gramm CO_2.«

»Nicht viel«, sagt Franziska.

»Nein, nicht viel. Da ist der Kauf weniger das Problem, eher wo du es kaufst. Wenn du von hier bis zur nächsten Buchhandlung mit dem Auto fahren würdest, wären das fünf Kilometer und somit etwas mehr als ein Kilogramm CO_2.«

»Also würde ich mit dem Rad fahren, wenn ich euer Buch mal kaufen sollte«, sagt Franziska und korrigiert sich: »Falls ich euer oder unser Buch mal kaufen wollen würde.« Sie grinst.

Oktober

Kürbis, Halloween und Verkehrspolitik

Im Oktober sind die Kürbisse reif. Bald ist Halloween, und seitdem dieses Fest auch hier bei uns modern geworden ist, tauchen die orangen, oft medizinballgroßen und -schweren Gewächse verstärkt in und vor Supermärkten auf. Wie Avocados, Kartoffeln, Tomaten, Bohnen, Mais, Zucchini und Paprika verdanken wir auch den Kürbis Kolumbus, denn die spanischen Eroberer brachten die Samen aus Südamerika nach Europa – gab es vorher außer Kohl eigentlich Gemüse in Europa? Und war das Leben damals lebenswert? Die Europäer trugen die Samen dann nach Nordamerika, von wo der Kürbis mit der Halloweenwelle wieder zurückschwappte.

Der Kürbis ist in unserer Familie eher umstritten. Franziska und Günther sind eher mediterrane Menschen. Ihnen würde es reichen, wenn es auf der Welt nur Tomaten, Paprika, Zwiebeln und Zucchini gäbe, Günther isst gern noch Auberginen. Aber Kürbis? Petra liebt ihn vor allem in der Hokkaido-Variante und könnte sich wochenlang von Kürbissuppe ernähren. Jakob mag ihn sehr und zieht ein paar Wochen mit. Franziska und Günther sagen ab und an lecker, haben aber nach der vierten Suppe in zwei Wochen erst einmal genug davon. Doch vor Halloween stapeln sich die orangen Ungetüme wie gesagt in und vor den Läden.

»Wo kommt das Suppending denn eigentlich her?«, fragt Günther am Abend Petra, die sich mal wieder mit einem großen Messer über einen kopfgroßen Kürbis hermacht. Die guckt ihn fragend an, schmeißt die Stücke in den Topf und wirft eine Handvoll Ingwer hinterher.

»Wie? Aus dem Bioladen.«

»Nee, aus welchem Land?«

»Weiß ich nicht.«

Damit ist für sie das Gespräch zu Ende, aber die Neugier geweckt.

Am nächsten Tag sagt sie beim Abendessen:

»Aus Argentinien.«

»Wie, Argentinien, was, Argentinien?«

»Der Kürbis gestern.«

»Wie, der Kürbis gestern?«

Günther ist scheinbar etwas langsamer als sonst.

»Mama meint, dass der Kürbis, den wir gestern gegessen haben, aus Argentinien kam.«

Gut, dass es Töchter gibt, die etwas erklären können. Günther, etwas fassungslos: »Glaub ich nicht.«

»Ist aber so.«

Ist bio nicht immer besser?

Damit ist das Gespräch zunächst zu Ende, aber Petra setzt sich nach dem Abendessen noch mal an den Computer und ist einsilbig, wenn man sie fragt, was sie tut. Wie so häufig. Googelt herum, redet nicht drüber. Am nächsten Abend aber redet sie, während Günther das Abendessen vorbereitet: »Du hast doch mal mit einem Wissenschaftler von der Uni Bonn über Äpfel gesprochen. Der hat auch eine Studie über Kürbisse verfasst. Schon 2013, und die Kurzfassung davon ist vor einem Jahr in einer Zeitschrift namens *gartenbau profi* erschienen. Die Redaktion hat mir den Artikel zugemailt.«

»Und?«

»Nicht gut, das Ding da gestern aus Argentinien. Gar nicht gut.«

Michael Blanke – der Wissenschaftler von der Uni Bonn – und Florian Schäfer von der Universität Witten/Herdecke haben die Klimafreundlichkeit von Kürbissen aus deutschem Bioanbau (Demeter), deutschem konventionellem Anbau und argentinischem Bioanbau verglichen. Die meisten deutschen Kürbisse stammen aus Baden-Württemberg, Bayern, Rheinland-Pfalz und Nordrhein-Westfalen, und die Anbaufläche für die dicken Dinger hat in den letzten Jahren in Deutschland stetig zugenommen. Die argentinischen haben die Wissenschaftler mit untersucht, weil zum einen die knapp 70 000 Tonnen Kürbisse von deutschen Äckern für den Konsum hierzulande nicht ausreichen, vor allem aber die Biobauern nicht genug für den Biomarkt produzieren – die Argentinier das aber wohl in großem Stil tun. Die Wissenschaftler untersuchten die CO_2-Bilanz der Kürbisse, angefangen beim Einkauf der Kürbissamen bis hin zum Endverbraucher – egal ob er den Kürbis im Hofladen des Bauern, im Bioladen oder im Supermarkt kaufte.

»Ich muss dich ja nicht mit vielen kleinen Details langweilen«, sagt Petra, »und dass der Transport immer eine große, schlechte Rolle spielt, wissen wir ja schon von den Äpfeln.« Der argentinische Biokürbis habe wenig überraschend die schlechteste CO_2-Bilanz – auch wenn da öko draufsteht. Ein Kilo Kürbis aus Argentinien schlägt mit 119 Gramm CO_2 zu Buche – Anbau, Dünger und Transport bis zum Verkaufsort eingerechnet –, wobei auf den Transport allein 75 Gramm CO_2 entfallen.

Beim heimischen Demeter-Biokürbis sieht die Klimabilanz wesentlich besser aus: Ein Kilo Kürbis belastet die Umwelt mit 41 Gramm CO_2, was ungefähr dem entspricht, was beim argentinischen ohne Transport zu Buche stünde. Aber wirklich erstaunt habe sie, dass der Kürbis aus konventionellem Anbau eindeutig das beste CO_2-Ergebnis erzielt habe. Nur 16 Gramm CO_2 fielen hier pro Kilo Kürbis an, das sei, so die Autoren, einer »der geringsten Werte für einen Carbon Footprint im Gemüsebau«.

»Noch einmal ganz langsam zum Mitschreiben: Der konventionell angebaute, also mit Kunstdünger und so weiter, hat die bessere Klimabilanz als der aus dem Ökoanbau?« – »Ja, ganz einfach, weil die Erträge so viel höher sind.«

Kurzfristig sind Petra und Günther verwirrt: Ist die Faustregel »Bio ist gut fürs Weltklima« doch nicht immer richtig? Doch die Entlastung folgt: Der Kürbis ist eine der wenigen Ausnahmen, weil er den Dünger so unglaublich effizient umsetzt. Grundsätzlich könnten durch Bioanbau »durchschnittlich 15 bis 20 Prozent der Treibhausgase in der Landwirtschaft eingespart werden«, weil bei der Produktion des Düngers eben sehr viel CO_2 freigesetzt wird, die Böden weniger CO_2 speichern und so weiter. Eine Studie des Instituts für Ökologische Wirtschaftsforschung belegt das und erinnert uns an unsere Apfelrecherche. Was aber dennoch nicht bedeutet, dass die Biobauern das Weltklima retten: Denn diese 15 bis 20 Prozent Ersparnis reichen nicht aus, um die Klimaziele für Deutschland zu erreichen. Da muss mehr passieren. Und was dazukommt: Will man genauso viel anbauen wie bisher, bräuchte man 60 Prozent mehr landwirtschaftliche Nutzfläche. Und den Platz gibt es nicht. Das ist das alte Dilemma, das wir schon von den Äpfeln kennen. Da reichen die Streuobstwiesen Brandenburgs auch gerade mal für Jakobs Jahresbedarf. Na ja, für ein bisschen mehr schon. Aber eben nicht mal für alle Berliner.

Gülle und Lachgas

Während Franziska den Tisch deckt, Jakob Getränke aus dem Keller holt und Günther in der Soße rührt, sitzt Petra gelassen auf einem Stuhl mitten im Chaos und liest sich durch Webseiten. Und uns vor. Man muss sich das vorstellen wie früher in den kubanischen Zigarrenfabriken. Da drehten die Arbeiter und Arbeiterinnen die Havannas, und währenddessen wurde ihnen von irgendjemandem die *Granma,* die Zeitung der Kommunistischen Partei, vorgelesen. Inklusive der – Gott habe ihn selig – letzten mehrstündigen Fidel-Rede. Sie konnten sich ja kaum wehren. Wir auch nicht, nur mit Geschirrklappern.

Aber eigentlich ist auch ganz interessant, was Petra berichtet: Die Landwirtschaft ist für einen erstaunlich großen Teil des Klimaproblems verantwortlich. Insgesamt – so das Umweltbundesamt 2014 – für acht Prozent der deutschen Klimagase. »Das sind immerhin 72 Millionen Tonnen CO_2«, sagt Petra, die die Studie vor sich auf dem Notebook hat. Ein gutes Drittel davon, etwa 25 Millionen Tonnen, stammt aus Lachgasemissionen. »Was ist eigentlich Lachgas?«, fragt Franziska. Petra weiß es nicht, Günther ebenso wenig. Aber Jakob. N_2O, eine Stickstoffverbindung, sagt er. Zwei Teile Stickstoff, ein Teil Sauerstoff. Aber warum die dann Lachgas heißt, weiß er auch nicht. Günther weiß immerhin, dass das Zeug früher als Narkosemittel beim Zahnarzt eingesetzt wurde. Petras Blick in Wikipedia hilft weiter: »Für die Herkunft des Namens

Lachgas gibt es unterschiedliche Vermutungen«, heißt es dort. Zum einen kann sich beim Einatmen eine Euphorie einstellen, sodass man unwillkürlich lache, zum anderen können durch das Einatmen Zwerchfellkrämpfe entstehen, die wie Lachen wirken.

Wie entsteht Lachgas durch die Landwirtschaft? Ganz einfach: Stickstoff ist in Düngemitteln enthalten – sei es in Kunstdünger oder in der Gülle, die aus dem Urin und Kot der Nutztiere besteht und stinkend auf die Felder gefahren wird. Und da viel viel hilft und es dank vieler Nutztiere furchtbar viel Gülle in Europa gibt, wird ordentlich Gülle oder Dünger auf die Felder gekippt. So viel, dass die Pflanzen den ganzen Stickstoff gar nicht aufnehmen können – der Rest verbindet sich dann mit dem Sauerstoff aus der Luft zu Lachgas, das als Treibhausgas in die Atmosphäre entweicht.

»Also weniger Schweine essen«, sagt Jakob mal wieder. Als Vegetarier fühlt er sich hier auf der besseren Seite – ist er auch wohl. Denn die Gülle dient natürlich den Tiermästern in Europa als günstige Möglichkeit, die Exkremente aus ihren Riesenställen zu entsorgen. Und neben den Lachgasemissionen steigt dadurch auch die Grundwasserbelastung durch gesundheitsgefährdendes Nitrat. In Deutschland werden etwa 70 Prozent des Trinkwassers aus Grundwasser gewonnen. Herausfiltern lässt sich das Nitrat nur sehr schwer, weshalb manche Wasserwerke stark nitrathaltiges Wasser inzwischen mit weniger belastetem Wasser vermischen, denn vielerorts werden inzwischen die gültigen Nitratgrenzwerte von 50 Milligramm pro Liter überschritten. Anderswo bohrt man inzwischen tiefere Brunnen. »Das Billigschnitzel ist also doch gar nicht so billig«, sagt Jakob mal wieder altklug und guckt die Fleischesser strafend an: »Die wirklichen Kosten fallen nur woanders an.« – »Wir essen gar kein Billigschnitzel.«

Wir essen Nudeln. Mit Soße aus Tomaten, Karotten, Zwiebeln und Zucchini. Günther stellt alles auf den Tisch. Er und Franziska strahlen. Jakob sagt nichts. Und Petra liest, bevor sie sich dazusetzt, schnell noch vor, was Michael Blanke und Florian Schäfer in ihrer Studie zusätzlich betonen: »Fährt der Konsument mit dem klimafreundlichen Fahrrad oder dem ÖPNV anstatt des privaten Pkws zum Kürbiseinkauf, kann er den CO_2-Fußabdruck bzw. Carbon Footprint positiv beeinflussen.«

Dann – so muss man aber zugeben – kann man die orangen Ungetüme ohne Fahrradanhänger nur für den aktuellen Tagesbedarf kaufen.

Womit wir dann wieder bei unserem großen Thema wären: dem Auto.

Zehn Monate Autobilanz

An einem Freitagabend – Jakob ist mit Julia unterwegs, Franziska bei ihrer Freundin Florence – ziehen Günther und Petra Bilanz. Fast zehn Monate der bewussten Autovermeidung sind vollbracht.

Günther nimmt eine Flasche Riesling aus dem Kühlschrank und schnappt sich den Zettel, der mit einem Magneten am Kühlschrank befestigt war. Einem aus Kuala Lumpur, denn wir haben die Angewohnheit, dass jeder immer irgendwelche Kühlschrankmagnete von Reisen mitbringt. So hängen da welche aus Istanbul und Troja, aus Kairo, aus Washington und aus vielen anderen Städten der Welt. In Kuala Lumpur war Petra auf Dienstreise – gab es dafür eine CO_2-Kompensation bei Atmosfair?

»Falsche Frage, falsches Thema«, sagt Petra und guckt – schuldbewusst, findet Günther. Sie nimmt vier Gläser, zwei für Wein und zwei für Wasser, eine Wasserkaraffe, geht nach nebenan und setzt sich aufs Sofa. Günther folgt ihr mit Weinflasche und Zettel.

Der Zettel. Zehn Fahrten stehen drauf, insgesamt 158 Kilometer. Die der letzten vier Wochen.

Einmal hat er Franzi, bepackt mit allen möglichen Utensilien und einem großen Kuchen, zum Schulfest gefahren und sich währenddessen und hinterher darüber geärgert. Mit dem Fahrrad wäre er an dem Freitagnachmittag schneller gewesen. Einmal haben Petra und er einen Ausflug zur Pfaueninsel gemacht. Auch das wäre mit dem Fahrrad gegangen, aber Petra ging es nicht so gut. Und sie wollte nicht schon wieder nur um den heimischen Block spazieren. Außerdem konnte Günther ihr so stolz eine seiner Rennradstrecken zeigen. Die Fahrt zum Müggelsee-Halbmarathon mit 56 Kilometern. Dann musste er Franziska mal vom Orchester abholen, mal zum Orchester bringen. Vorher ihre Freundin Natalia abholen, die Instrumente einpacken, dann zu der Schule, in der das Orchester probt. 6,5 Kilometer bis dahin.

An einem Dienstag hatte er danach um 19 Uhr einen Termin in der Stadt, nahe dem S-Bahnhof Friedrichstraße. Etwa 15 Kilometer vom Orchester-Probenort entfernt, etwa 35 bis 40 Minuten Fahrzeit. Er wäre mit dem Auto gegen 18.35 oder 18.40 Uhr dort. Parkplatz suchen, Parkplatz zahlen, fertig. Danach schnell zurück. Alternativ könnte er erst nach Hause fahren. Von dort sind es ebenfalls knapp 15 Kilometer bis zur Friedrichstraße. Um etwa 18.15 Uhr wäre er zu Hause, dann auf das Fahrrad. Entweder durchfahren oder mit dem Rad in die S-Bahn. Fährt er die gesamte Strecke, sollte er nicht rasen. Es ist ein offizieller Termin, und da will er nicht durchgeschwitzt ankommen. 45 Minuten, das wäre mit dem Rad gut zu schaffen.

Aber wenn man schon einmal im Auto sitzt?

Günther hat schließlich das Fahrrad genommen. »Aber das habe ich vor allem deswegen gemacht, weil ich so lange darüber nachgedacht habe. Spontan wäre ich wahrscheinlich mit dem Auto von der Orchesterprobe direkt weitergefahren.« Das Nachdenken über die persönliche Umweltbilanz entwickelt eine gewisse Dynamik.

»Nicht schlecht«, sagt Petra, »meine Bilanz sieht nicht so gut aus.« Zweimal war sie Samstag mit dem Auto auf dem Markt, zweimal im Kino, einmal im Baumarkt Blumen kaufen. Bis auf die Tour zum Baumarkt hätte sie die alle auch mit Fahrrad oder Bus erledigen können. »Aber mal fehlte mir die Zeit, mal regnete es. Und ich muss zugeben; ich fand es zu unbequem, mit dem Rad zu fahren.«

»Ich glaube, mir fällt das Radeln leichter, weil ich mehr darüber nachdenke und mehr darüber rede. Ich muss häufiger zum Einkaufen fahren. Da stellt sich die Frage viel öfter. Und dann habe ich den Hänger gekauft und damit eine Entscheidung getroffen, die mich ein bisschen zwingt«, sagt Günther dazu. »Das alles ändert tatsächlich das Verhalten.« Das Autofahren aufgeben sei ein bisschen so, wie mit dem Rauchen aufzuhören. Man müsse Gewohnheiten aufgeben. Hat man das erst mal getan, hat man den Entzug hinter sich, dann fehle einem gar nicht mehr so viel. Und selbst Petra gibt zu, dass es im Spätsommer und solange der Herbst schön ist, doch meistens ziemlich nett ist, mit dem Rad zum Markt zu fahren. Berlin ist flach, man braucht nur etwas mehr Zeit.

Klar, manche Transporte sind ein bisschen komplizierter. Eine Kupplung für den Hänger hat nur Günthers Rad. Petra hat vorn einen zusätzlichen Korb, und anfangs fällt das Rad deshalb oft um. Zu viel Gewicht vorne, der Fahrradständer muss erst umgebaut werden. Beim ersten Einkauf, als sie 30 leere Eierkartons mitnimmt – der Bauer nimmt sie gern zurück –, packt sie die nicht richtig ein und alle fliegen durch die Gegend. Als sich auf dem Rückweg dann auch noch das Gummi, mit dem die Einkäufe hinten festgezurrt werden, in einer Speiche verfängt und um das Hinterrad wickelt, ist die Laune erst mal dahin. Doch dann kommt sie schnell wieder, weil dem Ärger über die eigene Ungeschicklichkeit ein bisschen Stolz folgt. Nach dem Motto: Sind wir nicht wunderbar, wie ernst wir das mit dem Umweltschutz nehmen, fahren sogar alte Eierkartons mit dem Fahrrad durch die Gegend. Klar, keiner von uns würde vor Freunden oder gar Bekannten mit so was angeben, das wäre viel zu peinlich.

(K)ein Objekt der Begierde

Aber wir reden mit ihnen darüber, wie es ohne Auto wäre. Dass wir darüber nachdenken, das Auto abzuschaffen. Die Reaktionen sind – interessant. Wer kein Auto besitzt, versteht uns meistens gut. Die anderen in der Regel nicht, höchstens mal theoretisch. Oft ist dann das altbekannte Freiheitsargument zu hören, das verkürzt lautet: »Ja, ich nutze es wenig, aber ich möchte die Gelegenheit haben, spontan loszufahren.« Die Freiheit, überall hinzufahren, und das sofort. Auch wenn das in Wirklichkeit selten passiert.

Günther behauptet hingegen seit Jahren, dass er, wäre er mal so richtig reich, sicher keinen eigenen Wagen besitzen würde. Er würde dem Luxus frönen und sich immer Taxis oder Limousinen mit Chauffeur leisten, einfach, weil er sich da um nichts kümmern müsste. Er ist also ziemlich offensichtlich kein sehr typischer Mann, zumindest nicht in seiner Altersklasse. Zwar hat bei vielen jungen, gut gebildeten, städtischen Männern das Handy längst das Auto als Statussymbol abgelöst. Aber bei denen, die (wie Günther) älter sind, ärmer oder auf dem Land wohnen, ist die Kiste nach wie vor wichtig: zum Angeben, zum Basteln, als Objekt der Begierde (ja, richtig gelesen. Wer das mit der Begierde für übertrieben hält, sollte mal den Männern auf einer Automesse ins Gesicht schauen. Selbst wenn da keine halb nackten, langbeinigen Blondinen auf dem Kühler sitzen, ist der Blick schon ziemlich eindeutig. Sagt Petra.).

Bei Günther passiert in der Hinsicht nichts, jedenfalls nicht, wenn er Autos sieht. Und deswegen hat er schon im Urlaub in Südfrankreich gesagt, als während einer Fahrt in die Berge auf einem Schotterweg ein kleines Steinchen einen großen Riss quer durch die Windschutzscheibe (365 Euro Reparaturkosten) fabrizierte: »Schaffen wir doch das Auto ab.« Er sagte dann noch dazu: »Dann können wir uns im Sommer ohne Problem von dem Geld für zwei Wochen einen Wagen mieten. Mit dem haben wird dann keinen Ärger. Geht was kaputt, geht es eben kaputt.«

Auf der Rückfahrt aus dem Urlaub hatte unser Wagen dann noch eine Reifenpanne. Und Ersatzreifen haben die Autos ja nicht mehr. Nur so einen seltsamen Schaum, mit dem man das Rad notdürftig flicken kann, damit man bis zur nächsten Werkstatt kommt. So irrten wir stundenlang in der Mittagshitze rund um Turin – von einer geschlossenen Tankstelle zur nächsten. Und waren mit den Nerven irgendwann so am Ende, dass wir uns, als wir dann wieder auf der Autobahn im Stau am Brenner standen, erneut der Frage zuwandten: Geht es ohne Auto?

Es geht, wie wir an diesem Freitagabend feststellen. Denn abgesehen von unserem Urlaub, in dem wir doch eine erkleckliche Menge an Kilometern verbraten haben, hat unser Auto viel mehr gestanden als in den Jahren zuvor: Wir sind in der übrigen Zeit weniger als die Hälfte der Kilometer gefahren, die wir üblicherweise zurücklegen. Und wenn wir dann noch einige dieser faulheitsbedingten Fahrten, über die wir uns später noch geärgert haben, abziehen würden – wie die oben erwähnte Fahrt zum Schulfest –, dann, ja dann stellen wir schnell fest: Es geht wirklich, ganz ehrlich, es geht ohne Auto. Mal besser, mal schlechter. Mit viel Selbstdisziplin, wenn man ein Auto besitzt. Mit ein wenig Planung und einer Taxifahrt ab und zu, die man sich dann auch leisten kann. Mit guten Regenjacken, einer Regenhose und schicken Mützen. Und mit Wut.

Franziska ist sauer

Mal kommen Petra und Jakob, die lange Wege mit dem Rad durch die Stadt fahren, komplett entspannt nach Hause – »Radfahren ist so schön, man wird alles los dabei«, schwärmt Petra dann –, mal aber auch absolut entnervt. Dann ärgern sie sich über den Krach und vor allem den Gestank der Autos (was ein bisschen von der Route abhängt, die sie genommen haben). Seit sie aber wissen, dass Feinstaub und Stickoxide, die aus den Auspuffen kommen, ihrer Gesundheit schaden, verwandelt sich der Ärger immer mehr in Wut. »Je umweltfreundlicher ich mich verhalte, desto ungesünder wird es für mich«, schimpft Petra eines Abends. Auf dem Nachhauseweg hatte sie mehrmals ein stinkender Bus überholt. »Für den sind die Radfahrer der Feinstaubfilter.« Jakob kann eigentlich täglich berichten, wie Autofahrer sich in einer Tempo-30-Zone hupend und viel zu dicht an ihm vorbeidrängeln. Zu schnell sind sie meist überdies, denn Jakob ist oft selbst mit knapp 30 km/h auf dem Rad unterwegs.

An einem Mittwochabend im Oktober kommt Franziska vom Reiten nach Hause. Sie schmeißt ihre Klamotten die Kellertreppe hinunter und rennt nicht wie sonst nach oben ins Bad und in ihr Zimmer, um sich was anzuziehen, sondern bleibt in der Küche stehen. Die anderen drei, die mit dem Essen auf sie warten, schauen hoch. Da schimpft sie los: »Die blöden Autofahrer. Diese dummen A…löcher. Diese …«

»Was ist denn passiert«, will Petra wissen.

»Ach, die blöden Autoaffen. Es ist immer dasselbe. Ich steh an der Drückampel an der Berliner Straße, drück auf den Knopf, es wird für die Autos gelb, es wird rot, und dann fahren doch glatt noch drei rüber. Nachdem schon lange rot war. Das passiert fast jedes Mal. Diese Idioten. Und wenn dann grün ist und ich geguckt habe, dann muss ich rennen, sonst steh ich in der Mitte noch mal; 'ne Oma schafft das nicht.«

Franziska ist echt sauer. »Das ist unfair. In den Autos sitzt doch auch nur einer. Warum haben Autofahrer mehr Rechte? Weil sie mehr Blech um sich herum haben? Weil ihre Karre mehr Geld kostet?«

»Die haben nicht mehr Rechte, die tun nur so«, sagt Günther. Aber das hilft ihr nicht. Denn sie hat ja recht: Je mehr wir darauf achten, desto mehr fallen uns diese Ungereimtheiten auf. Zum Beispiel, dass sich viele Menschen Verkehr nur als Individualverkehr und eigentlich nur als Autoverkehr vorstellen können. Dass sie automatisch Autofahrern mehr Rechte einräumen: Das Recht auf Krach. Das Recht auf Platz. Das Recht, ihre Umwelt zu vergiften. Autofahren ist die Norm, an der sich alles misst, auch weil es eben immer schon so war. Und wenn nicht immer, dann zumindest in den letzten 60 Jahren.

»Wenn wir uns verändern, wollen wir, dass sich auch der Rest um uns verändert«, meint Petra. Und weil wir die Welt anders wahrnehmen als die Autofahrer, wollen wir, dass alle anderen das jetzt und heute tun. Erst letztens habe sich eine Freundin bei ihr beschwert, dass die Radfahrer die Radwege nicht benutzen – und das habe wiederum sie selbst sehr verwundert, bis ihr klar wurde: »Die denkt als Autofahrerin. Die Straßen gehören in ihrer Welt den Autos. Fahrräder stören nur den Verkehr. Verkehr bedeutet für sie, Leute in Fahrzeugen mit Motor. Würde sie an Menschen, die sich bewegen, denken, dann wären Fahrräder Verkehrsmittel mit dem gleichen Recht auf den gleichen Platz. Und würde die Mehrheit so denken, dann sähe die Welt anders aus. Freundlicher.«

Franziska geht nun doch nach oben, um sich umzuziehen, Günther stellt einen Kartoffelauflauf auf den Tisch, und Petra erzählt, wie sie kürzlich eine Veranstaltung zu grüner Wirtschaftspolitik moderiert habe. Da sei es auch um Autos und deren Faszination gegangen. Sie habe dort gesagt, dass Jakobs drittes Wort als Kleinkind »Auto« gewesen sei, nicht »öffentlicher Personennahverkehr«. Direkt nach »Mama« und »Kacka«. Jakob guckt empört, Günther auch, und Petra versichert, dass sie sein ökologisches Bewusstsein nicht angreifen wolle und auch nicht Günthers Vatergefühle und dass allen im Raum doch klar gewesen sein müsse, dass es ein Scherz gewesen sei.

Aber natürlich ist die Frage interessant, warum das Auto so eine große Bedeutung in der Gesellschaft hat. Warum es so viele Leute mit Freiheit assoziieren.

»Vielleicht zu viele Roadmovies aus den USA mit Cadillacs

vor Sonnenuntergängen. Oder -aufgängen«, meint Günther. »Während der Sportschau läuft fast nur Baumarkt- und Autowerbung. Und da schwingt Freiheit mit, wenn der ehemalige Dortmund- und heutige Liverpool-Trainer Klopp mit einem Opel durch Pfützen brettert. Oder wenn ich mir ein Gartenhäuschen baue.«

Freie Fahrt für freie Bürger? Der Soziologe Andreas Knie antwortete auf die Frage, warum es so schwer sei, vom Auto loszukommen, in einem Interview mit der Wochenzeitung *Freitag* im August 2016: »Weil das Auto ein staatlich garantiertes Versprechen für ein gutes Leben war. Und deshalb ein dichtes rechtliches Gestrüpp dafür sorgt, dass der Besitzstand Limousine abgesichert wird. Das Steuerrecht, das Straßenrecht und die Straßenbaupolitik waren im Wortsinne bahnbrechend für das Auto.«

Statt »waren« hätte er auch »sind« sagen können. Denn immer noch wird der Autoverkehr natürlich bevorzugt. Nicht nur weil viel mehr Geld für Straßen ausgegeben wird, die dann mehr und mehr Verkehr produzieren – ja, richtig: Straßen produzieren Verkehr, weil sie die autogerechte Gesellschaft verkörpern und zum Autofahren einladen –, sondern weil beispielsweise das Steuerrecht dazu führt, dass sich mehr und mehr große Autos auf den Straßen tummeln. SUVs, die im Wald und auf der Weide noch eine gewisse Berechtigung hätten, werden zum Brötchenholen und Kinder-in-die-Kita-Bringen genutzt, weil das Dienstwagenprivileg größere Autos stärker begünstigt. Es lohnt sich nicht, als Dienstwagen ein kleines Auto zu fahren – die steuerliche Förderung von Dienstwagen müsste abschafft werden, will man den Autoverkehr reduzieren.

Petra auch

Als Franziska wieder in die Küche kommt, jetzt ruhiger ist und das Essen auf den Tellern dampft, hat Petra es geschafft, sich in Rage zu reden. Was diesen Fraktionsvorsitzenden der CDU in unserem Stadtbezirk reite, wenn der von »ideologisch geprägter Verkehrspolitik« des Senats spreche, weil man überlege, auf einer Straße den Radweg vom Bürgersteig auf die Fahrbahn zu verlegen. Warum die Grünen in dem Stadtbezirk mit solchen Leuten eine Zählgemeinschaft, wie hier die Koalitionen in den Bezirksvertretungen heißen, eingegangen wären. »Unfassbar – man muss sich doch fragen, was man will: Entweder immer so weiter wie dieser Herr, oder wir wollen was ändern. Dann muss man aber damit anfangen.«

Es ist das erste Mal, dass sie das sagt. Aber sie hat es in den Wochen zuvor häufiger gedacht. Je mehr Mühe wir uns privat geben, klimagerecht zu leben, desto wütender werden wir auf andere, die so weitermachen, als gäbe es kein Problem. Wütend auf den Bekannten, der von seinem neuen dicken und so komfortablen SUV – natürlich ein Dienstwagen – schwärmt. Auf die Debatten um das sogenannte fahrerlose bzw. selbstfahrende Auto. Denn man weiß eigentlich gar nicht so genau, was das soll: Das selbstfahrende Auto ist ja nur sinnvoll für jemanden, der anerkennt, dass die Zeit im Auto, im Verkehr, im Stau verlorene Zeit ist. Der sich lieber mit etwas anderem beschäftigt: ein Buch liest oder die Zeitung, die Mails oder im Internet surft, sich rasiert oder die Lippen schminkt – was man alles im morgendlichen Berufsverkehr schon jetzt Menschen im Auto machen sieht. Was man aber zumindest in den Städten auch im Bus oder in der Straßenbahn sehen kann.

Jetzt isst Petra endlich, was sie aber nicht davon abhält, weiter ihren Zorn rauszulassen.

Und wütend kann man auf viele und vieles sein: auf die Berliner Senats- oder Steglitz-Zehlendorfer Bezirksverwaltung oder wer auch immer dafür zuständig ist (das weiß man in Berlin nie so genau), die das Fahrradfahren so gefährlich und unbequem macht, weil sie auf den Radwegen pflegeleichtes, holpriges Verbundpflaster verlegen lässt oder erst gar keine Radwege baut. Die jetzt eine Polizei auf Rädern durch die Stadt schickt, um Strafzettel an Radler zu verteilen, die in falscher Richtung den Radweg benutzen. Oder mal eine rote Ampel ignorieren. Was zugegebenermaßen nicht richtig und auch gefährlich ist (vor allem für sie selbst). Die aber gleichzeitig alle Ampelschaltungen natürlich komfortabel für Autofahrer einstellt. Und nicht für Radler. »Ist doch Mist. Die Ampelschaltungen hier auf der Straße. Die dich immer wieder zum Halten zwingen, wenn du vom Einkaufen kommst.« Gemeint ist Günther, der etwas erstaunt ob ihrer Verve nickt. »Denn das ist schließlich nicht leicht. Deine 85 Kilo, die 18 Kilo vom Fahrrad und dann noch die 30 Kilo, die der Anhänger wiegt, wieder auf Touren zu kriegen.« – »Sind nur 81 Kilo.« – »Hä? Okay, nur 81. Was ich meine, ist, es verlangt halt mehr, als nur aufs Gaspedal zu treten.«

»Wir brauchen einfach positive Veränderungen. Und Beispiele dafür«, sagt Günther. »Die gibt es. Kannst du haben.« Petra ist in ihrem Element und zählt auf: In Stockholm, Oslo und London habe sich eine City-Maut bewährt, die für besser besetzte Busse und weniger Feinstaub und Stickoxide in der Atemluft sorgte. In Kopenhagen werden im Winter die Fußgänger- und Radwege vor den Straßen von Schnee und Eis geräumt – in Berlin eigentlich nie. Der Grund, warum Kopenhagen so handelt, ist einfach einzusehen: 40 Prozent aller Verkehrsteilnehmer nutzen das Rad – würden die sich bei schlechtem Wetter ins Auto setzen, wäre das Verkehrschaos perfekt. In Holland gibt es Ampeln, die bei Regenwetter die Wartezeit für Radfahrer verkürzen. Und keine Abbiegespuren an Straßen, die für Radfahrer lebensgefährlich, weil unübersichtlich sind und Autofahrer zum Rasen einladen. »Ja, ihr könnt natürlich aufstehen«, sagt sie zu Franziska gewandt, die sich innerlich schon längst aus dem Gespräch verabschiedet hat und gern die Küche verlassen möchte. Jakob nutzt ebenfalls die Gelegenheit.

»Aber daran, an den Beispielen aus Holland, merkt man, wie Verkehr gedacht wird. Man muss vom schwächsten Verkehrsteilnehmer ausgehen. Also Fußgänger haben mehr Rechte als Radfahrer und die wieder mehr als Autofahrer. Habe ich gestern erst gelesen: In den Niederlanden gibt es die sogenannte Verschuldensvermutung zugunsten nichtmotorisierter Unfallgeschädigter.«

Petra sieht ein Fragezeichen über Günthers Kopf. »Das bedeutet, dass bei einem Unfall immer zunächst davon ausgegangen wird, dass Radfahrer und Fußgänger unschuldig sind, bei Kindern unter 14 Jahren eigentlich sogar generell.«

»Dann achtet man natürlich stärker auf Radfahrer und Fußgänger und hupt sie nicht einfach so zur Seite.«

»Genau. Und die fühlen sich dann nicht nur sicherer, sondern sind es auch. Außerdem brauchen wir mehr Platz für Fahrräder und Radfahrer«, sagt Petra. »Überdachte Stellplätze an den S-Bahnhöfen. Auf einen Auto-Parkplatz passen lässig fünf Räder. Und Straßen mit Kaffeehaustischen und breiten Bürgersteigen sehen schöner aus als mehrspurige Asphaltwüsten mit Blechdosen am Rand. Ach, und« – es sprudelt nur so aus ihr heraus – »weniger Dienstwagen, mehr Dienstfahrräder, was steuerrechtlich ja kein Problem darstellt. Das haben die Landesfinanzminister ja inzwischen geregelt. Ideen gibt es reichlich, nicht zuletzt müsste der öffentliche Personenverkehr natürlich ausgebaut werden, sowohl innerorts als auch deutschlandweit – natürlich auch auf Kosten des Autobahnbaus.«

Doch die Realität sieht vergleichsweise trist aus. Berlin gab im Jahr 2015 lächerliche 3,80 Euro pro Einwohner für die Fahrrad-Infrastruktur aus – 2016 stieg der Betrag auf nicht ausgegebene 5 Euro pro Einwohner, 2017 dann auf 13 Euro. Zum Vergleich: Für den Autoverkehr waren es 83,50 Euro, für den öffentlichen Personennahverkehr 293,80 Euro (2012). Und noch ein Vergleich: Kopenhagen, wo die Rad-Infrastruktur inzwischen vorbildlich ist, gibt immer noch 21,40 Euro pro Einwohner aus, in London sind es 17,70 Euro, in Paris 13,50 Euro, in Madrid 12,70, und selbst das nicht als Fahrrad-Lobbyisten-Organisation verschriene Bundesverkehrsministerium empfiehlt, 10 Euro pro Person im Jahr für die Rad-Infrastruktur auszugeben. Richtig klotzen übrigens im Moment die Norweger: In Oslo, wo das Wetter oft auch richtig dreckig sein kann und Schnee und Frost das Radfahren nicht immer zum vergnüglichen Erlebnis machen, plant man mit 70,30 Euro pro Einwohner. »Dafür kann man wahrscheinlich die Fahrradwege sogar überdachen«, lacht Günther. Aber Petra antwortet ernst: »Sogar das könnte man sich hier an manchen Stellen leisten. Denk mal drüber nach, was der Weiterbau der A 100 hier in Berlin kosten soll. Knapp eine halbe Milliarde Euro für etwas mehr als drei Kilometer Autobahn.«

November

Licht, Strom, Heizung

Draußen ist es trübe. Die Temperaturen liegen nur ein paar Grad über dem Gefrierpunkt, und auf dem Gehweg glitzern die Pfützen. Es nieselt schon fast den ganzen Tag. Wenn es nicht nieselt, dann regnet es. Ein Wetter, bei dem man nicht aus dem Haus will – höchstens zum Auswandern. Eigentlich müssten Kälte und Feuchtigkeit auch auf einem Pferd unangenehm sein. Aber Franziska will trotzdem zum Reiten.

Der Reitverein unserer Tochter hat keine Halle, die Mädchen sind also bei jedem Wetter draußen – egal ob man reiten kann oder nicht. Bei Eis oder stark gefrorenem Boden ist es für die Pferde zu gefährlich, aber so schlimm kommt es selten. Und selbst dann gibt es genug zu tun. Das Wetter, egal wie kalt, heiß oder nass es war, hat Franziska jedenfalls noch nie davon abgehalten, ihren Nachmittag bei den Ponys zu verbringen. Dort stört sie das alles nicht.

Auf dem Weg zum Stall aber ist die Lage offensichtlich anders. Nachdem die Hausaufgaben erledigt sind, schlappt Franziska langsam die Treppen nach oben, öffnet noch langsamer die Tür zu Günthers Arbeitszimmer und sagt: »Papa?«

Günther dreht sich zu ihr. Pause.

»Papaaa?«

»Ja?«

»Ich möchte dich was fragen.« Sie druckst herum, Günther mustert sie schweigend. Er lächelt. Da traut sie sich und sagt schnell und ein bisschen vernuschelt: »Kannst du uns vielleicht mit dem Auto vom Reiten abholen? Die Mutter von Natalia bringt uns hin.«

Günther guckt erstaunt und fragt dann: »Zum Reiten ist das Wetter gut genug. Aber zum Fahrradfahren nicht?«

»Na ja«, druckst Franziska herum und murmelt, dass es kalt auf dem Rad sei. Leise, sehr leise, und ganz offensichtlich weiß sie selbst, dass das ein schlechtes Argument ist. Denn auf dem Fahrrad kann man sich in der Regel schon ein bisschen warm strampeln, jedenfalls mehr als im Reitsattel.

Franziska weiß das. Und sie weiß, dass ihr Vater weiß, dass sie das weiß. Doch sie steckt in einem echten Konflikt: Mit dem Auto gefahren werden wäre bequem, und auch die Freundin wäre dann glücklich. Immerhin hat die ihre Mutter bereits kleingekriegt. Aber anders als Franziska steckt die eben nicht mitten in einem Ökoexperiment.

»Ich hasse dieses Buch«, sagt Franziska plötzlich.

»Ach ja?«, sagt Günther und grinst. Da muss sie plötzlich auch grinsen. Weil sie natürlich genau weiß, dass sie nicht das Buch hasst. Immerhin wollte sie mehr als alle anderen von Anfang an ausprobieren, ob wir die Umwelt besser schützen können. Aber gerade jetzt in diesem Moment passt das schlicht nicht zum Lebensgefühl, und zum Wetter schon gar nicht. Und auch nicht zur momentanen Trägheit. Und außerdem will sie ihrer Freundin nicht erklären müssen, dass ihr Papa nicht fährt.

Es ist eine der Situationen, die wir alle fürchten und die uns jetzt im Spätherbst so richtig anweht. Es wird jetzt immer kälter und nasser, und die Tage werden kürzer. Im Oktober scheint oft noch die Sonne. Es gibt dann golden leuchtende Tage, das Herbstlaub glänzt, aber jetzt – jetzt versinkt Berlin in trüber Dämmerung. Man kann nachmittags um halb vier am Schreibtisch sitzen und zusehen, wie es schon wieder dunkel wird, obwohl es noch gar nicht richtig hell war. Berlin kann dann hart sein. Sehr hart. 50 shades of dark grey. Günther holt Mitte November seine Tageslichtlampe aus dem Keller und stellt sie auf seinen Schreibtisch. Da wird sie bis Ende Februar mindestens stehen bleiben. Glücklicherweise verbraucht die kaum Strom (38 Watt je Stunde), strahlt aber sehr, sehr hell und soll so gegen die aufkommende Winterdepression helfen. Günther glaubt jedenfalls fest daran.

An diesem Tag holt Günther die Mädchen mit dem Auto ab. Als er vor dem Reitverein steht, regnet es nicht. Franziska freut sich, obwohl sie ein schlechtes Gewissen hat, und nachdem ihre Freundin ausgestiegen ist, zwinkert sie Günther zu und sagt: »Okay. War eine Ausnahme.« Denn eigentlich fände Franziska es cool, wenn wir das Auto abschaffen würden. Ein bisschen komisch schon. Aber auch außergewöhnlich. Wir wären dann anders als die anderen. Und sie weiß: Für diese Fahrt zum Ponyhof, am 17. November, wird das Auto in diesem Monat zum fünften Mal benutzt – zwei der anderen vier Mal waren ziemlich unvermeidbar, weil große Gegenstände transportiert werden mussten (zwei Celli, eine Schubkarre). Zweimal ist Petra damit zum Markt gefahren.

Der November: der schlimmste Monat von allen. Wir wissen, dass der Winter kommt – und darauf freut sich keiner. Die Heizung läuft ab jetzt auf Hochtouren, Jakob dreht sie immer auf fünf, Petra auf vier, Franziska auch, Günther auf drei. Keiner hat ein Gefühl dafür, was die richtige Temperatur ist oder sein kann. Am 12. November sind es fünf Grad unter null, am 17. November dann neun oder zehn Grad plus. Jakob sitzt im T-Shirt in seinem Zimmer, stöhnt, dass es wahnsinnig warm sei, schafft es dann aber nicht, die Heizung runterzudrehen.

Als Petra abends aus dem Büro kommt, sucht sie Trost im Kühlschrank und stellt fest, dass der fast leer ist. Gute Laune durch schönes Essen: Fehlanzeige. Stattdessen Krach mit Günther. »Nix da!«, sagt sie mit einem ziemlich genervten Unterton.

»Es hat so geregnet, aber ich wollte nicht mit dem Auto zum Supermarkt fahren«, erwidert Günther.

»Blöder Ökoscheiß. Ich will jetzt ein ordentlich gewürztes Gulasch oder was anderes, was schön warm im Bauch und in der Seele macht. Ich fahr jetzt gleich mit dem Auto zum Laden.« Petra setzt sich muffelig an den Küchentisch. Ihre Laune ist ein bisschen so wie das Wetter: grau. Sie grummelt. Und grummelt.

Doch dann zaubert Günther aus einem Versteck den ersten Lebkuchen hervor. Macht einen Tee. Und danach in Windeseile Spaghetti Carbonara. Glücklichsein ist manchmal doch herrlich einfach.

Und unsere Klimabilanz für diesen Abend gerettet.

Später am Abend schaut Günther Petra über die Schulter, als sie in warme Decken gepackt auf dem Sofa mit dem Laptop spielt. »Was?«, sagt er, denn sie studiert gerade Angebote von Ryanair. Für nur neun Euro in den Süden. Klar kommen da noch ein paar Gebühren dazu, aber die Preise bleiben trotzdem unschlagbar billig, der Verlockung ist nur schwer zu widerstehen. Uns rettet, dass unsere Kinder am Wochenende mehr davon halten, mit ihren Freunden in Berlin unterwegs zu sein, als nach Lissabon zu fliegen. »Man darf doch mal träumen«, sagt Petra versonnen.

Am nächsten Tag kommt sie durchgefroren von der Arbeit nach Hause. Jetzt, wo es oft so nasskalt ist, fährt sie seltener mit dem Rad. Ausgeglichener macht sie das nicht. Aber im November hat der innere Schweinehund viel Kraft. »Jetzt in die Badewanne?«, sagt sie, tatsächlich mit einem Fragezeichen am Ende des Satzes.

»Ha! Erwischt! Und deine Ökobilanz?« Jakob hat das zufällig gehört und triumphiert. Oft genug haben wir ihn in den letzten Wochen wegen seines unendlich langen Duschens kritisiert, und das nicht nur wegen des Klimas. Wenn er so weitermacht, ruinieren uns noch die Heißwasserkosten, und viel Haut wird er auch bald nicht mehr haben.

»Ihr spinnt doch! Jetzt gilt hier schon Baden als politisch unkorrekt. Ökoterroristen!« Ganz offensichtlich war der Job von Petra heute nicht gerade erfreulich. Oder sie hat Hunger. Sonst würde sie nicht so gereizt reagieren.

Eine Stunde später kommt sie mit rosiger Haut und erkennbar besserer Laune wieder aus dem Bad. Und sagt: »Ja, die Badewanne war nicht nötig. Aber schön. Das war jetzt mein privater ökofrevelnder Luxus.«

Aber war es das wirklich? Wie viel CO_2 wird durch eine Wanne produziert? Zwei Kilo etwa, sagen Statistiken – eine schnelle Dusche hätte ein Viertel verbraucht. Irgendwie sind wir uns über uns selbst nicht mehr ganz im Klaren. Sicher ist es klug, Wasser und Energie zu sparen. Aber übertreiben wir es nicht allmählich? Werden wir gerade verrückt, weil wir jetzt alles immer auf seine Klimafolgen überprüfen?

»Ich glaube, wir müssen uns langsam mit der Kälte und der Dunkelheit abfinden – für die kommenden Monate«, sagt Günther abends zu Petra. Sie sitzen im Wohnraum, es brennen sechs Lampen, eine davon mit vier, eine andere mit fünf Glühbirnen – getreu dem Motto, dass man viel Licht braucht, um einen Raum abzudunkeln. »In ein paar Wochen hat sich das hoffentlich eingependelt.« Petra zündet zu den vielen Lampen noch ein paar Kerzen an – Stimmungsaufheller.

Gleißend hell ist es nicht, aber müssten wir nicht trotzdem die ein oder andere Lampe ausschalten? Glücklicherweise nutzen wir in unserem Haus – das hat auch Karl-Heinz Dubrow, der Energieberater, der uns im Januar besuchte, positiv vermerkt – keine von diesen großen Halogendeckenflutern, die gern mal 250 oder gar 500 Watt wegknallen. »Die Dinger sind besonders schlimm«, hatte Herr Dubrow erläutert. »Erst sagen die meisten Leute, dass sie meist nur die kleine Leselampe, die oft da dran ist, nutzen würden, wenn man dann aber nachfragt, stellt man doch fest, dass die Fluter lange brennen. Und dann verbraucht man mindestens 250 Watt Strom in der Stunde.« Brennt so eine Lampe zwei Stunden, entspricht das etwa dem Stromverbrauch einer modernen Waschmaschine bei einem 40-Grad-Waschgang.

Herr Dubrow sagte damals wenig zu unseren Lichtquellen. Die meisten leuchten mit Halogenbirnen, solchen, die mit weniger Stromverbrauch als normale, alte Glühbirnen dieselbe Helligkeit erreichen, aber noch nicht wirklich energiesparend sind. Herr Dubrow meinte nur, dass LED-Lampen bei gleicher Helligkeit im Schnitt nur 18 Prozent der Energie einer alten Glühbirne verbrauchen würden und etwa ein Drittel der Energie unserer jetzigen Leuchtkörper.

Jetzt im November fällt es uns jedenfalls auf, wie viel Licht stundenlang brennt, auch weil drei Teile der Familie – alle außer Günther – den Lichtschalter in der Regel nicht finden, wenn sie einen Raum verlassen. Oder nicht finden wollen. Günther fühlt sich deswegen manchmal wie der Hausmeister, wenn er wieder mal auf einem Gang durchs Haus in *jedem* Zimmer eine Lampe ausgemacht hat. Er nimmt sich vor, jetzt die Glühbirnen durch LEDs zu ersetzen, er will jetzt wirklich Ernst machen beim Energiesparen durch bessere Beleuchtung. Lampen abschaffen, das hat Petra ihm deutlich gesagt, ist nicht. Dann würde die Novemberdepression bei ihr endgültig zuschlagen, und das will keiner erleben. Dieses Argument hat gezogen.

Glühlampen, keine Birnen

Also steht Günther eines Nachmittags im November im Baumarkt. Er musste eh dorthin, den Fahrradanhänger mit Streu, Stroh und Heu für den Kaninchenstall vollladen. Das geht schnell, aber dann steht er staunend vor einer gefühlt endlos langen Regalwand, die von oben bis unten mit Leuchtkörpern verschiedener Größen und Arten vollgestopft ist. Günther schaut sich hilflos um, nimmt das erste Päckchen in die Hand, legt es wieder weg, geht ein paar Schritte weiter. Kapitalismus kann manchmal echt anstrengend sein. Wer will schon zwischen 500 verschiedenen Glühbirnen und deren Verwandten auswählen? Zu allem Überfluss wird das Ganze mit Musik und fröhlichen Lautsprechersprüchen berieselt. Shopping-Radio.

Früher ging man in einen Laden und kaufte Glühbirnen. Jedenfalls Laien wie wir – die Profis kauften damals schon Glühlampen oder Glühfadenlampen oder Glühlichter, wie die Dinger richtig heißen (Handys heißen in Wirklichkeit ja Mobiltelefone, auch wenn sie keiner so nennt). Man wählte nach Fassung (dick oder schmaler) und Wattzahl aus: Eine 100-Watt-Glühlampe war sehr hell, eine 25er ziemlich trübe, in Wohnräumen nutzte man meist zwischen 40 und 100 Watt, für den Kühlschrank oder beim Nachtlicht der Kinder reichten 15 Watt vollständig. Heute ist das offensichtlich eine Wissenschaft.

Ha. Ein Verkäufer im orangen Dress läuft nicht schnell genug durch den Gang, und so schnappt sich Günther den und fragt nach, ja, nach was: »Entschuldigung, ich suche eine Glühbirne, nein, keine Glühbirne, aber so etwas Ähnliches, was schönes Licht macht und wenig Energie braucht!«

Der Mann guckt mitleidig. »Glühbirnen jibet nich mehr, die jabet aber ooch noch nie«, und fügt hinzu: »Birnen jibet auf dem Markt. Wenn schon, dann meenen Se Glühlampen.« Günther stöhnt innerlich, er liebt solche Berliner und antwortet: »Na, dann verkaufen Sie mir eben was Lampenähnliches, das etwa 40 Watt hell ist.«

»Helligkeit wird nicht in Watt gemessen. Det ist nur die Einheit für den Stromverbrauch«, antwortet der Verkäufer nun, fügt aber beschwichtigend hinzu: »Wissen aber viele nich. Ick erklärs Ihnen.«

Helligkeit – so lernt Günther – misst man eigentlich in Lumen. Und der Mann in Orange erklärt für Laien: Bei den alten Glühlampen hing wegen ihrer Technik der Stromverbrauch, der in Watt gemessen wird, unmittelbar mit der Helligkeit zusammen. So strahlen alte 100-Watt-Lampen mit etwa 1380 Lumen, 25 Watt mit 230 Lumen, 40 Watt mit 430 und 60 Watt schließlich mit 730 Lumen. Heute haben Stromverbrauch und Helligkeit nichts mehr miteinander zu tun. So gibt es LEDs, die nur sechs Watt Strom verbrauchen, aber problemlos mit 730 Lumen leuchten. Aber um Menschen, die gewohnt sind, in Watt zu denken, den Einkauf etwas zu erleichtern, steht auf den neuen Packungen mitunter auch drauf, welcher alten Wattzahl die Birne (Lampe!) da drin in ihrer Leuchtkraft so ungefähr entspricht.

»Prima«, sagt Günther. Er greift beherzt zu und packt die ersten LED-Lampen (ja!) ein. Da sagt der Orange plötzlich: »Stopp.«

»Wieso?«

»Ja, wofür brauchen Se die Lampen denn?«

»Ja, für Licht. Licht zu Hause.«

»Das dacht ick mir schon. Aber für welche Räume?«

Und er erklärt noch mehr: Neben der Lumen-Zahl ist noch eine andere Zahl auf der Packung wichtig: »Kelvin. Die bezeichnet die Farbtemperatur der LED, nämlich ob das Licht eher gelblich warm oder bläulich kühl wirkt. Wissen Se doch: Alte Glühlampen machten so ein schön warmet Licht.«

»Ja, so etwas hätte ich gern.«

»Dann nehmen Se Lampen mit niedrigen Kelvin-Werten.« Und er erklärt noch, dass generell Farbtemperaturen bis 3300 Kelvin als warmweiß bezeichnet werden, Farbtemperaturen von 3300 Kelvin bis 5300 Kelvin als neutralweiß und über 5300 Kelvin als tageslichtweiß. »Je niedriger der Wert, desto jemütlicher.«

»Und damit es Ihnen hier nicht zu gemütlich wird«, sagt Günther und deutet nach oben, »haben die Strahler an der Decke mindestens 4000 Kelvin.« Dort gleißt ein grellweißes Licht.

»Nee, eher 5500«, antwortet der Mann in Orange. Grinst und schlurft weiter.

Günther sagt zu seinem Rücken noch »Danke vielmals«. Und beginnt einzupacken: LEDs mit 430 Lumen und unter 3300 Kelvin für die Wohnräume, LEDs mit 730 Lumen und 3300 Kelvin für die Diele, solche mit 730 Lumen und 4000 Kelvin für die Küche, eine mit über 5000 Kelvin für sein Arbeitszimmer. Denn dieses neutralweiße oder tageslichtweiße Licht soll aktivierend und konzentrationsfördernd wirken.

Zu Hause tauscht er stolz die Halogenlampen gegen LEDs aus. Wo das Licht fast immer brennt – also in Jakobs Zimmer, weil der einfach den Aus-Schalter nicht findet –, werden LEDs reingeschraubt, die alten Halogenlampen werden dort installiert, wo Licht seltener genutzt wird: in der Abstellkammer zum Beispiel oder im Gästezimmer. Und insgeheim hofft Günther, dass die bald durchbrennen und dann ersetzt werden müssen. Intakte Glühbirnen – kaum ist er aus dem Baumarkt raus, verfällt er wieder in Alltagssprache – wegzuschmeißen, schafft er einfach nicht.

Und er ist überrascht: Ganz offensichtlich hat sich in der Lampenindustrie nach dem Verbot der Glühbirne schnell etwas getan. Jedenfalls erinnern die neuen Lichtquellen in nichts mehr an die ersten Energiesparlampen. Das fällt auf, wenn wir in den Keller gehen. Denn dort benutzen wir noch die alten Dinger, sie brauchen eine Weile, bis sie hell leuchten, und dann ist das Licht scheußlich. Schaut man bei einer solchen Beleuchtung in den Spiegel, will man sich sofort freiwillig in eine Klinik einliefern lassen. »Da sieht man immer aus, als habe man gerade eine Fischvergiftung«, sagt Petra dazu. Aber die Dinger gehen einfach nicht kaputt.

Die LEDs können wir nun tatsächlich ohne schlechtes Gewissen länger brennen lassen. Denn während wir mit herkömmlichen Halogen- oder Glühbirnen bei voller Beleuchtung – hier eine Leselampe, dort ein Stehlämpchen, noch eine indirekt aufgestellte Leuchte, da die Deckenlampe und noch eine leuchtende Kugel in der Ecke – auf gut 700 Watt pro Stunde im Wohnzimmer kamen, sind es mit LEDs nur etwa 50 Watt. Was immerhin bedeutet, dass wir parallel noch unseren neuen Staubsauger die ganze Zeit lang laufen lassen könnten. Oder dass wir konkret etwa 150 Gramm Kohlendioxid pro Stunde einsparen würden, wenn wir den sogenannten Strommix, also das, was als Normalstrom in die Haushalte fließt, nutzen würden. Bei zwei Stunden Beleuchtung am Tag (was ja wenig ist) sind das im Jahr immerhin knapp 110 Kilogramm CO_2.

Trotzdem läuft Günther, wenn sich alle abends nach oben in ihre Gemächer verkrochen haben oder morgens zur Schule oder ins Büro sind, erst einmal durch das Haus, löscht die letzten Lampen – vielleicht hat er ja wirklich ein Hausmeister-Gen.

Stromanbieter und Stromsparer

Oder er denkt zu viel über Strom und das Klima nach. Inzwischen sieht er nämlich überall Möglichkeiten zum Energiesparen. Aber auch Ungereimtheiten.

Erst vor ein paar Tagen, als er seine Eltern besuchte, zeigte ihm sein Vater einen Brief der Stadtwerke Krefeld. Diese kündigten in dem Brief eine Preiserhöhung für den Strom an und empfahlen seinem Vater, den Tarif zu wechseln. Vom Normalstrom zu ihrem Ökostromangebot. Der preisliche Unterschied: Bei Normalstrom ist die monatliche Grundgebühr niedriger und der Preis der Kilowattstunde höher als beim Ökostrom. Günther und sein Vater rechneten das Angebot auf Grundlage des aktuellen Stromverbrauches nach: Durch das Ökostromangebot könnten Günthers Eltern 75 Euro im Jahr sparen.

Das Erstaunliche dabei ist aber: Günthers Eltern haben einen sehr hohen Stromverbrauch. Einen erstaunlich hohen. In dem ganzen Haus gibt es keine Energiesparlampen, dafür aber einen alten Staubsauger, einen alten Kühlschrank, einen noch älteren Gefrierschrank. Die Waschmaschine läuft als Qualitätsprodukt auch schon seit drei Dekaden und immer mindestens auf 40 Grad, oft heißer, und der Wäschetrockner wird ebenfalls fleißig genutzt. Dazu kommen zahlreiche Geräte, die immer auf Stand-by betrieben werden.

Günthers Eltern sind schon sehr alt, und so verzichtet er darauf, bei ihnen den Öko-Missionar zu spielen. Neue Geräte zu kaufen, den Stand-by-Modus abzuschalten, das will er ihnen nicht mehr zumuten.

Absurd ist nur: Wären sie Energiesparer oder zumindest energiebewusste Nutzer, wäre der Wechsel in den sogenannten Ökotarif sinnlos. Denn das ist eindeutig: Was die Stadtwerke Krefeld »Ökotarif« nennen, lohnt sich für den Privatkunden nur, wenn er möglichst viele und große Energiefresser im Haushalt nutzt. Wenn er also nicht umweltbewusst handelt. Sehr merkwürdig.

Das findet auch Anja Cäsar von der Stadtratsfraktion der Grünen in Krefeld, die im Aufsichtsrat der Stadtwerke sitzt. Günther hat sie kurzerhand angerufen und danach befragt. »Seltsam und widersprüchlich«, sagt sie. Sie gesteht aber, die Stromtarife so im Detail nicht zu kennen – was schade, aber verständlich ist, denn als Aufsichtsrat hat man es doch meist mit anderen Dingen zu tun. Sie sagt dann aber den ziemlich klugen Satz: »Stromanbieter wollen halt immer möglichst viel Strom verkaufen. Was natürlich im Widerspruch dazu steht, dass wir als Gesellschaft Energie sparen wollen.«

Sie selbst nutze den Strom von Greenpeace Energy. Bei denen kennt Günther aus alten Zeiten einen der Pressesprecher. Michael Friedrich, einst Redakteur beim *Greenpeace Magazin,* für das Günther früher oft geschrieben hat. Den ruft er an: »Michael, wollt ihr möglichst viel Strom verkaufen?« – »Nee, wir wollen zwar möglichst viele Kunden gewinnen, denn jeder Grünstromkunde mehr bringt den Klimaschutz voran. Aber wir setzen als Genossenschaft nicht darauf, dass die möglichst viel Strom verbrauchen.« Und Michael Friedrich ergänzt: »Unser Ziel sind keine Gewinne. Wir wollen als Unternehmen zwar solide wirtschaften. Unsere Genossen erwarten von uns aber keine Rendite, sondern einen erfolgreichen Einsatz für die Energiewende.« Dann reden die beiden noch über die Kinder, die Arbeit, darüber, dass man sich unbedingt mal wieder sehen sollte, und anderes, was nicht unbedingt hierhin gehört.

Unsere Familie bezieht Strom bislang ja von Lichtblick. Auch die verkaufen Ökostrom, sind aber keine Genossenschaft, sondern ein stinknormales gewinnorientiertes Unternehmen – was ja nicht schlecht sein muss. Aber warum werben die denn mit Stromsparen? Aus Imagegründen? Günther ruft den Unternehmenssprecher Ralph Kampwirth an. »Wir sind uns doch einig, dass die Deutschen möglichst wenig Strom verbrauchen sollen?« – »Ja.« – »Heißt das dann aber nicht, dass Sie sich als Unternehmen langfristig überflüssig machen müssen – oder zumindest Ihr Umsatz immer kleiner statt größer werden muss?« Kampwirth lacht. »Gute Frage«, sagt er. »Natürlich wollen wir nicht schrumpfen, aber wir werben trotzdem fürs Stromsparen. Das muss kein Widerspruch sein.« Er erläutert, dass Lichtblick sogar einen Bonus zahlt, wenn die Kunden im Jahr zehn Prozent oder mehr Strom einsparen würden. »Unser Geschäftsmodell verändert sich. Die Zukunft liegt nicht mehr im Stromverkauf.« Lichtblick werde sich vom Stromlieferanten zum Energiedienstleister wandeln. Er wirft den Begriff »Schwarm-Energie« in das Gespräch und spürt wohl, dass am anderen Ende der Telefonleitung über Günthers Kopf ein großes Fragezeichen leuchtet.

Lichtblick geht davon aus, dass sich der Energiemarkt verändern wird, dass die Zeit der großen Kraftwerke vorbei ist. Kampwirth: »Wir glauben, dass perspektivisch immer mehr Menschen selbst saubere Energie erzeugen und speichern werden, sei es durch Solaranlagen oder Wärmepumpen oder in ihren Elektroautos. Und unser Job wird es sein, diese Menschen miteinander zu vernetzen, den Strom dann dahin zu bringen, wo er gebraucht wird. Für Netzstabilität zu sorgen.« Das sei die Perspektive für die Zukunft – Strommanagement. Kampwirth lacht erneut: »Nur so können wir sicherstellen, dass wir nicht überflüssig werden.«

Günther versichert ihm, dass das so schnell bestimmt nicht der Fall sein werde. Ein Leben ohne Steckdosen – das sei schließlich unvorstellbar, und das nicht nur für die Generation Handy. Wären wir nicht Klimaretter, würden bei uns sicher noch mehr Glühbirnen, ja, er sagt es wieder, brennen und auch mehr Geräte im Stand-by-Modus laufen. Günther vermutet, dass der Stromverbrauch auch deswegen hoch bleiben wird, weil keiner genau weiß, was er wann wirklich kostet. Am Abend fragt er Petra: »Würdest du anders Strom verbrauchen, wenn du direkt wüsstest, was er kostet?« Sie denkt nach: »Wenn ich auf einem Campingplatz dusche und ich da so Münzen einwerfen muss, dann dusche ich kurz. Zu Hause dusche ich lang. Wenn ich Auto fahre, bemühe ich mich, defensiv zu fahren und Benzin zu sparen. Wenn ich also direkt darüber informiert werde, wie viel ich verbrauche, bin ich sparsam. Gibt es den Zusammenhang nicht, ist mir der Preis oft egal. Und die Stromrechnung kriegen wir ja nur einmal im Jahr, den Rest der Zeit wird einfach abgebucht. Kein Wunder, dass ich da nie drüber nachdenke.«

Ob der wöchentlich, täglich oder gar aktuell angezeigte Verbrauch helfen würde? Petra und Günther sind unsicher. Schaden würde es nicht, man hätte eine bessere Grundlage, auf der man sein Verhalten überprüfen könnte. Was ja auch durch die Smart Meter kommen soll, die digitalen Stromzähler, die genau anzeigen, wann man wie viel Strom verbraucht hat.

»Wenn wir so ein Ding hätten, dann könnte ich hier auf dem Handy per App sehen, wie der Verbrauch runtergeht, wenn ich diese Lampe ausschalte«, sagt Günther, während er die Lampe ausschaltet, »und sehen, wie der Verbrauch hochgeht, wenn ich jetzt mein Handy ans Ladekabel anhänge, damit ich morgen wieder die Stromspar-App nutzen kann.« Er sagt's, stöpselt das Kabel ein, knipst noch zwei Lampen aus. Und er dreht wie jeden Abend die Heizkörper herunter.

Blumen blühen im November

Am Morgen ist der Winter da: Es muss sehr kalt in der Nacht gewesen sein. Wunderschöne Eisblumen zieren die äußeren unserer Doppelkastenfenster. Herrlich filigrane Gewächse, die sich dann – nach ein paar Stunden – in nicht ganz so wunderschöne Pfützen auflösen. Wir trocknen die beschlagenen äußeren Scheiben, legen Handtücher zwischen die Fensterrahmen. Und aus den Tiefen unseres Bewusstseins drängen längst vergessene Sätze nach oben. Die hatte unser Energieberater Herr Dubrow im Januar in seinen Bericht geschrieben: Er hatte sich unsere Heizmengen angesehen, festgestellt, dass sie etwa 100 Kilowattstunden pro Quadratmeter Wohnfläche betrügen, was nicht schlecht ist, wenn man bedenkt, dass sie im Idealfall bei unter 50 Kilowattstunden pro Quadratmeter, in äußerst schlechten Fällen bei 250 Kilowattstunden pro Quadratmeter liegen. Er hatte aber die letzten, eher wärmeren Winter zur Grundlage seiner Berechnung genommen.

Und in seinem Bericht hatte gestanden: »Die Fenster sind undicht und verursachen hohe Wärmeverluste.« Als Tipp folgte dann: »Die Falzdichtungen zwischen Flügel und Blendrahmen sollten erneuert werden.« Was nett formuliert ist, aber so nicht stimmt: Es gibt in den alten Kastenfenstern überhaupt keine Falzdichtungen. Kein Wunder, dass es überall mitunter doch recht stark zieht und sich die Eisblumen an den äußeren Fenstern bilden. Ein sicheres Zeichen dafür, dass es zieht.

Wir hatten das Abdichten der inneren Fenster damals auf das Frühjahr oder den Sommer vertagt. Aber dann war so viel los: der Garten, die Urlaubsplanung, die Arbeit, Radtouren, das abendliche Baden im See. Und schließlich gibt es im Sommer ja auch keine Eisblumen. Deshalb bemüht sich Günther nun, einen Tischler für unsere Fenster zu finden. Der erste, den er übers Internet anschreibt, antwortet sofort. Super, denkt Günther, bis er die eine Antwortzeile liest: »Vor März werde ich leider keine freien Termine haben. Sorry.« Hätte man sich doch im Sommer kümmern sollen? Günther googelt weiter.

Beim übernächsten Tischler hat er endlich mehr Glück. Bernd Aepfler antwortet ebenso prompt und schlägt vor, dass er am kommenden Freitag um 8.30 Uhr vorbeischaut und die Rahmen auf Vordermann bringt.

Überpünktlich um 8.25 Uhr klingelt es. Am Gartentor steht Bernd Aepfler, die Dichtungsnutfräse der Firma Wegoma schon in der Hand. Doch er braucht nicht nur dieses Gerät, mit dem er Nuten in die Fensterrahmen schneidet, sondern auch noch einen Staubsauger, zwei Kunststoffböcke, mehrere Werkzeugkästen und drei Rollen à 100 Meter unterschiedlich dicker sogenannter Silikonschlauchdichtungen.

Im Keller baut er seine provisorische Werkstatt auf: Er schraubt den Schlauch der Fräse an den Staubsauger, stellt die Böcke in den Raum. Dann geht er eine Etage nach oben und hängt in der Küche den ersten Fensterflügel aus. Er geht damit die Treppe runter, legt ihn auf die Böcke, und die Maschine sirrt los: Das Ding ist etwa so laut wie ein Staubsauger, nur im Frequenzgang eines Zahnarztbohrers, eigentlich kein Geräusch, das man den ganzen Tag hören will.

Der erste Fensterrahmen ist fertig gefräst, Bernd Aepfler zieht die Silikonschlauchdichtung von der Rolle, drückt sie mit einem Rädchen wie ein Pizzaschneider, nur eben etwas breiter und nicht scharf, in die Nut. Die feine Membran des Silikonschlauchs soll sich jeder Unebenheit zwischen Fensterflügel und -rahmen anpassen und so das Fenster gegen Zugluft abdichten. Auch gegen Straßenlärm, aber das ist weniger unser Problem. Vorab: Beides schafft sie.

Alles passt, nun trägt Bernd Aepfler das Fenster wieder nach oben und hängt es wieder ein. Passt auch hier, jedenfalls fast, eine kleine störende Kante wird noch abgeschnitten. Der nächste Fensterflügel ist dran. Und so geht es den ganzen Tag: Fensterflügel raus, in den Keller, Fräse an, lautes Sirren, Dichtungen reindrücken, Fenster nach oben, einsetzen, den nächsten ausbauen. Um 18.25 Uhr, nach zehn Stunden treppauf, treppab und fräsen und Dichtungen einsetzen, hat Bernd Aepfler zum einen ordentlich was für seine Kondition getan und zum anderen keine passenden Dichtungen mehr. Vier Fenster, insgesamt acht Fensterflügel in Bad, Toilette, in Günthers Arbeitszimmer und im Gästezimmer bleiben für den Samstagvormittag übrig.

Diesmal kommt Bernd Aepfler um 9.30 Uhr. Wieder Fenster aushängen, schleppen, fräsen, Dichtungen rein, Fensterflügel einhängen, Fensterflügel aushängen, schleppen, fräsen, dichten. Zwischendurch ein Kaffee. Schließlich alles aus dem Keller räumen, die nun leeren Papprollen, auf denen das Dichtungsband aufgerollt war, ins Altpapier entsorgen, noch einmal durch das Haus gehen und alle Fenster nachmessen, damit er weiß, wie viel Meter Silikonschlauchdichtung er verbaut hat. Ein bisschen fachsimpeln, wo und was ansonsten noch an den Fenstern gemacht werden müsste – komplettes Aufarbeiten des Lackes. Und Tschüss, weg ist er. Noch am Abend kommt per Mail die Rechnung: Insgesamt 154,60 Meter Silikonschlauchdichtung, alles zusammen inklusive Einbau und Mehrwertsteuer 1313,84 Euro, bei Sofortzahlung 2 Prozent Skonto. Wenn wir zufrieden seien, sollten wir ihn doch weiterempfehlen, hatte er noch gesagt. Was wir hiermit tun.

Von nun an brauchen wir kein Kissen im Nacken mehr, um uns auf dem Sofa vor dem Fenster vor Zugluft zu schützen. Es zieht unter dem Wohnzimmertisch nicht mehr, Petra kann also den ökologisch hochproblematischen elektrischen Heizschuh (den aus dem ersten Kapitel) endgültig in den Keller stellen. Und morgens sind die Wohnräume längst nicht mehr so kalt, obwohl die Heizung aus war.

Nur die Eisblumen, die früher die Fenster verzierten, die vermissen wir jetzt manchmal.

Dafür wäre Herr Dubrow bestimmt stolz auf uns. Wir ärgern uns, dass wir das nicht schon viel früher angegangen sind. Und sind gespannt auf die nächste Heizkostenrechnung.

Dezember

Richtig schenken – und Feste feiern!

Jedes Jahr Anfang Dezember hält ein riesiger Lastwagen an der Ecke unserer Straße. Vollgeladen mit Metallgestellen und Betonfüßen. Arbeiter in Blaumännern steigen aus, laden alles ab, stecken Metallstangen in die Betonfüße, hängen Gitter ein und zäunen so ein Rasenkarree ein. Sie stellen da einen Bauwagen rein, und an den Zaun hängen sie zwei große Plastikplanen mit der Aufschrift: Nordmann-Tannen. Ab 12,90 Euro. Zwei Tage später kommt der nächste Laster und lädt die grünen Tannenbäume ab – in verschiedenen Größen: von einem knappen Meter bis zu vier Meter Höhe: Weihnachten naht.

Überall in der Stadt stehen nun Weihnachtsbaumverkaufsstände – temporär aufgebaut, oft auf Freiflächen, wie bei uns an der Ecke, wo sich eine mit ein paar Kiefern bewachsene Wiese an einer Hauptverkehrsstraße erstreckt. Unserer stört uns nicht weiter, aber das ist nicht überall so. Für den Verkaufsstand »Tannen-Glück«, der regelmäßig im Dezember am S-Bahnhof Schönhauser Allee am Prenzlauer Berg aufgestellt wird, müssen ausgerechnet die etwa 50 überdachten Fahrradstellplätze weichen. Schon klar, die Tannen will keiner im Regen stehen lassen. Wen kümmern da in Berlin schon die Fahrräder? Auf die Idee, mal den Autos den Platz wegzunehmen, kommt keiner – und schon während wir das aufschreiben, merken wir: Am Ende eines Jahres voller Diskussionen übers Klima sind wir wahrscheinlich für den Durchschnittsdeutschen längst zu Öko-Ayatollahs mutiert.

In diesem Jahr kaufen wir keinen Weihnachtsbaum. Wir könnten das jetzt mit der miesen Ökobilanz der Nordmann-Tanne begründen. Die Dinger werden nämlich, wie wir inzwischen gelernt haben, in großen Plantagen gern in Dänemark angebaut, mit ordentlich Dünger zum Turbowachstum gebracht, heftig gespritzt und dann per Laster durch Europa gekarrt. Wenn man Pech hat, bringt so ein Weihnachtsbaum also keine schöne Natur ins Wohnzimmer, sondern einen Chemiecocktail. So was liest man unweigerlich, wenn man mehr auf Umweltportalen und Internetseiten unterwegs ist. Und das sind wir in diesem Jahr sicherlich. Ob uns das aber dazu gebracht hätte, eine deutsche Tanne, Kiefer oder Fichte zu kaufen?

Aber wir sind Weihnachten, wie immer, sowieso nicht in Berlin, sondern auf Verwandtschaftstour. Lange Zeit hat uns das nicht gestört und Petra und die Kinder auch nicht daran gehindert, das Haus weihnachtlich zu schmücken, mit Sternen an den Fenstern, Weihnachtsfiguren auf den Treppen und natürlich einem Baum. Denn wir haben es so gemacht, wie wir es in Belgien gelernt haben. Dort stellt man den Weihnachtsbaum schon am ersten Advent auf – quasi als Adventskalender –, und oft fliegt er dann schon am ersten Weihnachtstag auf die Straße. Doch in diesem Jahr legen die Kinder keinen ganz so großen Wert mehr auf die Nordmann-Tanne und akzeptieren leicht grinsend die Erklärung von der deutschen Weihnacht, wohl auch weil sie zu faul zum Schmücken sind. Günther freut das, er ist eher der Weihnachtsmuffel. Petra bedauert es an ein paar Abenden und tröstet sich mit einem besonders üppig geschmückten Adventskranz.

Schenken: Was, wem und warum?

Wie immer in den vergangenen Jahren schwanken wir auch in dieser Adventszeit wieder alle zwischen echter Vorfreude auf eine freie Woche, auf die Auszeit mit der Familie, das Wiedersehen mit den weit entfernt lebenden Großeltern – und einem sich stetig steigernden Stressgefühl. Letzteres hat natürlich mit den Geschenken zu tun, oder besser, mit den noch nicht ausreichend vorhandenen Geschenken – wie bei den meisten anderen Leuten, die in diesen dunklen Tagen durch die hell erleuchteten Fußgängerzonen hasten, in den Händen große Plastiktüten. Also mit der großen Frage: Was soll wer kriegen? Und warum?

An einem Samstagnachmittag, Petra hat gerade den Teig für die Plätzchen kalt gestellt und sich mit einer Zeitung und einer Tasse Tee auf das Sofa im Wohnzimmer gekuschelt, kommt Jakob dazu.

Er setzt sich neben seine Mutter, schweigt, aber ganz offensichtlich liegt ihm etwas auf der Zunge. Schließlich fasst er sich ein Herz und sagt: »Was wünschst du dir zu Weihnachten?« Bevor Petra antworten kann, fügt er dann noch hinzu: »Bitte sag jetzt nicht, dass du nichts brauchst. Das weiß ich. Das nützt mir aber nichts. Ich will Weihnachten nicht mit leeren Händen dastehen.«

Das Gefühl kennen wir alle. Natürlich wollen wir den anderen etwas schenken, auch wenn die oft genug beteuert haben, dass sie nichts brauchen. Oder dass ihnen eine Kleinigkeit reicht, etwas Selbstgebasteltes oder auch nur eine Umarmung und ein Kuss. Selbst sind wir uns sicher, dass wir genug besitzen. Dass wir keinen Geschenk-Overkill möchten. Den gab es früher viel zu oft, wenn wir – als die Kinder noch kleiner waren – mit ihnen zum Weihnachtsfest zu den Großeltern fuhren. Aber können wir den anderen glauben, dass das bei ihnen wirklich ganz genauso ist?

Sheldon, der schrullige Nerd aus Franziskas Lieblingsserie »Big Bang Theory« sagt das in einer Folge so: Schenken ist eine soziale Konvention, die verlangt, dass der Beschenkte dem Schenkenden etwas im gleichen Wert zurückschenkt. Er kriegt deshalb eine Panikattacke, als die Nachbarin Penny ihm ein Geschenk ankündigt – und er keines hat. So fährt er sofort in die nächste Parfümerie und kauft dort unterschiedlich große und teure Geschenkpackungen, um so für jedes Geschenk gewappnet zu sein.

Man braucht gar nicht zu beschwören, dass sich das sogenannte Fest der Liebe in ein Fest des Kommerzes verwandelt hat und wie schade das ist. Das ist überhaupt nicht originell, das weiß jeder, und doch kann sich keiner von dem Druck frei machen, der sich in der Adventszeit langsam steigert. Was Kleines, was Originelles sollte dann doch schon sein. Ist ja nur einfallslos, gar nichts zu verschenken – so die Sorge. Wie aber schenkt man klimaneutral?

Günther und Petra haben das Thema für sich, also ehepaarintern, schon seit ein paar Jahren pragmatisch erledigt und ein 20-Euro-Limit eingeführt. Was auch Stress macht, denn wie gesagt: Schön und originell sollte es ja schon sein. Aber die großen Dinge kaufen sie sowieso gemeinsam, das Geld fließt in einen gemeinsamen Topf. Die wichtigen und die für den Haushalt nötigen Ausgaben werden gemeinsam besprochen, und so kommt keiner auf die Idee, dem oder der anderen etwa einen Teppich, ein Bild für über die Couch oder einen Mixer zu »schenken«. Wäre ja noch schöner.

»Ich brauche wirklich nichts«, sagt Petra zu Jakob. Der guckt enttäuscht, hatte er doch auf mehr gehofft. »Wir haben doch alles. Und das, was fehlt, brauchen wir nicht oder kriegen es nicht – jedenfalls im Rahmen unseres Budgets.« Das hilft Jakob nicht wirklich, auch nicht als sie erzählt, wie sie zum ersten Mal darüber nachgedacht hat, dass das, was sie kaufen wollte, doch irgendwie total überflüssig war. »Das war bei Tchibo, diesem Kaffeeladen, der aber eigentlich mehr Geld mit allem möglichen anderen macht. Ich war dort in einer Mittagspause und hatte eine Vase in der Hand. Die war ganz hübsch, aber plötzlich dachte ich: Zu Hause stehen schon zwanzig Vasen im Schrank. Vielleicht auch nur zehn.«

Natürlich fehlt trotzdem immer die richtige Größe. Und die, die sie in dem Augenblick in der Hand hatte, schien die Lösung zu bieten. Dann fiel Petra aber auf: Das Vasengrößenproblem scheint ein Naturgesetz zu sein und würde sich durch das neue Exemplar nicht ändern lassen. »Na ja«, erzählt sie Jakob, »der Grund, warum ich die Vase kaufen wollte, war ein anderer. Es war ein Gefühl. Ich hatte mich im Büro geärgert und wollte mir einen Moment Glück kaufen. Und dann habe ich mich daran erinnert: Oft waren Gefühle der Grund für Käufe.«

»Kenn ich«, sagt Jakob.

»Glaube ich nicht«, antwortet Petra. »Bislang bist du mir nicht als freudiger Konsument aufgefallen. Shoppen zum Vergnügen ist doch eher nicht dein Ding.«

»Trotzdem. Erinnerst du dich noch an die Wii?«

Petra ist ein großes Fragezeichen.

»Das ist diese Spielekonsole für die Glotze«, erklärt Jakob. »Die ich unbedingt zum zwölften Geburtstag wollte.«

Nun dämmert es ihr. Jakob wollte dieses Ding unbedingt, Petra und Günther fanden es zu teuer und waren auch der Meinung, dass das Spielgerät ziemlich sinnlos sei und schnell irgendwo verstauben würde. Dennoch wollte er es so flehentlich, dass sie es ihm schenkten. Es wirkte tagelang so, als hinge sein Seelenheil davon ab. Und zunächst wurde dieses Ding recht viel benutzt, denn es war nicht ganz so dämlich wie gedacht – wobei die Erwartungen nicht sehr hoch waren. Für die, die es nicht wissen, weil sie keine Kinder im entsprechenden Alter haben: Mit einer Wii kann man beispielsweise Sportarten simulieren. Und genau das passierte dann auch. So standen Günther, Jakob und Franziska sowie ihr Lieblingskinderaufpasser Marius – Petra verweigerte sich – fröhlich irgendwelche Schläger schwingend vor der Glotze und spielten virtuell Tischtennis, fuhren Ski um die Wette, flogen über Fantasielandschaften, durchmaßen Labyrinthe oder durchschwammen Buchten. Franziska wurde zur Familienmeisterin im Bowlen. Schnell aber wurde das Ding dann doch langweilig. Virtuelles Reiten kann reales nicht ersetzen, virtuelles Tischtennis kein reales.

»Na, die Wii wollte ich auch nur aus einem Gefühl heraus. Ich wollte in der Klasse mithalten können.« Das sagt Jakob heute ganz klar. Damals konnte er das zwar fühlen, aber wohl nicht ausdrücken. Und schon gar nicht unterdrücken.

Statuskonsum. Petra hat sich lange damit beschäftigt. Ja, schon ganze Kapitel in einem Buch darüber geschrieben. Und ist dabei auf Tim Jackson gestoßen – einen Wirtschaftswissenschaftler aus England, der sich viel mit Fragen von Alternativen zum Wirtschaftswachstum beschäftigt hat. Jackson ist ein schlanker Mann mit grauen Haaren und einer Brille, unauffällig, aber ein durchaus zündender Redner, wie man leicht auf Youtube sehen kann.

»Ich werde über Wohlstand reden, über Wachstum und Glück«, beginnt er seine Vorträge gern, und dann erklärt er Verhaltensweisen: beispielsweise warum wir bestimmte Kleidung kaufen. Seine These: Kleidung dient seit jeher nicht nur zum Wärmen, dem Schutz, der Bequemlichkeit, sondern auch als Statussymbol: Die Pelzjacke, der Purpurmantel, der Seidenrock sollen etwas ausdrücken, den Stand, das soziale Ansehen, die Religionszugehörigkeit oder das bewusste Anderssein. Jeder kennt seine Statussymbole und weiß instinktiv um den Fetischcharakter mancher Sachen.

Abgrenzung, Zugehörigkeit, Familie, Gruppe, Freundschaft, Musikvorlieben, Lebensweisen – all das erzählen wir mit den Dingen, die uns umgeben, und durch die Kleider, die wir tragen. Am leichtesten lässt sich das in Teenagergruppen beobachten: Gute Freundinnen tragen häufig die gleichen Jacken, Jungen haben ähnliche Turnschuhe, die Handys müssen auch bestimmte Marken sein – und nicht unbedingt, weil sie funktional besser sind. »Nur Nerds ist es egal, was sie anhaben.« Eine sechzehnjährige Berliner Schülerin diktierte das im Frühjahr 2011 einer Reporterin der *Frankfurter Allgemeinen Sonntagszeitung* in den Block. Sie erkenne bei Jugendlichen sofort, ob sie aus den reicheren Vierteln der Stadt wie Dahlem oder Zehlendorf kommen oder eher aus dem armen Neukölln.

Weil wir dazugehören wollen, weil wir uns vergleichen, läuft der Statuskonsum heute immer mehr aus dem Ruder – sprich wir konsumieren immer mehr, immer unnützeres Zeug. Tim Jackson fasst diese Sinnlosigkeit so zusammen: »Wir bringen in unserem Wirtschaftssystem heute Menschen dazu, Geld auszugeben: für Dinge, die sie nicht brauchen. Um damit Eindruck zu schinden, der kaum anhält. Auf Menschen, die ihnen eigentlich egal sind.« Und, das muss man an dieser Stelle hinzufügen, ruiniert damit die Welt. Weil es in einer endlichen Welt einfach keinen unendlichen Konsum geben kann.

»Bescheuert«, nennt Jakob die zitierte Schülerin. Petra ist glücklich darüber. Und froh, dass Franziska gern in uralten, schmuddeligen Klamotten auf ihrem Ponyhof rumläuft. »Aber«, sagt Jakob weiter. »Aber« – mit einem sehr gedehnten a. »Das mit dem Statuskonsum ist klar. Aber das hilft natürlich nicht bei meinem Problem. Ich kann ja sagen, ich will nichts mehr.« Er betont das »ich«.

»Du kriegst aber was.«

Jakob lässt sich nicht beirren. »Aber es geht ja nicht darum, dass ich etwas bekomme oder für mich kaufe. Die Sache ist komplizierter. Es geht mir ja um die anderen. Ich will was verschenken.«

Geben, um andere glücklich zu machen. Das ist ein uraltes und ziemlich ehrenwertes Motiv. Und Petra genießt einen kleinen Moment ein kleines bisschen Mutterstolz, schließlich hat sie den beiden Kindern oft genug von Teilen und Abgeben erzählt und wie zufrieden das machen kann. Oft genug mit sehr verhaltenem Erfolg, zumindest wenn es darum ging, dem anderen Geschwisterteil etwas abzugeben. Aber da waren die beiden ja auch kleiner.

Tatsächlich klappt Geben natürlich nicht mit einem Nichts an Geschenk oder mit dem Hinweis darauf, dass man wegen der Klimakatastrophe darauf verzichte, etwas zu verschenken. Selbst gereimt würde ein Spruch, der drauf abhebt, dass unnötiger Konsum die Vernichtung der Welt nur unnötig beschleunigt, bescheuert und besserwisserisch klingen. Und peinlich.

Was aber, wenn man all das sicher weiß. Dass zu viele Dinge die Welt zerstören? Sollte man dann mit einem blöden Gefühl, aber einem guten Gewissen für die anderen enthaltsam sein? Oder mit einem guten Gefühl und blöden Gewissen doch Kram kaufen? Wenn das kein klassisches Dilemma ist.

Jetzt sind es nur noch ein paar Tage bis Weihnachten, und eine Antwort auf die Fragen wird langsam dringlich.

Ein Bauernhof als Spende

Vor einigen Jahren haben wir schon einmal versucht, das Geschenke-Problem final zu lösen. Damals, indem wir das Geld, das wir für Geschenke ausgegeben hätten, einfach an eine Hilfsorganisation überwiesen hatten. Bei Oxfam kann man nämlich Ziegen, Hühner oder andere Tiere kaufen. Man selbst kriegt dann den Gutschein oder einen niedlichen Kühlschrankmagneten – und das Tier wird irgendwo in einem armen Land an eine Familie gegeben. Inzwischen gibt es dort auch Energiesparherde, Schulbücher, Wassereimer oder Kondome zu kaufen. Auch andere Hilfsorganisationen haben die Idee kopiert.

Wir fanden sie so originell, dass wir einen ganzen Bauernhof kauften: Hühner, Schweine und Ziegen. Ein Rind war auch dabei – das war natürlich ein Öko-Fehler, wie wir heute wissen. Das sollte Oxfam ganz schnell aus seiner Herde streichen.

Na ja, die Idee, die wir so gut fanden, kam beim Rest unserer Familie nicht ganz so gut an. Offen hat das zwar nie jemand gesagt – kann man ja nicht. Aber bei den Beschenkten war die Freude eher verhalten, auch wenn sie am Heiligen Abend versuchten, das geschickt zu überspielen. Wer gibt schon gern zu, dass er lieber selbst ein Paket gekriegt hätte – als eine Ziege für eine arme Familie.

»Okay, nicht wieder Ziegen. Aber was dann?« Günther und Petra gucken sich zuerst ratlos an, dann die Tipps, die es so beim Umweltbundesamt, beim BUND oder Greenpeace für Geschenke gibt. »Gefällt mir nicht, gefällt mir nicht. Will doch keiner«, murmelt Petra, während sie sich durch die Seiten klickt. »Norweger-Biowollsocken. Wenn ich damit zu meiner Schwester komme …«, sie redet nicht weiter. »Der

Grill ist ganz okay, aber warum soll ich den beim BUND kaufen? Und im Winter braucht man ihn eh nicht.«

»Und dann kommt noch das andere Öko-Problem dazu«, stöhnt Günther, als er mit Petra die Weihnachtstage durchplant. »Nicht nur: Wie schenkt man klimafreundlich? Und schön? Sondern auch: Wie kommen wir eigentlich zu dem Ort, wo der Weihnachtsbaum steht?«

Petras Familie trifft sich in Hallenberg. Das muss man nicht kennen, es ist eine winzige Stadt im Sauerland, nahe beim ungleich bekannteren Winterberg. Schön ist es dort, im Winter oft echt weihnachtlich-romantisch, im Sommer laden die bewaldeten Berge zum Wandern ein. Petras Schwester und deren Mann besitzen dort in einem liebevoll renovierten Fachwerkhaus eine Frühstückspension, deren Zimmer sie Weihnachten immer nur für die Familie öffnen.

Wir vermuten, dass die Reise mit öffentlichen Verkehrsmitteln eine Woche dauern würde. Spaßeshalber guckt Günther bei der Bahn nach und ist erstaunt: Nur zwischen fünfdreiviertel und sechsdreiviertel Stunden würde die Fahrt dauern, ab Berlin Hauptbahnhof dreimal umsteigen: ICE, Regionalexpress, Bus. Fünf Stunden sind es – staufrei! – von zu Hause mit dem Auto.

Wir nehmen dann trotzdem den Wagen, auch weil wir von Hallenberg noch weiter nach Krefeld zu Günthers Eltern und nach Düsseldorf zu Günthers Schwester fahren. Insgesamt werden wir hinterher in den vier Tagen vom 23. bis zum 27. Dezember 1275 Kilometer gefahren sein, was für gute 250 Kilogramm CO_2 sorgt. Am Ende wird Günther auf der Berliner Straße, etwa 300 Meter von zu Hause entfernt, noch mit 58 km/h geblitzt – 15 Euro.

Natürlich haben wir dann doch ein paar Geschenke im Gepäck – und nicht nur Kühlschrankmagneten. Nämlich Kisten mit selbst gebackenen Keksen, Kisten voller recycelter Gläser mit selbst gekochten Marmeladen aus den Äpfeln, Johannis- und Brombeeren, die im Garten wachsen. Dazu ein paar Weinflaschen und trotz aller guten Vorsätze etwas elektronischen Schnickschnack für Petras Vater. Er hatte sich das explizit gewünscht. Und so kommt dann doch ein Haufen mehr oder weniger schöner und sinnvoller oder spaßbringender Geschenke zusammen.

Das größte Paket fahren wir hin und her, denn es ist für Jakob. Das war auch das einfachste Geschenk: Denn Jakob wünscht sich eine eigene Bibliothek. Natürlich sagt er das nicht so. Aber er findet es auf einmal schick, ganz gegen den Trend ein paar Regale in seinem Zimmer mit Büchern vollzustellen. So wie sich andere plötzlich wieder die Vinylschallplatten ins Wohnzimmer stellen. Petra findet das seltsam, dass Günther den alten Dual-Plattenspieler wieder aktiviert hat, er hört seither aber mehr und aufmerksamer Musik, und im Trend liegt er damit wohl auch. Immerhin machen gerade wieder Plattenläden auf – und Jakob glücklich: Denn er kauft seinem Vater ein paar gebrauchte Schallplatten: »Voll retro, voll modern und voll öko«, kann er bei der Bescherung voll glücklich sagen. Jakob selbst ist jedenfalls voll retro beim Lesen. Und damit ebenfalls im Trend.

Jakob liebt echte Bücher, egal ob die neu oder alt sind. Also geht Günther in den Keller – haben wir schon erwähnt, dass der sehr groß ist? – und holt von dort zwei Kisten hoch. Als Petra und Günther vor vielen Jahren irgendwann klar war, dass sie dauerhaft zusammenwohnen würden, haben sie einfach doppelte Exemplare aussortiert, aber nie alle davon weggeworfen oder weggegeben. Es war einfach nicht nötig, denn die Häuser hatten immer zu große Keller.

Denn Jakob will viele und gute Bücher. In der Kiste finden

sich davon eine ganze Menge: ein bisschen Thomas Mann, ein bisschen Feuchtwanger und Stefan Zweig, Hauptmann, aber auch Umberto Eco, Dürrenmatt, Frisch und Fallada, John Irving, Hesse, Lenz und Döblin, Brecht, Marquez, Böll, Grass und Faulkner. Papierrecycling und Lesestoff für ein paar Monate – zumal die Großeltern noch mitziehen und die Liste mit Musil und Canetti ergänzen. Plus ein paar Krimis.

Auch Franziska wünscht sich Bücher, sie liest noch gern Fantasy-Literatur, Harry Potter und was danach so kommt. Vor allem aber möchte sie ein neues Handy. Am liebsten ein iPhone und am allerliebsten ein möglichst neues. Bisher hatte sie ein durch Großeltern- und Elternspenden plus eigenem Geld finanziertes iPhone 4s. Das aber ist ihr in den Sommerferien runtergefallen. Trotz aller Empfehlungen hatte sie es nie geschafft, eine Hülle zu kaufen. Und so läuft sie seither mit einem Ding herum, das – wie Petra und Günther erfahren haben – eine sogenannte »Spiderapp« ziert, weil sich jede Menge Risse wie ein Spinnennetz über den Bildschirm ziehen. Als sie das Handy reparieren lassen wollte, 80 Euro hätte der Spaß gekostet, sagte der freundliche junge Mann in dem Laden nur: »Das Ding ist doch aus der Steinzeit.« Der Satz hat sie dann so entmutigt, dass sie es wieder mitgenommen hat und sich jetzt ein neues wünscht. Mit dem Argument, die meisten ihrer Freundinnen hätten neue Geräte.

Wir spoilern hier mal, so nennen unsere Kinder das, wenn man das Ende vom Buch verrät: Franziska bekommt ihr Handy, nicht das allerneueste Modell, ein gebrauchtes iPhone, aber eines, das asgoodasnew ist, wie es im Versandhandel heißt. Und die Schutzhülle dazu. Der Grund war der gleiche wie bei Jakobs Wii: Wir wollten, dass sie dazugehören kann. Und weil nun mal wirklich fast alle Freundinnen so ein Ding haben, wollten wir sie nicht ausschließen. Und sind froh, dass der Statuskonsum bei ihr auf ein Ding beschränkt ist und nicht noch Schuhe, Markenjeans oder anderen Kram einschließt. Ökologie, Weihnachten und Kinder – das ist wirklich ein schwieriges Terrain.

Und der Rest der Verwandtschaft, Geschwister, Schwäger, Tanten, Onkel, Nichten, Neffen, Eltern, Großeltern? Wie gesagt, ein bisschen Selbstgemachtes, ein bisschen Schnickschnack, was zum Trinken, Cremen und Baden und den einen Großeltern, die alles haben, wieder etwas, was sie nicht haben. Und sich nie kaufen würden: zwei Karten für die Festspiele in Bregenz, denn sie haben leichtsinnigerweise verraten, dass sie im Sommer an den Bodensee fahren wollen. Alle anderen bekommen Bücher.

Franziska schenkt Petra eines über Schnecken, damit sie die mal von einer anderen Seite sieht. Nicht nur als Gartenschädlinge. Wird nicht viel nützen. Jakob überreicht Petra einen Fahrradführer für Berlin, er hat also doch noch was gefunden. Günther ein kleines Päckchen. Darin ist ein Fahrradcomputer. Beides sind keine zufälligen Geschenke: Petra hat sich als vorgezogenes Weihnachtsgeschenk zwei Wochen vorher ein neues Fahrrad gekauft. Günther verspricht, den Radcomputer bald anzubringen, hält das Versprechen aber glücklicherweise erst einmal nicht. Denn das Rad wird ihr schon drei Wochen später geklaut – aber das ist eine andere Geschichte.

Als wir nach Weihnachten erschöpft nach Berlin zurückkommen, alles ausgepackt ist, der Hunger gestillt und die Waschmaschine trotz des alten Aberglaubens, dass Wäschewaschen zwischen Weihnachten und Neujahr Unglück bringt – vielleicht wurde deshalb ja Petras Fahrrad gestohlen – wieder rotiert, verkriechen sich alle in ihre Ecken. Keiner will über die Klimabilanz von Weihnachten nachdenken, dabei ist die – wir rechnen das später nach – nicht ganz so schlecht. Am meisten reingehauen hat das Autofahren. Die meisten Geschenke waren recycelt, gebraucht, selbst gemacht oder Karten für Erlebnisse. Und sogar das Essen war okay, keine Fleischberge, sondern Käsefondue am Heiligen Abend, die Vegetarier hatten sich durchgesetzt.

Stille an Silvester?

»Zu viel Verwandtschaft gehabt?«, fragt Günther, als er bei Franziska im Zimmer sitzt, um mit ihr zu besprechen, was im schnöden Rest der Schulferien noch so passieren soll. »Ja, es war schon schön, aber irgendwie auch viel«, sagt sie, und dass sie eigentlich in den nächsten Tagen jeden Tag zum Ponyhof wolle. Und Freundinnen treffen. Und rumhängen. In aller Ruhe. Jakob erzählt später, dass er sich mit ein paar Freunden aus dem Schuljahrgang verabredet habe. Sie würden nach Brandenburg rausfahren, in das Wochenendhaus von Eltern einer Freundin und dort Silvester feiern. Wir freuen uns für ihn – und sind doch ein wenig traurig. Das erste Silvester ohne Sohn. Petra überspielt das mit jeder Menge guter Ratschläge: »Trink keinen harten Alkohol. Und seid vorsichtig mit dem Rumballern, die Raketen können so gefährlich sein.«

Jakob grinst schweigend. Hört sich alles an, will schließlich nicht noch Krach kriegen. Und sagt dann: »Keine Sorge, wir nehmen gar nichts mit, keine Knaller und so'n Scheiß. Wir haben sowieso keine Lust drauf, das Zeug stinkt nur.« Seltsame Antwort für einen Berliner Jugendlichen. Denn in dieser Stadt hat die Silvesterknallerei in manchen Vierteln längst bedrohliche Ausmaße angenommen. Und Jakob war noch bis vor Kurzem ganz heiß aufs Ballern, er hat sogar Taschengeld in Silvesterraketen investiert. Aber er wird wohl größer, und wenn das die Folgen sind, dann ist das ziemlich gut. Denn am selben Abend hören wir noch die Warnung des Umweltbundesamtes, dass das diesjährige Silvesterfeuerwerk etwa so viel Feinstaub in die Luft bläst wie 15 Prozent des jährlichen Straßenverkehrs. Da kann man gleich ein paar Stunden an unserem Autoauspuff schnüffeln.

Auch wir anderen drei beschließen daraufhin, das alte Jahr in Stille zu verabschieden und das neue ebenso ruhig zu begrüßen. Das kommt dann am Ende auf der Party, auf der wir auf das neue Jahr anstoßen, doch anders. Aber das liegt nicht in unserer Verantwortung. Der Wille war da.

Schluss

Das Jahr ist um, der Plan geht weiter

Was haben wir geflucht, gestritten und gelacht. Uns zwischendrin schlecht, dann wieder verdammt toll und ziemlich außergewöhnlich gefühlt: Wir, die Familie, die es nicht nur ernst meint, sondern auch Ernst macht mit dem Kampf gegen den Klimawandel. Die wirklich wissen will, was geht – in einer Welt, in der die Politiker große Ziele beschließen und sie und wir dann wieder und wieder im Kleinklein scheitern. Wir wollten ehrlich wissen, ob wir durch ein anderes Verhalten wenigstens die private Schuld am Klimawandel verringern – und trotzdem das Leben noch genießen können. Und zwar ohne auszusteigen, ohne in Latschen und selbst gestrickten Pullovern rumzulaufen. Ohne im Winter nur noch Kohl und Kartoffeln zu essen. Sondern indem wir weiter ein ganz normales Leben leben – im Haus mit Garten in der Vorstadt. Nur eben ein bisschen anders.

Die größte Überraschung für uns alle war wohl: Vor dem Experiment waren wir Klugscheißer. Ja, wirklich. Wir haben das im Laufe des Jahres immer wieder gemerkt. Denn vorher konnten wir profund über die hirnlose Zerstörung der Umwelt schimpfen und taten das auch immer mal wieder. Wir kannten Übeltäter und Ignoranten, uns selbst und unsere Freunde aber verorteten wir irgendwie auf der Seite der Guten, jedenfalls so halbwegs. Und glaubten, im Großen und Ganzen das Richtige zu tun. Schließlich kauften wir im Bioladen ein (manchmal), fuhren Rad (hin und wieder) und hatten vor gar nicht so langer Zeit sogar auf die Flugreise nach Lateinamerika verzichtet (für die, wenn wir ehrlich sind, eh kein Geld da war).

Heute sind wir klüger und bescheidener – selbst wenn das, so aufgeschrieben, eher nach dem Gegenteil klingt. Aber wir kennen nun ein paar simple Wahrheiten. Wir wissen, was Klimaretter tun dürfen. Dass wir nicht in Jesuslatschen und Kutte leben müssen, sondern gut aussehen, riechen und essen dürfen. Mitunter sogar besser als vorher. Und dass die Veränderung so schwer gar nicht ist.

Schon ganz zu Beginn des Experimentes hatten wir festgestellt, dass unsere Familie, wenn sie den Klimawandel nicht gefährlich beschleunigen will, pro Person pro Jahr nur für etwa zwei Tonnen CO_2 verantwortlich sein darf. Dass jeder Bundesbürger aber im Schnitt durch seine Art zu leben elf Tonnen verantwortet. Und dass wir mit zehneinhalb Tonnen bundesdeutscher Durchschnitt waren. Uns wurde ziemlich schnell klar, dass zwei Tonnen ein zu ehrgeiziges Ziel waren. Dass wir das nicht schaffen würden, wenn wir weiter in Deutschland leben wollen. Weil schon die Gesellschaft jedem Bundesbürger einen Sockel von etwa einer Tonne auflädt – dadurch, dass sie beispielsweise Straßen baut, Behörden und Schulen betreibt. Wir lernten aber auch, dass wir von den elf Tonnen pro Kopf runter müssen und können. Dass da Luft drin ist.

Nach einem Jahr sind wir megastolz, so sagt es jedenfalls Franziska: Wir haben abgespeckt. Und wir spielen manchmal mit der Idee, nun einen Klima-Watcher-Club zu gründen. Denn es ginge tatsächlich noch mehr, und gemeinsam ginge das noch besser.

Gucken wir nach einem Jahr auf unsere Bilanz, sind die

Faktoren, an denen wir viel ändern und unsere CO_2-Bilanz wirklich verbessern konnten, blitzschnell ausgemacht: Fliegen! Autofahren! Wohnen! Einkaufen! Also beispielsweise, indem wir die zweieinhalb Tonnen CO_2 einsparen, die wir bisher durch die 12 000 Autokilometer im Jahr in die Luft gepustet haben. Indem wir weniger Heizenergie und Strom verbrauchen. Anders verreisen und dabei vor allem weniger fliegen. Weniger Kram und vor allem weniger Klamotten kaufen. Das alles klingt so allgemein formuliert ziemlich banal. Doch es war im Konkreten erstaunlich spannend, ziemlich kompliziert und hat viel häufiger als gedacht Spaß gemacht. Ja, wirklich!

Klar wäre der einfachste Weg zur CO_2-Diät: Nicht-Fliegen! Nicht-Autofahren! Nicht-Wohnen! Konsumstreik! Aber der ist zugleich utopisch. Denn wir wollten ja, wie gesagt, nicht aussteigen aus allem. Wir wollten keine Asketen werden und Oliven auf Kreta anbauen. Die 42 Tonnen CO_2, für die wir als Familie im Jahr etwa verantwortlich waren, wollten wir in unserem ganz alltäglichen Alltag senken. So, dass andere es nachmachen können. Also stellten sich uns immer wieder aufs Neue alte Fragen: Welcher Kompromiss ist noch in Ordnung? Was vermiest unsere Klimabilanz so richtig, und was ist eine lässliche Sünde? Auf was können wir verzichten? Was ist überhaupt ein echter Verzicht und was nur eine dumme Gewohnheit?

Das Wichtige richtig zu machen und vom Unwichtigen zu unterscheiden: Das kann im Alltag manchmal schiefgehen. Aber unerträglich schwierig ist es am Ende dann doch nicht. Das haben wir in diesem Jahr ganz sicher gelernt: Klimaschutz ist keine Geheimwissenschaft, an der man verzweifeln muss. Es gibt Verhaltensweisen, die sind wirklich richtig schlecht, und da hilft auch kein Drumrumreden. Die kann man nicht durch einen Einkauf im Bioladen kompensieren, die muss man ändern. Bei denen haben wir nach Alternativen gesucht. Über andere wiederum wird viel diskutiert, die sind aber letztlich ziemlich egal. Da kann man ruhig mal inkonsequent sein und sich was gönnen.

Fangen wir unsere Bilanz an mit dem Verkehr, sprich mit dem Auto: An vielen Tagen in diesem Jahr haben wir darüber geredet, wie wir anders, sauberer von einem Ort zum anderen kommen. Eben nicht mit dem Auto, auch nicht bei den kurzen Strecken. Das klingt bizarr in einem Land, in dem viele Menschen jeden Tag im Stau stecken oder der Stau sind und es so viele Autos gibt, dass jeder Bürger auf dem Vordersitz Platz nehmen könnte. Jeder, also auch jedes Baby und jeder Greis. Es wirkt ein bisschen lächerlich, und an manchen Tagen fühlt es sich ganz ehrlich auch so an. Im November beispielsweise, wenn es regnete und wir uns fragten: Was ändert sich schon am Lauf der Welt, wenn wir zwei Kilometer zum Supermarkt *nicht* mit dem Auto fahren? Alle anderen tun es doch trotzdem.

Aber wir wollten in diesem Jahr eben nicht verdrängen, was eigentlich jeder weiß oder wissen könnte: Verkehr, so wie er bisher funktioniert, ist eine Klimasauerei. Autofahren ist ein Problem. Ein großes! Wenn wir und alle anderen weiter wie bisher durch die Gegend fahren, sind wir Teil des Problems und nicht Teil der Lösung. Also hatten wir ein schlechtes Gewissen, wenn wir den Wagen genommen haben. Wir jubelten heimlich, wenn wir den inneren Schweinehund doch überwunden hatten und Fahrrad gefahren sind. Und fanden uns manchmal hinterher albern. Günther überlegte beispielsweise an einem Samstagmorgen gefühlt stundenlang, wie er einen zweieinhalb Meter langen Balken plus ein paar Bretter (natürlich alles FSC-zertifiziert) vom Baumarkt auf dem Rad nach Hause transportieren könnte. Er tat es dann tatsächlich, schaffte es, es war aber schwer. Und verbunden mit genau diesem Wechselbad der Gefühle: Erst fühlte er sich wie ein Ökoheld und dann wie Don Quichotte. Und wünschte sich heftig, dass der Klimawandel nur eine Erfindung unseres verwirrten Geistes wäre. Günther jedenfalls war sich an jenem Tag nicht mehr ganz sicher, ob er die Schwelle zum Fahrradspinner überschritten hat. Inzwischen kokettiert er ganz gern damit.

Zur Fahrradaktivistin ist auch Franziska geworden: Zwar möchte sie manchmal noch gern mit dem Auto irgendwohin gefahren werden, aber sie entwickelt sich zugleich immer mehr zur Autohasserin. Dabei regt sie nicht mal in erster Linie der Klimawandel auf, über den weiß sie zwar Bescheid und findet ihn fürchterlich. Aber eher abstrakt. Denn der nervt nicht jeden Tag. Das tun wiederum die Autos. Zu oft hat sie morgens, auf dem Weg zur Schule, erlebt, wie ihr rücksichtslose Fahrer trotz roter Ampel die Vorfahrt nahmen. Dass sie übersehen wird oder geschnitten und immer für die Erwachsenen in den Blechkisten mitdenken muss, um nicht unter die Räder zu kommen. Dass die Dinger stinken.

So ein Alltag prägt. Und er weckt bei einer inzwischen Dreizehnjährigen den Sinn fürs Politische, wenn auch vorerst nur bei gutem Wetter: Im November hatte Franziska im Internet von der Critical-Mass-Fahrraddemo gelesen. Regelmäßig treffen sich da in Berlin (und in anderen Städten) Radfahrer und fahren dann in großem Pulk durch die Stadt. Weil es so viele sind, können sie nicht mehr von Autos überholt werden. Einen Moment gehören die Straßen also ihnen. Franziska fand die Idee klasse und wollte hin. Dann aber fing es an, fürchterlich zu regnen, und so verschoben wir das Demonstrieren doch auf einen anderen Tag. Für das Frühjahr steht es fest auf dem Programm. Denn Franziska ist überzeugt: Politiker müssen mehr für die Radfahrer tun. Und dazu muss man sie treiben. So, wie es ist, ist es ungerecht.

Das Gefühl teilen wir alle vier. Denn es wurde uns nicht gerade leicht gemacht, umzusteigen. Unsere Politiker helfen uns jedenfalls bisher nicht dabei, klimagerecht mobil zu sein. Denn obwohl wir als Radfahrer doch die Guten sind, also das tun, was die auf ihren Klimakonferenzen immer beschwören, werden wir bei jeder Tour bestraft, bei der wir nicht das Auto nutzen: durch schlechte, enge Radwege, fehlende Stellplätze, dreckige Luft aus dicken Auspuffen.

Ganz offensichtlich hat sich seit den 1960er-Jahren, als der Autoboom losging, in den Köpfen von erstaunlich vielen Entscheidungsträgern in Parlamenten und Behörden und wahrscheinlich auch vielen Bürgern festgesetzt:

Straßen gehören dem motorisierten Verkehr. Punkt.

Jede Stadtplanung, die dem Auto Platz wegnimmt, gleicht einer Verschlechterung. Punkt.

Also wollen wir nichts ändern. Punkt.

Deswegen muten sie uns schlechte Luft, Klimawandel und verstopfte Städte zu. Steigen jeden Morgen selbst wieder in die Kiste. Mit dem Rad zur Arbeit zu fahren halten viele theoretisch für schön. Praktisch aber bleibt es ein Freizeitvergnügen.

Wir finden das unfair. Wir wollen eine andere Verkehrspolitik und glauben, dass sich erst dann wirklich etwas verändert an der Klimabilanz dieses Landes. Denn alle Studien, die wir im Laufe des vergangenen Jahres gelesen haben, belegen: Unsere Familie ist mit dem Autoproblem nicht allein. Haushalte mit drei oder vier Personen wenden am meisten Energie für die Mobilität auf. Die Erklärung dafür ist einfach: Da handelt es sich um Familien, wie wir eine sind, bei denen die Kinder zur Schule gefahren werden, zum Sport und zum Musikunterricht. Und je höher das Einkommen ist, desto dicker eben das Auto – und desto mehr CO_2-Ausstoß.

Die Mutter (ja, auch mal der Vater), die die Kinder mit dem Auto zur Schule fährt, gehört damit zu den Leuten, denen die Politiker gute Alternativen bieten müssten, damit sich grundsätzlich etwas ändert. Sicher würden mehr Eltern ihren Kindern erlauben, mit dem Rad zur Schule zu fahren, wenn der Radweg breiter und sicherer wäre. Wenn Tempo 30 nicht nur in Wohnstraßen die Regel wäre. Petra und Günther hätten die Kinder, wenn auf der Berliner Pacelliallee Tempo 30 vorgeschrieben wäre und es dort einen echten Radweg gäbe, jedenfalls schon in der zweiten oder dritten Klasse gut gelaunt aufs Rad gesetzt. Wäre die Verkehrspolitik anders, bräuchten viele Familien nur ein Auto, würde sich Carsharing noch mehr durchsetzen. Vielleicht nähmen sie öfter den Bus, wenn das billiger würde – und die Parkplätze in den Städten noch teurer? Vielleicht wäre die Bahn eine echte Alternative zum Auto, führe sie verlässlicher? Vielleicht …

Wir sind durch unseren anderen Alltag, dadurch, dass wir mehr zu Fuß gegangen sind, öfter das Rad oder die Bahn genommen haben, auf so viele Ideen für eine kreativere, andere Verkehrspolitik gekommen, dass wir die Realität nur noch zähneknirschend hinnehmen. Günther ist in den Allgemeinen Deutschen Fahrradclub (ADFC) eingetreten. Petra schreibt jetzt mehr über Verkehrspolitik und findet, die dürfen Frauen, Kinder und Rentner nicht mehr den vielen autoverliebten Männern überlassen. Und Jakob predigt gern: »Es gibt kein Menschenrecht auf ein Auto und darauf, die Luft zu verpesten. Es gibt aber eines auf Gesundheit.« Er hat das Argument im Schulunterricht schon verwendet – und in einer Diskussion gepunktet! Wäre er Verkehrsminister, würde er sofort den Nulltarif in öffentlichen Verkehrsmitteln durch eine höhere

Pkw-Steuer finanzieren. Dass man Autofahren und den Autobesitz verteuern kann, ohne dass das große Wehklagen ausbricht, weiß er: In Dänemark kostet der Autobesitz deutlich mehr als bei uns – eine Steuer verdoppelt den Kaufpreis nahezu. Dabei gilt Dänemark trotzdem als ein ziemlich soziales Land. Und nach allen Statistiken sind die Menschen dort glücklicher als in Deutschland.

Doch zurück zu unserem Auto: Ganz auf null haben wir die zweieinhalb Tonnen CO_2, die im Jahr zuvor entstanden waren, nicht gebracht. Das ging vor allem deswegen nicht, weil wir im Sommerurlaub nach Frankreich gefahren sind und zu Weihnachten zu der Familie ins Sauerland. Wir trösten uns erstens damit, dass Fliegen (das stand anfangs auch zur Debatte) viel, viel schlimmer gewesen wäre. Zweitens haben wir ziemlich viel gespart, etwa gut ein Drittel unserer Kilometer. Wir sind 8000 statt der üblichen 12 000 gefahren, trotz der 3900 im Urlaub und der 1300 bei den Weihnachtsbesuchen. Bleibt ein doofer Rest von 2800 Kilometern im Alltag (was immer noch etwas mehr als 7,5 Kilometer am Tag sind). Laut CO_2-Rechner entstanden dadurch insgesamt nur noch knapp 1,7 Tonnen CO_2 an Umweltbelastung. Immerhin 0,8 Tonnen weniger als zuvor. Und drittens sind wir weiter auf dem Weg. Die Frage, ob wir unser Auto komplett abschaffen, steht am Ende des Jahres groß im Raum. Denn ganz ehrlich: Wir brauchen es nur noch selten.

Ganz sicher sind wir in einem Urteil: Wer mit dem SUV zum Bioladen brettert und sich dabei grün fühlt, der hat – mit Verlaub – nicht alle Latten am Zaun. Einen SUV braucht niemand, einen Porsche auch nicht – und wir wissen, dass wir uns mit dieser Aussage nicht unbedingt Freunde machen. Aber he, was soll das? Ignorieren wir die Realität doch nicht länger. Es ist einfach Blödsinn, wenn der vegane Kochbuchheld Attila Hildmann in einem Interview mit der *FAZ* sagt, Porschefahren sei okay. Und mit dem Porsche zum Biomarkt zu fahren, um dort vegane Lebensmittel zu kaufen, sei viel besser, als damit beim Discounter ein Schnitzel zu besorgen. Ja, veganes Essen ist fürs Klima ein bisschen besser als Schnitzel. Aber wenn er sich nur eine einzige weiterführende Frage stellt – Porsche, hä? –, dann weiß er: Porsche? Nein!

Dass wir das ohne Bauchschmerzen schreiben können, hat viel mit diesem Jahr zu tun. Und damit, dass wir immer und immer wieder über Alternativen geredet haben. Denn die für uns wohl erstaunlichste Erfahrung war: Klimaschutz ist theoretisch leicht. Praktisch aber muss er wieder und wieder geübt werden. Mussten wir ihn immer und immer wieder üben. Denn es ist ein verdammt weiter Weg vom Wissen zum Tun. Gute Vorsätze helfen zwar. Aber es dauert, bis neue Verhaltensweisen zur Normalität werden. Weil wir schrecklich träge Gewohnheitstiere sind. Weil es dauert, bis wir etwas Neues nicht als Last empfinden. Also braucht es Zeit, bis einem ökologisches Verhalten ganz normal vorkommt.

Wir haben einen fünfzigjährigen Freund, und der sagt das so: »Ich hab erst mit 40 angefangen, Sport zu machen, weil es nicht mehr anders ging. Am Anfang fand ich es so scheiße. Jetzt schlafe ich besser, bin fitter denn je und fühle mich klasse.« Wenn andere über das Alter jammern, grinst er jetzt nur. Denn ihm geht es besser denn je. Auch weil er nicht mehr darüber nachdenkt, ob er joggen geht. Er macht es einfach.

Wir haben eine Weile gebraucht, bis wir automatisch in den Fahrradschuppen statt zum Auto gingen. Je weniger wir dann aber Auto fuhren, desto weniger drückte es sich ins Bewusstsein, obwohl es immer noch vor der Haustür stand. Desto mehr gingen wir alle davon aus, dass das Fahrrad das normale Verkehrsmittel ist, das Auto nur ein Notbehelf. Dabei gab es durchaus Rückfälle: Nutzte jemand das Auto an drei Tagen hintereinander, war es am vierten schon fast normal.

Es dauerte, bis Petra nicht mehr aus Langeweile durch die Kleiderläden zog, aus Frust mal eben ein paar Schuhe kaufte. Bis Jakob keine Stunden mehr unter der Dusche meditierte und ab und zu mal das Licht nicht nur an-, sondern auch ausmachte. Und wir nach billigen Zugtickets im Internet guckten und nicht mehr nach Billigflügen.

Womit wir beim privaten Klimamonster Nr. 1 wären. Es gibt, wie gesagt, bestimmte Verhaltensweisen, die eine ungleich schlimmere Wirkung auf das Klima haben als andere. Ganz oben steht tatsächlich das Fliegen: Das haben wir in diesem Jahr einfach gelassen. Punkt und Ausrufezeichen. Als wir nämlich lernten, dass ein Flug für uns vier nach Kreta für anderthalbmal so viel CO_2 sorgt wie unser jährliches Autofahren, war uns klar: Wenn wir den Versuch ernst nehmen, dann geht das nicht mehr. Dann ist es Essig mit dem Kurztrip nach München. Allein Jakobs und Günthers Flug nach New York im Jahr zuvor hat für 5,3 Tonnen CO_2 gesorgt. Das entspricht etwa der CO_2-Menge, die bei uns für Heizung und Warmwasser in einem Jahr anfällt. Hier konnten wir also durch ein bisschen Verzicht wirklich viel bewirken.

Manchmal, in stillen Momenten wünschten wir uns in den Zustand der Ignoranz zurück. Denn es ist unbequem, klar zu wissen, dass nicht vor allem die anderen, die Politiker, die Konzerne, die Ignoranten oder wer auch immer dem Klima was antut, sondern auch wir. Wenn wir unser Leben an dem Punkt nicht ändern. Wir – zumindest wir als Familie – brauchen jetzt keine weiteren Studien, wir brauchen keine Debatten mehr über ein Für oder Wider beispielsweise von Flügen. Bis eine andere Art zu fliegen erfunden worden ist, eine, bei der keine Klimagase frei werden, ist unsere Regel klar: Private

Inlandsflüge nie. Und wenn es doch mal mit dem Flugzeug weiter weggeht, werden wir das kompensieren und an Atmosfair zahlen. Das können wir uns leisten. Das kann sich jeder leisten. Man muss nur wollen. Für den Job fliegen wir weiterhin, wenn es unbedingt sein muss. Aber wir finden: Wenn eine Firma glaubt, dass die Arbeitszeit ihrer Leute so teuer ist, dass es auf ein paar Stunden Zeitersparnis ankommt, dann soll sie das kompensieren. Noch besser wäre es, so finden wir, das würde gesetzlich verpflichtend eingeführt. Oder Fliegen würde teurer. Beispielsweise könnten Fluggesellschaften mal Steuern auf Kerosin bezahlen. Warum zahlen innerhalb der Europäischen Union Bahngesellschaften eigentlich Mehrwertsteuer, Fluggesellschaften aber nicht? Vollends absurd ist, dass die nicht Mehrwertsteuer zahlenden Fluggesellschaften zusätzlich noch mehrwertsteuerbefreit einkaufen können. Warum fördern Gemeinden den Flughafenausbau mit Subventionen? Flughäfen wie Lübeck, Hahn, Münster/Osnabrück und Kassel-Calden wurden mit Millionen Steuergeldern ausgebaut – sie stehen alle vor der Pleite oder sind sogar schon einen Schritt weiter.

Warum wird also die klimaschädlichste Art der Fortbewegung am meisten gefördert? Schaffte man nur Steuervorteile und Subventionen für den Luftverkehr ab, wäre man auch klimapolitisch einen Schritt weiter. Und nur als Randbemerkung: Warum lassen wir zu, dass Unternehmen wie Ryanair offensichtlich gegen fast alle langjährigen Standards im Arbeitsleben verstoßen – ihre Piloten und Flugbegleiter schlechter bezahlen oder als Scheinselbstständige beschäftigen, ohne Sozialabgaben für sie zu entrichten?

Wäre das alles anders, wäre Fliegen teurer: Und wir würden es weniger tun. Und mit »wir« ist hier nicht nur unsere Familie gemeint, sondern deutlich mehr Leute: Sie! Auch Sie können, wenn Sie bis hierher gelesen haben, nicht mehr so tun, als ob Sie nichts vom Klimawandel wüssten und auch nicht, dass Sie aktiv daran beteiligt sind.

Nervt die Lektüre jetzt gerade? Sind wir die Spaßbremse?

Wir finden, wir versuchen nur, konsequent zu sein. Aber wir wissen jetzt: Vieles, was wir getan und geändert haben, wäre uns leichter gefallen, wenn die Regierung es unterstützt hätte. Wenn sie beispielsweise umweltschädliches Verhalten höher und umweltfreundliches niedriger besteuern würde. Wenn ein T-Shirt dadurch seinen wirklichen Preis kosten würde, inklusive Umweltschädenreparaturgebühr. Das Gleiche gilt für ein Kilo Rindfleisch, ein Auto oder ein Fahrrad – bei allen Waren sollte man die verstecken Kosten, also ökologische und soziale, auf den Preis schlagen. Das würde sicher den Rinderbraten verteuern und die Milch, aber vielleicht hätten die Milchbauern, die die Natur schützen, dann ein Auskommen. Auch die T-Shirts würden dann mehr kosten, aber wie viele T-Shirts für drei Euro muss man im Kleiderschrank haben – und nach dem zweiten Tragen wegwerfen? Vielleicht würden wir uns einfach öfter fragen, wie viel von den Klamotten, die mies bezahlte Arbeiterinnen irgendwo herstellen und deren Produktion dort noch die Umwelt vergiftet, wir wirklich brauchen.

Positive Signale setzte, so haben wir im Laufe des Jahres gelernt, ausgerechnet die viel geschmähte Europäische Union. Mit ihrer harsch kritisierten Glühbirnenverordnung von 2009, die herkömmliche Glühlampen abschaffte, gelang es, den Stromverbrauch bei der Haushaltsbeleuchtung in Deutschland um rund ein Viertel zu senken, und der Ökodesign-Richtlinie von 2014 verdanken wir unseren neuen Staubsauger. Nordkapblau-metallic, so nennt der Hersteller die Farbe. Günther fand sie schön und kaufte ihn deshalb, nachdem der alte – bordeauxrot (auch hübsch) – den Geist aufgegeben hatte. Aber mehr noch überzeugen seine inneren Werte. Nur 800 Watt verbraucht das neue Saugwunder; und es saugt doch besser und stärker als der alte, der 2000 Watt wegknallte. Dabei gab es damals empörte Kommentare, als die Europäische Union den maximalen Stromverbrauch für Staubsauger deckelte: auf 1600 Watt ab September 2014 und 900 Watt ab 2017. Staubsauger würden bald nicht mehr richtig saugen, hieß es. Unser nordkapblau-metallicfarbenes Teil widerlegt diese Kritiker eindrucksvoll. Und beweist, dass man Unternehmen auch zu Innovationen zwingen muss.

Zwang, Verbote, Vorschriften: All das klingt uncool und oll. Nach Verbotspartei: Der Vorwurf klebt an den Grünen, seit sie mal über einen Veggie-Day (also einen fleischfreien Tag in Kantinen) nachgedacht haben. Sie wollten die Leute gängeln, hieß es, und umerziehen. Wir finden es komisch, dass solche Vorwürfe immer dann auftauchen, wenn es um Veränderungen zum Schutz der Umwelt oder um (vermeintlichen) Verzicht geht. Dabei wird nicht nur vergessen, dass vieles, was wir heute als Lebensqualität empfinden, einst auf genau das zurückging: auf Gängelung. Es wird außerdem so getan, als ob Genießen unvernünftig und umweltschädlich sein müsse. Dabei war es doch keine Freiheit und kein Genuss, wenn einem früher im Restaurant der Zigarettenrauch des Nachbarn übers Essen wehte. Was gab es für ein Geschrei, als beschlossen wurde, Restaurants rauchfrei zu machen? Und wie sind wir alle glücklich darüber. Genau wie darüber, dass die Büros nicht asbestverseucht sind, dass wir uns zwangsweise krankenversichern und die Kinder in die Schule schicken müssen.

All das hat mit Verantwortung zu tun. Damit, dass andere nicht unter unserem Verhalten leiden sollen. Und mit der Freiheit, sich morgen noch entscheiden zu können – und zwar nicht nur zwischen Pute, Schwein oder Rind auf dem Teller oder Volkswagen und Ford auf der Straße zu wählen. Sondern zwischen verschiedenen Lebensweisen. Deswegen ist es ganz einfach klassische Vorsorge, heute nicht so zu leben, als gäbe es noch drei Ersatzwelten.

Wobei wir beim vorletzten Punkt unserer Bilanz wären: dem Konsumieren im Allgemeinen und beim Essen im Besonderen. Immerhin entstehen durch unsere Einkäufe etwa vier Tonnen CO_2. Wir wissen jetzt zwar: Die Erdbeere im Winter zu kaufen ist nicht halb so klimarelevant wie eine Autofahrt nach Mitte. Es ist dennoch gut, sie wegzulassen, wie auch die Schlagsahne auf den Erdbeeren. Die Erdbeere, weil sie um diese Jahreszeit sowieso nicht schmeckt. Die Sahne, weil es gut für das Gewicht ist, fürs Wohlergehen und ja, auch für das Klima. Weil Sahne aus Kuhmilch gemacht ist und zu viele Kühe dem Klima schaden …

Hier, bevor Sie völlig verwirrt sind, unsere Faustregeln fürs klimagerechte Essen. Die sind einfach. Je weniger Lebensmittel transportiert werden müssen, desto besser. Lieber Gemüse als Fleisch – das ist ganz nebenbei auch gesünder. Und bio hilft zwar nicht immer dem Klima, aber der Artenvielfalt. Also am besten regionales Biogemüse essen – und ab und zu mal ein Wildschwein aus dem nahen Wald.

Seit wir das im Kopf haben, ist einkaufen einfach. Sicher könnten wir bei jedem Produkt, das wir kaufen, bei allem, was wir tun, lange überlegen, ob es ökologisch ist, ob es der Umwelt schadet oder nicht. Uns hat das zu einer halbvegetarischen Familie gemacht. Allerdings landen wir auch bei diesem Thema immer mal wieder bei der Politik: Wir fänden es richtig, wenn Möhren billiger und Fleisch teurer würden. Beispielsweise dadurch, dass Bauern nicht mehr Zigtausende von Tieren auf engstem Raum zusammenpferchen und so viel Antibiotika verwenden dürfen. Wir wünschen uns, dass die Zahl der Tiere an die Größe des Hofes gebunden wird, schon damit nicht mehr so viel Gülle auf die Felder kommt und das Trinkwasser vergiftet. Wir wollen eine andere Landwirtschaftspolitik und wissen: Die bekommen wir leider nicht allein durch unsere ziemlich begrenzte Macht als Konsumenten.

Immerhin haben wir durch anderes Einkaufen, über den Daumen gepeilt, ein bis anderthalb Tonnen CO_2 im Jahr eingespart.

Bleibt das Wohnen. Wir wissen: Die CO_2-Menge steigt mit dem Einkommen, das ein Haushalt zur Verfügung hat. Der Grund ist einfach: Je reicher die Leute, desto größer die Wohnungen, die Autos, der allgemeine Konsum, und die Reiselust – vor allem die auf Fernreisen – ist noch größer. So hat die grün angehauchte Mittelschicht (also wir und viele unserer Freunde), die sich selbst oft als kritische Konsumenten sieht, die am meisten über Klimawandel weiß, auf Labels achtet, chemiefrei putzt und im Bioladen einkaufen geht, am Ende die schlechteste Umweltbilanz. Und ausgerechnet die Leute, auf die sie herabsieht, weil die sich das Schweineschnitzel im Zehnerpack vom Discounter besorgen und in Plastiktüten nach Hause tragen, sind dank kleiner Wohnung, dank des (vielleicht aus materiellen Gründen erzwungenen) Verzichts auf das Auto und auf (Langstrecken-)Flugreisen die heimlichen Klimahelden.

Unser Haus ist mit seinen knapp 200 Quadratmetern eindeutig zu groß, um als Klimaretter ein reines Gewissen zu haben. Umziehen wollen wir nicht oder erst, wenn die Kinder ausgezogen sind. Günther träumt zwar von der Altbauwohnung – es darf auch ein Neubau mit hohen Decken sein – in einem schönen Kiez, der Bäcker nebenan, ein oder zwei Kneipen und eine Buchhandlung nahebei. Ruhige Straße, Bushaltestelle und U-Bahn an der Ecke. Am besten ein großer Balkon. Davon, dass die Wohnung klein ist, davon träumt er allerdings, muss er gestehen, nicht so unbedingt. »Aber gut isoliert.«

Besser isoliert ist unser zu großes Haus jetzt immerhin. Alle Fenster sind mit neuen Silikonprofilen isoliert, das wäre ohne unseren Selbstversuch nie passiert. Wir leben seit fast zehn Jahren in diesem Haus, haben irgendwann das Dach gedämmt, aber ansonsten mehrere echt kalte Winter mit Jammern über zugige Fenster und dem üblichen »Man müsste mal« überstanden. Ob sich das finanziell lohnt, wie viele Energieberater meinen, wissen wir noch nicht. Wir haben 1313 Euro bezahlt, unsere Jahresrechnung für Wärme – Heizung und Warmwasser, das lässt sich wegen der Fernwärme nicht genau trennen – betrug im letzten Jahr knappe 2300 Euro. Mal sehen, ob sie merklich sinken wird. »Das Geld fehlt uns jetzt für eine Flugreise im nächsten Jahr«, sagt Jakob grinsend: »Da brauchen wir uns eine Sorge weniger um unsere Ökobilanz zu machen.«

Jakob selbst hatte in diesem Jahr einmal über sein persönliches CO_2-Konto nachgedacht – als er vorschlug, wir sollen sparen, damit er mal in die USA fliegen kann. Wir könnten ihm quasi von unserem Konto was auf seines überweisen. Die Idee an sich finden wir als Gedankenspiel nicht schlecht: Jeder Mensch bekommt ein privates CO_2-Konto. Zwei Tonnen im Jahr darf er umsonst verbrauchen – danach wird es teurer. So würden die realen Umweltkosten bestimmter Verhaltensweisen wenigstens sichtbar. Das ist nur eine der vielen Ideen, die wir in diesem Jahr hatten. Und natürlich müsste man an die denken, die wenig Geld haben.

Wir kriegen unser Konto am Ende durch einen Trick einigermaßen in den Griff. Denn wir sind trotz aller Anstrengungen in diesem Jahr immer noch für 29 Tonnen CO_2 verantwortlich. Das sind 13 Tonnen weniger als im Vorjahr, also immerhin ein Minus von fast 31 Prozent. Aber es ist immer noch ordentlich zu viel. Wir haben in dem Jahr also auch unsere Grenzen kennengelernt. Denn manches können wir individuell nicht beeinflussen. Wie viel CO_2 beispielsweise pro Kilowattstunde genutzter Fernwärme entsteht, ist nicht von uns abhängig, sondern vom Kraftwerksbetreiber, und den können wir nicht mal eben so wechseln. Wir können kürzer duschen und die Fenster abdichten, aber an den 254 Gramm CO_2, die pro Kilowattstunde Fernwärme entstehen, können wir wenig rütteln. Wir haben uns daher entschlossen, die CO_2-Menge, für dic wir verantwortlich sind, in diesem Jahr komplett mit Atmosfair zu kompensieren. 667 Euro hat uns das für die Familie gekostet.

Sicher wissen wir, dass wir uns nicht auf Dauer freikaufen können. Und dass das sicher keine Lösung für alle ist, viele Menschen können sich so etwas nicht leisten. Aber viele eben doch, und manche müssen dafür ansonsten auf nichts verzichten. 667 Euro im Jahr – das ist nicht einmal der Preis eines täglichen Coffee to go, den man ja sowieso wegen der Einwegbecher nicht kaufen sollte. Beispielsweise. Wir hoffen, dass am Ende bessere Umwelttechnik uns allen ein bisschen helfen kann. Aber vor allem sind wir überzeugt, dass das »Immer schneller, immer höher, immer weiter so!« aufhören muss. Von alleine passiert das alles nicht. Von alleine passiert aber sowieso nicht viel Gutes. Und so kommen wir zur letzten Lehre unseres Jahres: Wir wissen jetzt, dass wir uns politisch stärker einmischen müssen. Indem wir unseren Freunden weiter auf die Nerven gehen. Nicht immer, aber ab und zu. Und ihnen Alternativen zum schnellen Wochenende auf Malle vorschlagen. Die Ostsee ist auch schön. Indem wir Initiativen unterstützen, vielleicht eine Partei (das ist noch nicht entschieden), die für bessere Gesetze und mehr Klimaschutz kämpft. Denn beides kriegen wir eben nicht allein, sondern nur durch gute Politik. Was eigentlich auch kein Geheimnis ist.

Das neue Jahr beginnt. Wir werden wieder scheitern. Besser. Und dann fluchen. Lachen. Streiten. Es erneut versuchen.

Dank

Bei der Arbeit an diesem Buch haben uns viele Menschen unterstützt – durch Gespräche, Kritik und Ermutigung. Danken möchten wir vor allem natürlich Franziska und Jakob. Dann Michaela und Michael für ihre Gastfreundschaft, Charlotte Streck für Aufklärung über rülpsende Rinder, Sascha Müller-Kraenner für die über die Vorteile des Wildschweinbratens und des Urlaubens in Deutschland, dann den Apfelexperten Markus Fadl, Stefan Rösler und Michael Blanke, Karl-Heinz Dubrow für seine Kommentare zu sinnlosen Kühlschränken, Dietrich Brockhagen, der harte Wahrheiten lächelnd formuliert, Valentin Beck für Aufklärung über ethische Dilemmata, Werner Bätzing und Herbert Gschoßmann für ihre Anmerkungen zur Entwicklung der Alpen, Kirsten Brodde für Kleider- und Tobias Pforte von Randow für so manche Tipps, Achim Lohrie für seine mutigen Worte über Unternehmensverantwortung, Martin Lind und Christin Lieke für eine Einführung in die Welt des Buchdrucks, Michael Friedrich von Greenpeace Energy und Ralph Kampwirth von Lichtblick, Patrick Graichen, Christoph Podewils und dem Team von Agora Energiewende für die Erklärung des Strommarktes, Fritz Vorholz für die Erläuterung der Verkehrswende, Barbara Unmüßig für ermutigende Gespräche, Hans Joachim Schellnhuber für inspirierenden Optimismus, Ottmar Edenhofer für anregenden Streit und dem PIK für seine Arbeit, Maria Krautzberger für ihre klaren Worte über die Notwendigkeit von Politik, Tobias Münchmeyer für die Diskussionen darüber, Wolfgang Strasdas dafür, uns die Lust am Reisen nicht zu nehmen, und Klaus Milke, der seinen Stein schon sehr lange mit Optimismus den Berg hinauf rollt. Nicht zuletzt unserer Agentin Rebekka Göpfert und besonders unserem Lektor Stefan Meyer für immer wieder Fragen, Anmerkungen und Debatten. Außerdem vielen Menschen, die ihren Anteil an dem Projekt hatten, weil wir von ihnen viel über ihren Alltag und den Umgang mit Klimafallen erfuhren.

Zwei Jahre später

Was von unserem Experiment übrig bleibt

Petra: Und es geht doch

Es gibt die eine Frage, die uns in Varianten in den vergangenen Monaten immer wieder gestellt wurde: Und – was ist von dem Versuch geblieben? Hat sich das Leben wirklich dauerhaft verändert? Oder ist alles wieder wie vorher? Manchmal ist das Motiv der Fragen das reine und völlig berechtigte Interesse: Menschen wollen einfach wissen, wie die Geschichte weiterging und was in der Fortsetzung des Buches stehen würde. Manchmal schwingt dabei die zarte Hoffnung mit, dass es tatsächlich so etwas wie ein gutes CO_2-freies Leben geben kann, schon heute, hier und dauerhaft. Dass man mit dem neuen klimafreundlichen Leben froh ist und ohne Probleme aufs Fliegen verzichtet, auf Shoppen und Schlemmen. Und damit eine völlig neue, befreite Art des Seins entdeckt hat.

Manchmal aber, und gar nicht zu selten, schwingt in der Frage auch die Hoffnung mit, dass das Ganze eben doch nur ein netter Versuch war, dass es in der rauen Wirklichkeit eben doch kein umweltfreundliches Leben geben kann. Schließlich könnten sich dann ja alle anderen zurücklehnen, müssten sich gar nicht erst auf den Weg machen. Weil das Scheitern sowieso vorprogrammiert ist. Menschen, die darauf hoffen, fragen auch gern: Na, Sie fliegen doch sicher wieder, oder? Sie gucken beim Essen genau hin, ob auf dem Teller Fleisch liegt, sie suchen die Sünde – obwohl wir nie Heilige werden wollten. Sondern nur einen Versuch gemacht haben.

Wie also ging der aus, wie ging die Geschichte für mich weiter?

An einem Tag im vergangenen Sommer, ich musste überraschend nach Köln, saß ich im Zug und schaute aus dem Fenster, wie die Wiesen vorbeiflogen. Und plötzlich fiel mir auf: Ich hatte keinen Moment mehr darüber nachgedacht, ob ich ein anderes Verkehrsmittel nehmen sollte. Völlig selbstverständlich hatte ich auf der Bahn-App den Zug gebucht. Das geht heute wirklich kinderleicht, mit ein paar Klicks hatte ich die Fahrkarte von Haustür zu Haustür gebucht. Und auf dem Handy den Verspätungsalarm aktiviert.

Keine Sorge, das wird nun keine Werbeeinlage für die Bahn, Bahnfahren ist nicht immer die helle Freude. Es ist für mich jedoch ein Beweis dafür, dass man sein Leben dann verändert hat, wenn man neue Gewohnheiten entwickelt hat, Wenn man nicht mehr darüber nachdenkt, wie man reist. Wenn das Buchen des Zuges vor Beginn einer Reise so selbstverständlich geworden ist wie das Runterdrehen der Heizkörper am Abend. Oder das Löschen des Lichtes.

Kürzlich las ich in der Zeitung ein Interview mit einer Verhaltenstherapeutin. Es ging um den Sport und darum, wie man dauerhaft in Bewegung bleibt. Sie selbst war wohl über die Jahre ziemlich eingerostet und wollte das ändern, tat sich aber schwer damit. Also ging sie zu Beginn, als der Sport für sie etwas Neues war, sogar in Joggingklamotten ins Bett. Sie wollte morgens dem inneren Schweinehund gar keine Möglichkeit mehr geben, sie doch noch rumzukriegen. Aufstehen, loslaufen! Das sollte morgens zur Gewohnheit werden.

Über Nacht ging das nicht. Es dauerte eine Weile, bis das

Loslaufen das neue Normal war. Aber es dauerte eben auch keine Ewigkeit. Nach ein paar Wochen vermisste sie den Sport schon, wenn sie morgens mal ohne losmusste.

Ähnlich geht es mir heute bei vielen kleinen Alltäglichkeiten, die meinen CO_2-Ausstoß senken: Ich würde es vermissen, wenn ich morgens in der S-Bahn die Zeitungen nicht mehr lesen könnte – und abends nicht mit dem Rad nach Hause fahren dürfte. Ich fände es umständlich, mit dem Auto zum Markt zu fahren. Schon weil ich dann einen Parkplatz suchen müsste. Ich würde das Wetter vermissen, wenn ich es nicht beim Gehen oder Radeln immer mal wieder erleben dürfte. Ja, auch den Regen.

Und tatsächlich vermisse ich sogar die Bahn. Wenn ich eine Weile nicht Zug gefahren bin, wünsche ich mir mal wieder eine Reise: Beispielsweise, um ungestört in einem Buch schmökern zu können. Denn auch daran habe ich mich längst gewöhnt: Oft funktionieren bei der Bahn weder Internet noch Funk, also lese ich im Zug längere Texte.

Dreimal bin ich seit Ende des Experimentes in Deutschland doch noch geflogen, für den Job: sonntagmorgens zum Presseclub. Einmal war ein Familientermin am Abend vorher für mich Argument genug gewesen, die beiden anderen Male ein enger Zeitplan und das Argument, dass der Termin ja keine private Luxusveranstaltung war. Ich fand das hinreichend, meine Kinder nicht. Franziska kommentierte die Fliegerei voller Unverständnis mit dem einen Wort »Mutti!«. Manchmal sagt sie dieses Wort lieblich, manchmal bittend, diesmal aber klang da eine Mischung aus tiefem Unverständnis, Verwunderung und Empörung mit. So was tut man nicht, das war für sie völlig klar.

So was tut man nicht: Dieser Imperativ hat sich tatsächlich in meinem Leben breiter gemacht. Ich habe unzählige Debatten über die Frage, wie viel privater Verzicht für die Umwelt wirklich bringt, hinter mir.

Ich weiß, dass mein kleiner Verzicht auf einen Flug für das Klima etwa so relevant ist wie der berühmte umfallende Sack Reis in China. Nämlich gar nicht. Eine einzelne private Verhaltensveränderung wird die Klimakrise nicht lösen. Und doch weiß ich eben auch: Verzichten Millionen Menschen auf unnötige Flüge, könnte das viel verändern. Auch wenn jeder einzelne Flug kaum ins Gewicht fällt.

Die Theorie der viralen Effekte ist da ziemlich hilfreich. Denn die besagt: Wenn einer etwas tut, plötzlich ein paar weitere Menschen sich ähnlich verhalten und jeder von denen dann wiederum ein paar Menschen ansteckt – dann verändert sich die Welt.

Ehrlicherweise muss ich aber zugeben: Ich stoße auch an Grenzen, an meine Grenzen. Und das hat vor allem mit der Mobilität zu tun. Zu meinem Lebensstil gehörte es in den vergangenen Jahrzehnten immer, sehr mobil zu sein. In der näheren Umgebung geht das immer noch, und es geht auch sehr ökologisch. Zum Büro fahre ich nach wie vor mit der S-Bahn und oft mit dem Rad zurück. Das Auto hatten wir ja schon kurz nach Erscheinen des Buches abgeschafft, das habe ich auch bis heute nicht vermisst. In Deutschland komme ich überall mit der Bahn, dem Bus und hin und wieder einem Taxi hin. Das ist zwar teurer als so mancher Flug. Aber da ich nicht zu den Armen in diesem Land gehöre, kann und will ich mir das leisten.

Das Problem ist die Ferne. Fast alle Flüge, die ich seither gebucht habe, hatten mit meinem Beruf zu tun – und die kann ich auch trotz Franziskas strengem Ordnungsruf rechtfertigen: Als Journalistin ist es meine Pflicht, genau hinzuschauen, und das geht eben manchmal nur, wenn ich reise. Und das wiederum geht nicht immer mit der Eisenbahn. Problematischer aber ist die Sache mit dem privaten Flugverhalten. Auch das habe ich sehr reduziert, aber eben nicht auf null. Bis vor Kurzem habe ich geglaubt, die Flüge durch Kompensieren entschuldigen zu können. Ich wusste zwar, dass ich sie auch durch eine Spende an Atmosfair nicht ungeschehen machen kann. Aber ich hielt sie für immerhin akzeptabel. Schließlich werden ja anderswo mit meiner Kompensationszahlung genau die gleichen Mengen CO_2-Emissionen eingespart: indem beispielsweise Menschen Solarkocher bekommen und deswegen die Wälder nicht abgeholzt werden müssen. Inzwischen wird aber immer klarer: Richtig gut ist nur, gar nicht zu fliegen. Für das Problem habe ich noch keine wirkliche Lösung; ich hoffe sehr, dass die Fluggesellschaften durch die Politik gezwungen werden, möglichst bald CO_2-freies Kerosin zu nutzen.

Bei den anderen Bereichen des Lebens, dem Shoppen und dem Essen – da ist der Wandel leicht und dauerhaft. Beim Shoppen hilft sicher, dass in meinem Alter die Schränke und Regale voll sind. Und wenn ich etwas verschenke, dann kommen Tickets für Konzerte, Opern und Theater bisher gut an. Es ist mir auch leichtgefallen, den Fleischkonsum drastisch zu reduzieren. Fleisch schmeckt mir einfach nicht besonders gut, jedenfalls meistens. So alle paar Wochen habe ich mal einen Heißhunger, deswegen werde ich wohl auch offiziell keine Vegetarierin werden – zumal eine Milchunverträglichkeit mich dann sofort zur Veganerin machen würde, und das ist mir immer noch zu unbequem. (Ja, ich kenne alle Einwände gegen diese Inkonsequenz – aber in allen Lebenslagen konsequent sind eben nur Heilige.)

Gerade hat in Berlin ein Restaurant geöffnet, das völlig vegan und müllfrei arbeitet – und herrlich lecker kocht. Sicher wird das eine hippe Großstadterscheinung bleiben, aber in abgewandelten Formen wird sich das aus anderswo durchsetzen. Schon weil in der nächsten Generation viel mehr Vegetarier und Veganer sind, weil es nachweislich gesünder ist, so zu leben, und billiger und lecker eben auch. In der Küche in meinem Büro gibt es heute Hafermilch und in vielen Restaurants ebenso. Beim Essen kann ich also einfach darauf setzen, dass die Zeit für mich und das Klima spielt.

Privat sind die Grenzen dessen, was möglich ist, ziemlich ausgereizt – politisch wäre so viel möglich. Und deswegen freue ich mich am meisten darüber, dass, nachdem dieses Buch fertig wurde, eine neue, junge Generation wieder die politische Frage stellt, demonstriert und die Regierung drängt. Denn nicht nur ist das Private politisch, sondern auch das Politische privat: Die richtigen politischen Rahmenbedingungen würden nicht nur uns vier, sondern vielen Millionen Menschen den Klimaschutz so viel leichter machen.

Günther: Es hat sich nachhaltig etwas verändert

Seit wir unseren Selbstversuch gestartet haben, sind einige Jahre ins Land gegangen. Vieles hat sich dieser Zeit verändert – vor allem in der Familie –, eines jedoch nicht: Unser CO_2-Ausstoß ist nicht wieder in die Höhe gegangen. Eher noch gesunken. Unser Jahr war keine kurzfristige Diät, bei der man fünf Kilo abnimmt, um hinterher sieben Kilo zuzunehmen. Es war vielmehr, um im Bild zu bleiben, eine dauerhafte Ernährungsumstellung mit begleitendem Sportprogramm – im besten Sinne nachhaltig.

Ich habe mit dem Buch in den letzten beiden Jahren etwa 70 Lesungen gemacht – in Groß- und Kleinstädten, bei kirchlichen Veranstaltern, bei politischen Gruppierungen, bei Umweltverbänden oder Initiativen, in Schulen und Volkshochschulen von Westerland bis Zürich und Aachen bis Zittau. Dabei habe ich immer vor mindestens 15 bis 20, maximal 200 Menschen gesprochen, meistens kamen so etwa 30 bis 50 Leute zu den Veranstaltungen.

Bei diesen Lesungen habe ich viel über (Klima-)Kommunikation gelernt. Und vor allem auch darüber, wie man vom Wissen zum Handeln kommt. Denn die Anmerkungen und Fragen des Publikums ähneln sich ja doch häufig. Vorab: Zu meinen Veranstaltungen kamen Menschen, die sich Gedanken über die Klimakrise und die Umwelt machen, wobei auch viele kamen, die bezweifeln, dass es irgendeine Wirkung hat, wenn wir als Einzelne etwas tun. Denn bei vielen Menschen – so beschreiben es Umweltpsychologen – ist die Überzeugung, dass sie mit ihrem eigenen Handeln wirksam der Klimakrise gegensteuern können, nicht groß. Sie nehmen zwar die Risiken des Klimawandels wahr, fühlen sich diesem aber mit den eigenen Handlungsmöglichkeiten nicht gewachsen – und flüchten sich daher in Abwehrreaktionen.

Die meisten LeserInnen und ZuhörerInnen haben dieselben Fragen, wie wir sie hatten: Wie sieht denn ein gutes klimagerechtes Leben aus? Worauf muss ich achten, was kann mir egal sein? Wie kann ich was ändern? Wir versuchen in dem Buch, diese Fragen authentisch zu beantworten. Ich musste aber bei Lesungen auch zugeben, nicht immer alle Antworten zu wissen. Und auch über manche Fragen lange nicht nachgedacht zu haben: Bei einer Lesung in Zittau vor Studierenden (alles Wirtschaftsethiker) wurde ich beispielsweise gefragt, wo ich denn mein Geld angelegt hätte. Ich witzelte, dass da nicht viel zum Anlegen sei, aber der Kern der Frage war ja ein anderer: Was passiert mit dem Geld, das ich auf meinem Konto habe? Werden damit Braunkohlekraftwerke gebaut, investiert die Bank in fossile Energieträger, kauft sie gar Aktien von Rüstungsunternehmen? Inzwischen liegt das Geld bis auf den Alltagsrest bei der GLS Bank, wo es nach ethischen Kriterien verwaltet wird – auch wenn der Ertrag vielleicht nicht ganz so hoch ist.

Vielleicht muss man gar nicht so viel über Klimawandel reden. Sondern vielmehr darüber, in was für einer Welt man leben möchte. Wie bekommen wir eine Welt hin, die wir uns wünschen – statt über eine Welt nachzudenken, aus der wir wegwollen? Denn natürlich weiß und erlebt jede/-r, dass der motorisierte Individualverkehr eine Katastrophe ist. Sprich, dass es einfach zu viele Autos gibt. 82 Millionen Bundesbürger benutzen 46 Millionen Autos. Rechnet man die Unter-18-Jährigen raus und die Über-80-Jährigen ebenfalls, sind es 66 Millionen Menschen mit 46 Millionen Autos. Dass das die Städte und Dörfer nicht lebenswerter macht, liegt auf der Hand. Das wäre auch nicht viel besser, wenn diese Autos alle elektrisch mit Ökostrom betrieben würden.

Ist es dann ein Verzicht, wenn wir alle weniger Auto fahren? Nein, der Nicht-mehr-Besitz eines Autos ist absolut kein Verzicht, sondern ein Gewinn. An Luft, Bewegung, Lebensqualität. Es ist auch kein Verzicht, wenn ich entspannt durch irgendwelche Shopping-Malls laufen kann, ohne Konsumwünsche zu entwickeln. Das ist alles einfach, und das Leben wird generell einfacher, wenn man ein paar Leitplanken beim persönlichen Verhalten einzieht. Denn vieles von dem, was ich angefangen habe, um das Klima zu schützen, macht einfach nur Spaß. Und dann hat die Motivation eigentlich nichts (mehr) mit Klimaschutz zu tun: Fahrradfahren zum Beispiel. Wir müssen uns nicht aus Klimaschutzgründen anders verhalten. Sondern weil dann die eigene Lebensqualität steigt.

Und ja, man kann individuell nicht alles auf einmal ändern. Sondern in Schritten. Wenn ich jemandem erkläre, dass er oder sie sein oder ihr Leben ändern soll, dann sagt er/sie: Prima. Und es passiert nichts. Will ich Änderungen erreichen, so geht das fast immer nur über erste, zweite, dritte Schritte. Vom durchschnittlichen Fleischesser mit 60 kg Fleischverzehr im Jahr zum Veganer zu werden ist schwierig; einfacher ist es, zum Sonntagsbraten überzugehen, dann vielleicht Vegetarier zu werden und dann irgendwann … – falls das überhaupt noch notwendig ist.

Jakob: Warum wird einem klimafreundliches Verhalten so schwer gemacht?

Auf der Rückfahrt von Paris nach Berlin. Ich bin jetzt schon seit acht Stunden unterwegs – und das im dritten Zug. Als ich heute Morgen um sechs Uhr am Pariser Gare du Nord in den Thalys gestiegen bin, war noch alles gut: sogar genug Zeit, mir einen Kaffee zu kaufen. Aber jetzt um 14 Uhr – immer noch Stunden von Berlin entfernt – liegen langsam meine Nerven blank. Dass der erste Zug aus Paris mit Verspätung in Köln ankommt: kein Problem. Dass der nächste ausfällt und ich schnell mit einem Regionalzug vom Kölner Hauptbahnhof zum anderen Kölner Bahnhof am Flughafen muss: irgendwie putzig. Aber wenn dann der dritte Zug irgendwo in Niedersachsen eineinhalb Stunden in der Pampa stehen bleibt, dann frage ich mich doch, warum ich mir das antue.

Ausgerechnet heute, wo ich in einer Stunde unbedingt bei einem wichtigen Termin in der Nähe von Berlin sein muss: Es geht um ein Vorstellungsgespräch für ein Stipendium. Zu spät kommen macht da keinen guten Eindruck. Ich rutsche immer nervöser auf dem Sitz rum und ärgere mich darüber, dass ich nur vier Stunden Puffer für die Fahrt eingeplant habe. Und ich ertappe mich bei dem Gedanken: Es wäre so einfach gewesen zu fliegen. Ich hätte ausschlafen können, wäre gemütlich zum Flughafen »Charles de Gaulle« gefahren, um dann ohne Probleme entspannt nach eineinhalb Stunden Flug in Berlin Tegel zu landen. Dazu hätte mich das Flugticket höchstens die Hälfte von dem gekostet, was ich für die Bahn gezahlt habe. Vielleicht sollte ich mir die Sache mit dem klimabewussten Leben doch noch mal überlegen? Nein, ich meine diese Frage nicht ernst. Es ist für mich im Gegenteil unglaublich einfach geworden, das fortzusetzen, was wir in unserem Versuch ausprobiert, begonnen und beschlossen haben. Vieles ist einfach in Fleisch und Blut übergegangen: Ich bin ohnehin gefühlt seit einer Ewigkeit schon Vegetarier, und man hat auch wirklich keine Probleme mehr, überall gutes vegetarisches Essen zu finden. In der Stadt bewege ich mich mit dem Fahrrad fort, und auch wenn ich mich in Berlin immer mal wieder über die BVG ärgere: Mit dem Auto im Stau stehen wäre auch keine schöne Alternative. Mal ganz abgesehen davon, dass es für mich auch keine reale wäre: Ich habe keinen Führerschein und vermisse ihn auch nicht.

Beim Einkaufen weiß ich, was ich kaufen kann und kaufen sollte: Die Entscheidungskriterien »regional und bio« wende ich sehr automatisch an und muss mir nur noch wenig Gedanken darüber machen (nebenbei wird die Auswahl an klimafreundlichen Lebensmitteln auch immer größer). Ich brauche nicht viele Klamotten und gehe auch immer noch nicht gern shoppen. Ich bewohne ein kleines Zimmer in einer WG. Und nicht zuletzt hat sich meine Duschzeit radikal dadurch verkürzt, dass ich die Heißwasserrechnung jetzt selber zahle. Es gibt allerdings einen Punkt, der mir echt noch Probleme bereitet, was das klimafreundliche Leben angeht: Das ist das Reisen.

Ich befinde mich jetzt am Ende meines Studiums und bin nebenbei in vielen Projekten aktiv, sodass ich oft unterwegs bin. Ich bin viel auf Workshops, Konferenzen, und besonders jetzt gerade, wo ich diesen Text schreibe, nutze ich auch die freie Zeit in den Semesterferien, um Freunde in unterschiedlichen Städten zu besuchen. Ich habe mir bereits vor einiger Zeit fest vorgenommen, nicht zu fliegen, aber leider macht das alles manchmal verdammt kompliziert. Die Gründe gegen das Fliegen kenne ich alle nur zu gut. Ein Flug von Berlin nach Paris emittiert etwa 350 kg CO_2 – etwas mehr als ein Achtel des umweltverträglichen Jahresbudgets eines Menschen. Der besonders treibstoffintensive Start- und Landevorgang hat gerade bei so kurzen Strecken einen viel höheren Anteil an den Gesamtemissionen als bei der vielleicht manchmal noch zu rechtfertigenden Langstrecke. Und dann kommen noch die Arbeitsbedingungen bei vielen der billigen Airlines dazu, die ich nicht unterstützen will.

Aber wenn es ans Buchen einer Reise geht und ich die Preise sehe, ist es schon schwer, standhaft zu bleiben, zumal mein Budget als Student ja nicht groß ist. Dann tut es schon weh, das viermal so teure Bahnticket zu buchen, wenn ich auch für 26,50 € one-way Easyjet fliegen könnte – auch wenn die moralischen und ökologischen Überlegungen alle für die Bahn sprechen.

Natürlich habe ich einen großen Vorteil als Student: Ich habe Zeit, und zwar viel. Ich kann ohne Probleme den Flixbus nehmen, auch wenn die Fahrt fünf Stunden länger dauert: Guten Lesestoff gibt es genug. Auch kann ich mich bei einer langen Reise einfach mal irgendwo eine Nacht erholen: Ich war ein Semester im Ausland in Paris und habe relativ oft auf dem Weg nach Berlin meine Tanten in Düsseldorf und Köln besucht. Ich kann »spielen« beim Buchen: Oft kombiniere ich eine Mitfahrgelegenheit, Flixbus und Bahn. Die Recherche geht ja rasend schnell im Internet, und zwischendurch mal eine Stunde in irgendeiner Stadt zu warten macht ja auch nichts. Und trotz all dieser Variablen ist das Fliegen nicht nur wesentlich schneller, sondern meistens auch um einiges günstiger. Einmal konnte ich im vergangenen Jahr nicht widerstehen. Da bin ich während meines Auslandssemesters in Paris zurück nach Berlin geflogen. Direkt schlug dann allerdings das schlechte Gewissen zu, und ich habe den Flug schnell bei Atmosfair kompensiert.

Ich verstehe einfach immer noch nicht, warum mir mein individueller Verzicht, mein klimafreundliches Verhalten so schwer gemacht werden. Ich frage mich, wieso die Politik es immer noch verschläft, hier etwas zu tun. Wieso gibt es noch keine Steuer auf Kerosin, und warum sind Flugtickets immer noch so spottbillig? Wieso wird nicht viel mehr in die Bahn investiert, wenn klar ist, dass wir die Klimaziele nicht ohne sie erreichen? Wieso hat die Bahn keine Nachtzüge mehr (und will auch keine neuen kaufen), wenn das die perfekte Möglichkeit wäre, auch längere Strecken mit ihr zurückzulegen? Wieso gibt es noch keine einfache Möglichkeit, Zugtickets europaweit zu buchen, und noch kein europaweit ausgebautes Schnellzugnetz?

Bei meinem ziemlich alltäglichen Bemühen um mehr Klimaschutz motiviert mich heute die Hoffnung. Seit wir unseren Versuch beendet haben, hat sich eines nämlich ganz massiv verändert: das Bewusstsein vieler Menschen. Der Kampf gegen den Klimawandel hat heute einen ganz anderen Stellenwert – auch bei Leuten, bei denen ich das nie erwartet habe. Ich hoffe heute, dass wir die schlimmsten Auswirkungen der Klimakrise doch noch verhindern können. Als unsere Familie versuchte, ihren CO_2-Fußabdruck zu verringern, war Klimapolitik kein Thema. Das ist heute eindeutig anders. Alle möglichen Leute bewegen sich und machen etwas dagegen. Mein Studienberater erzählt mir ganz stolz, er probiere jetzt, einen Großteil seiner Fahrten mit der Bahn zu machen. Freunde, die ich nie als politisch eingeschätzt hatte, verabreden sich jetzt auf Klimademos und werden in Parteien aktiv. Wenn ich zu irgendeinem Workshop oder einer Konferenz fahre, finden sich immer Gruppen, die gemeinsam mit der Bahn anreisen. (Eine Bahnreise von Berlin nach London mit Übernachtung in Düsseldorf schweißt definitiv zusammen.) Es gibt da eine Energie, und selbst wenn sich politisch noch nichts bewegt, bewegt sich in der Gesellschaft viel. Und das nicht nur in Deutschland: Ich habe das letzte halbe Jahr in Paris verbracht, und auch da reden immer mehr Leute über Klimaschutz.

Jetzt geht es darum, diese Energie aufrechtzuerhalten und weiterzukämpfen – für politische Lösungen. Genau dafür engagiere ich mich inzwischen. Ich bin seit unserem CO_2-Experiment definitiv ein politischerer Mensch geworden und habe für mich digitale Bildung und digitales Campaigning entdeckt. Sie sind meine Mittel, um für den Wandel zu kämpfen, den wir brauchen.

So bin ich jetzt seit etwa zwei Jahren bei Serlo Education

aktiv. Gemeinsam mit anderen Freiwilligen engagiere ich mich bei der Lernwebseite serlo.org – einer Art Wikipedia für freie Bildung. Serlo stellt kostenlose, werbefreie und Opensource-Lerninhalte bereit. Mittlerweile lernen über eine Million Schüler*innen monatlich mithilfe von Serlo. Sie üben Mathe und Englisch, aber auch Nachhaltigkeit.

Ich will die Wirkung nicht schönreden: Trotz Serlo und vielen anderen Initiativen gibt es immer noch zu viele Leute, die den Klimawandel noch nicht als das Problem begreifen, das er ist – man muss nur einen Blick auf die Wahlergebnisse und auf YouTube werfen. Dort sind die rechten Klimaleugner sehr aktiv. Trotzdem haben die vielen Klimademos der vergangenen Monate etwas verändert: Bei immer mehr Menschen funktionieren alle möglichen Entschuldigungsmechanismen nicht mehr. Sie wollen, dass sich etwas verändert, oder wollen selbst etwas verändern. Sie wollen mehr Klimaschutz, eine andere Politik. Weil viele aber immer noch nicht so genau wissen, wie und was sie tun können, engagiere ich mich auch noch in dem Projekt »DemokraDu«. Gemeinsam mit ein paar Freunden wollen wir Jugendliche zu politischem Aktivismus inspirieren – durch Online-Lerninhalte. Ich bin fest davon überzeugt, dass Bildung und das richtige Sprechen über die Klimakrise der Schlüssel sind. Und gerade in digitalen Mitteln liegt eine unglaubliche Chance.

Wir haben viel zu lange viel zu abstrakt über die Klimakrise geredet. Für mich ist sie durch das Buch und das Jahr, in dem wir versuchten, CO_2-neutral zu leben, konkret geworden. Ich habe begriffen, was sie mit uns aller und eben auch mit meinem Leben zu tun hat. Und vielleicht erreicht man durch kontinuierliche Bildung diesen Effekt auch bei immer mehr anderen Jugendlichen – sei es online oder auch durch die Taschenbuchausgabe dieses Buches. Ich jedenfalls habe in dem Jahr unseres Experiments erkannt, was ich in Zukunft machen will.

Franziska: Ich bin ein politischer Mensch geworden

Ich stehe hier, mitten in Berlin vor dem Reichstag, weil ich wütend bin. Ich bin wütend auf die Verantwortlichen dieser Krise, die unser Leben auf diesem Planeten auslöscht. Ich bin wütend darüber, dass ich als 15-jährige Schülerin demonstrieren muss, um Politikern klarzumachen, was schief läuft. Ich bin wütend, dass es mich überhaupt braucht. Ich bin wütend, dass ich heute hier sein muss, aber bei dieser Krise habe ich keine Wahl. Ich stehe hier, obwohl ich müde bin. Ich bin es leid, jeden Freitag einen Streik zu organisieren. Ich bin es leid, dass es normal geworden ist, seit einem Jahr fast keine Freizeit mehr zu haben. Ich bin es leid, bei Kälte und Hitze auf der Straße zu stehen, ohne dass das eine nennenswerte politische Wirkung hat. Ich bin müde und ich will nicht mehr. Es reicht.

Diese Zeilen schrieb ich im Dezember 2019, am ersten Geburtstag von Fridays for Future Deutschland, zwei Stunden nachdem ich auf unserer Bühne gestanden und vielen Tausend Menschen unsere Geschichte erzählt hatte. Ich war damals traurig. Für mich war es ein trauriger Geburtstag, weil wir unser Ziel nicht erreicht haben: Die Klimakrise ist nicht gestoppt, und Deutschland hat immer noch keine gute Klimapolitik. Und trotzdem ist in dem einen Jahr und danach so viel passiert. Es gab Momente des Glücks, Momente der Traurigkeit und auch Momente, in denen ich überlegt habe aufzuhören. Blicke ich zurück auf die Zeit davor, auf den wirklichen Geburtstag von FFF im Dezember 2018, dann erkenne ich mich nicht wieder.

Damals war ich 14, heute, gut ein eineinhalb Jahre später, bin ich 16. Ich bin jetzt die Franziska Wessel mit Tausenden Google results, die Franziska Wessel, die vor Tausenden Leuten aufgetreten ist und die manchmal auf der Straße erkannt wird. Andererseits bin ich auch die Franziska Wessel, die durch ihr »tolles Engagement« ihre Freunde verloren hat. Das Mädchen, das die Schule nicht mehr so hinkriegt wie vorher, das keine Freizeit mehr hat, weil es nachmittags zu Terminen geht und nachts Mails schreibt oder in Telefonkonferenzen redet. In diesem einen Jahr ist so viel passiert, wie ich es mir nie hätte erträumen können, aber manchmal denke ich, es wäre einfacher gewesen, nicht zu meiner ersten Demo zu gehen.

Meine erste Demo war Mitte Januar 2019. Ich hatte irgendwo etwas von »Fridays for Future« gelesen, war ein wenig verwirrt, aber auch neugierig. Ich hatte mich davor schon ein bisschen mit der Klimakrise beschäftigt. Das Jahr, in dem wir als Familie unseren CO_2-Fußabdruck gesenkt hatten, hatte mir die Dramatik der Situation ja immer wieder vor Augen geführt. Aber ich wusste nicht, was man jenseits der privaten Verhaltensveränderung dagegen tun kann. Wie man durch Politik etwas bewegt. Bei der Demo war es eiskalt. Natürlich hatte ich mich zu dünn angezogen, ich hatte ja keine Demoerfahrung. Ich wollte eigentlich schon wieder los, als mich eine der Organisierenden ansprach: »Kannst du das kurz halten?« Auf einmal hielt ich ein Banner und fühlte mich eingebunden. Am Ende der Demo fragte ich, ob ich irgendwo mithelfen könne, und landete in einer WhatsApp-Gruppe. Ende Januar 2019 gab es dann den ersten Berliner Großstreik. Ich weiß noch genau, wie ich mich in der Woche davor mit ein paar mir damals fremden Leuten zum Plakatieren und Flyerverteilen verabredet hatte. Wir trafen uns in den Büros der BUNDjugend, der Jugendorganisation des Bunds für Umwelt und Naturschutz, und saßen schüchtern auf verschiedenen Sofas und Sesseln. Als wir uns aufteilten und loszogen, um die Plakate aufzuhängen, bereute ich meine Entscheidung mitzumachen. Mir war es unangenehm, mit fremden Leuten in Cafés zu gehen und zu fragen, ob wir Plakate aufhängen dürfen.

Dann aber ging alles rasend schnell. In der Woche danach schaffte ich es, dass am 25. Januar alle Schüler unserer Schule vom Unterricht freigestellt wurden. Ich war plötzlich bundesweit für Social Media zuständig und hatte am Demotag ein ZDF-Kamerateam um mich herum. 10 000 Leute standen damals im Invalidenpark, und ich war überwältigt. Nie hätte ich gedacht, mal mit so vielen Menschen zu demonstrieren und meinen Teil dazu beigetragen zu haben, dass so viele kamen. Ich war euphorisch und stürzte mich in die Organisation – und schon stand der nächste Großstreik vor der Tür.

Am 15. März 2019 fand dann der erste globale Klimastreik statt, und 30 000 Menschen überfüllten den Invalidenpark. Ich hatte die Nacht nicht geschlafen, um letzte Sachen zu organisieren und kam übermüdet um sieben Uhr morgens zum Aufbau. Wir hatten höchstens 15 000 Leute erwartet, und als die Nachricht über Funk kam, dass die gesamte Invalidenstraße voll war, war ich kurz vor den Tränen. Das Gefühl, wenn man an einem Moment angekommen ist, auf den man Wochen oder auch Monate hingearbeitet hat, und dann die ganze Anspannung von einem abfällt, ist unglaublich. Wenn man einen Moment innehält und dann merkt, dass man selber mit dafür verantwortlich ist, dass hier 30 000 Menschen stehen.

Dass man es geschafft hat, Social Media, Presse, Technik, Sicherheit und alles Mögliche zu organisieren. Ein überwältigendes Gefühl der Freude. Es ist schwer, es Außenstehenden zu beschreiben, aber ich war grade 15 geworden und hatte quasi ein neues Leben. Ich war nicht mehr das Pferdemädchen Franzi, sondern eine politische Franzi, die es schaffte, eine Bewegung mitzuorganisieren, bei der damals schon um die 300 000 Menschen auf die Straßen gingen. Das kostet Schlaf, es kostet das Privatleben, aber es zahlt sich aus. An solchen Momenten, an denen man sieht, was man geschafft hat.

Damals war mir schon klar, dass ich nicht so weitermachen konnte. Ich hatte das Gefühl, überfordert zu sein, vor einem riesigen Berg niemals endender Arbeit zu stehen. Ich hatte Angst, nicht mehr alles unter einen Hut zu bringen, und hatte fest vor, in Zukunft weniger zu machen. Wie naiv ich damals war. Ich hatte doch zum ersten Mal in meinem Leben richtig Verantwortung für etwas übernommen. Natürlich konnte ich nicht mehr einfach so gehen oder auch nur weniger machen. Ich wurde ab sofort nie mehr das Gefühl los, ständig da sein zu müssen. Teil einer Bewegung zu sein geht weit über den sichtbaren Part hinaus. Es bedeutet nicht, Interviews zu geben, auf Social Media zu sein oder öffentlich zu diskutieren. Wirklich Zeit kostet es, Mails in den Freistunden zu schreiben. Früher aus der Klausur gehen, weil morgen Großstreik ist. Angerufen zu werden während der Schulzeit. Es bedeutet, sich nachts in Telefonkonferenzen rumzuschlagen, um mit über 600 Ortsgruppen einen Konsens zu finden. Es bedeutet, immer wieder irgendwas nicht machen zu können, weil morgens Schule ist, aber das Polizeigespräch zur Vorbereitung der Demo eben auch.

Dann war Greta Thunberg in der Stadt. Klimastreik-Ikone Greta mit Millionen Fans. Eine Persönlichkeit, die weltweit bekannt ist. Ich bekomme häufig Fragen über sie gestellt: Ob sie mein Vorbild ist. Ob ich sie schon einmal getroffen habe. Wie sie so ist.

Ja, sie ist eine beeindruckende Person, sie hat mit dem Ganzen angefangen, und das ist grandios. Aber inzwischen ist Fridays for Future viel mehr als nur Greta Thunberg. Wir sind eine Bewegung von vielen Tausend Menschen. Viele Teenager opfern ihre Freizeit, um Streiks zu organisieren, Tausende streiken jeden Freitag, und wenn irgendwo eine einzige Person in einem Dorf streikt, dann finde ich das ebenso mutig wie das, was Greta einst tat: als sie sich allein in Schweden mit einem Schild vor das Parlament setzte.

Der Streiktag, an dem Greta mit uns durch Berlin lief, war wie ein Film. Wir hatten ein massives Sicherheitskonzept mit Polizei und Greta ausgearbeitet, um sie zu schützen. Auch die Demo zu organisieren war nicht ohne, wir mussten schließlich für mehr Menschen denn je planen. Das Ergebnis war wieder überwältigend. 25 000 Menschen nahmen teil, schon wieder eine Großdemo in der Hauptstadt. Zwei Großdemos in einem Monat, von Jugendlichen organisiert. An dem Samstag berichteten alle Zeitungen von den Streiks, Gretas Gesicht, meines und das vieler anderer Aktivisten waren auf allen Titelseiten. Manche Kommentatoren lobten uns. Und trotzdem waren wir zu diesem Zeitpunkt für viele andere die Schulschwänzer, diejenigen, die freitags da irgendwie was machten, um sie zu nerven. Anfangs trafen mich solche Anschuldigungen, doch ich lernte, sie zu überhören. Es war schon damals krass, was wir erreicht hatten; ich dachte, mehr geht gar nicht.

Und dann wurde es tatsächlich erst einmal schwieriger. Wir begannen uns intern zu streiten: Wir zankten uns darum, wer uns öffentlich repräsentiert, darum, wofür wir genau stehen. Darum, wer in der Organisation mehr zu sagen hat. Ich hatte damals große Angst, dass es die Bewegung auseinanderreißt. Wir waren ja alle so unerfahren und mussten erst lernen, wie man aus ein paar Streiks eine Bewegung formt. Auch heute streiten wir noch – allerdings in anderer Form, es ist nicht mehr so toxisch. Wir reden immer mal wieder über den »Personenkult« – darüber, dass die Medien am liebsten immer nur über wenige Führungsfiguren berichten und mit ihnen reden. Wir diskutieren über interne Machtstrukturen, aber wir konnten auch Strukturen schaffen, die vielen erlauben, mitzuorganisieren und zu diskutieren. Es ist heute ein wenig so, als ob man eine Beziehung miteinander eingegangen ist. Man streitet sich – doch überlebt man die erste Phase, überlebt man auch weiter und hält stärker zusammen als je zuvor.

Dann wurden wir mehr und mehr eingeladen, jeder wollte FFF auf dem Podium haben. Wir durften in große Säle, in die man uns vorher kaum hereingelassen hätte, und trafen Leute, die uns noch vor wenigen Monaten komplett ignoriert hatten – wahrscheinlich auch dieser eine Konzernchef. Er lächelte freundlich. Sein Händedruck wirkte stark, aber trotzdem sympathisch. So hatte ich mir ein Treffen mit dem Vorstandsvorsitzenden von RWE nicht vorgestellt. Immerhin leitete er den Kohlekonzern, gegen den ich schon zig Male auf der Straße demonstriert hatte. Und jetzt das. Ich wurde grade verkabelt. Er war nach mir dran, und wir tauschten einige Worte, Small Talk eben. Bis zu unserer Podiumsdiskussion war es jedoch noch ein wenig Zeit, also verließ ich den Saal und stand in der Eingangshalle des Hotel Adlon. Es war mein erster Besuch im Adlon, vormittags hatte ich noch eine Klausur geschrieben, und dann betrat ich diese andere Welt. Solltet ihr je im Adlon sein – der Kaffee ist gut. Wahrscheinlich aber viel zu teuer, um ihn von meinem Taschengeld zu bezahlen. Ich stand dort als Referentin für den Wirtschaftsgipfel der *Süddeutschen Zeitung*. Honorar: freies Essen und Getränke.

Die Diskussion war komisch. Da saß einer der Menschen, die ich dauernd kritisiere, und trotzdem war er nicht zu packen. Er erzählte mir, wie toll RWE sich schon macht, dass sie den Weckruf verstanden hätten. Ich fühlte mich verarscht. Ich fühlte mich hintergangen von einem Menschen, der diese Klimakrise aktiv anschiebt. Ich konnte dieses Muster, die eigene Verantwortung immer weiterzuschieben, nicht begreifen. Und wie man sich grüner machen konnte, als man in Wirklichkeit ist.

Das Gefühl hatte ich immer mal wieder, auch beim SPD-Parteitag. Wir standen hinter einem Absperrgitter. »O Klimaschutz, o Klimaschutz, wir wollen dich nicht aufgeben …«, schallte es aus unserer Reihe mit der Melodie von »O Tannenbaum«. Wir hielten zwei Banner, als Saskia Esken und Norbert Walter-Borjans zu uns kamen. Fridays for Future hatte einen offenen Brief an die SPD geschrieben, und wir waren zu seiner Übergabe verabredet. Doch statt hereingebeten zu werden, stand die Bewegung, mit der in diesem Jahr schon drei Millionen Menschen in Deutschland demonstriert hatten, draußen im Kalten. (In der geheizten Eingangshalle sah man rechts eine Autowerbung, dahinter einen Stand von RWE.) »Wir hören eure Stimme«, sagte die SPD, jedenfalls berichtete das die *Tagesschau* von diesem Treffen. »Wir hören Eure Stimme« ist also das, was übrig bleibt? Ich verstehe es nicht mehr. Es wäre doch möglich, den Wandel in eine klimafreundliche Welt einzuleiten – es wird nur nicht getan, nicht von dieser Regierung. Und so machen zu viele Menschen so weiter wie immer. Nur ist das eben nicht mit dem Erhalt dieser Erde vereinbar. Die Physik verhandelt nun mal nicht.

Man könnte es damit vergleichen, dass wir in ein Auto gesetzt wurden. Ich sitze mit meiner Generation auf dem Rücksitz, unsere Regierung sitzt am Steuer. Wir rasen auf eine Klippe zu. Normal wäre, zu wenden oder auf die Bremse zu treten, doch das Gaspedal wird weiter gedrückt, und ich kann nichts dagegen tun. Ich kann laut sein, schreien, Moralpredigten halten oder mit Millionen anderen Jugendlichen auf die Straße gehen. Aber was bringt das? Unser Auto wird immer noch weiter mit gedrücktem Gaspedal gefahren.

Wenn ich heute in einer Podiumsdiskussion sitze, sage ich das Gleiche wie vor anderthalb Jahren. Die Argumente und Fakten haben sich nicht geändert. Aber ich habe mich geändert. Als ich in den letzten Sommerferien auf meinen Urlaub verzichtete, um stattdessen einen Kongress von Fridays for Future zu organisieren, merkte ich das. Ich bin älter geworden. Ich gehöre nicht mehr zur einer »unpolitischen« Jugend, vielen meiner Freundinnen und Freunde geht es ähnlich.

Und ja, wir haben auch etwas erreicht: Es wird über die Klimakrise berichtet, viele Menschen finden sie heute wichtig und bedrohlich und wollen eine andere Politik. Das lag und liegt auch an uns. Und auch, dass viele Kinder und Jugendliche heute wie selbstverständlich demonstrieren.

Für mich sind und waren das immer wieder die Höhepunkte: in Aachen meine bislang größte Demo mit 40 000 Menschen zu moderieren. In Dortmund einen Sommerkongress mit Tausenden Kindern organisiert zu haben. Zwei Großstreiks mit Greta und Tausenden anderen zu erleben. Und dann das Highlight unserer Bewegung: Der 20. September 2019 – der Tag, nach dem ich die wütenden Zeilen geschrieben habe, mit denen dieser Text beginnt.

Vor den Demos machen wir in Berlin immer eine Wette. Jeder sagt, mit wie vielen Teilnehmenden er rechnet, und gibt einen Euro in die Kasse. Die Person, die am nächsten an die letztliche Zahl kommt, bekommt das Geld. Ich schätzte 50 000 Menschen. Doch ich wurde überrascht. Im Vorfeld bin ich immer pessimistisch mit den Zahlen, doch so extrem hatte ich mich noch nie verschätzt. Schon um 11 Uhr standen Zehntausende vor dem Brandenburger Tor, wir waren komplett überfordert. Natürlich waren wir von vielen Menschen ausgegangen. Viele Menschen hatten von der Bewegung gehört und vor zu kommen. Unsere Botschaft hatte es bis an die Küchentische vieler Familien geschafft und wurde dort diskutiert, und trotzdem hatten wir nicht mit so vielen Teilnehmern gerechnet. Es war unglaublich. So viele Menschen wie noch nie demonstrierten für die Zukunft des Planeten und ihrer Kinder.

Auf dem Pariser Platz hatten wir ein Büro gemietet. Für Krisenmanagement und Presse sowie für die Social-Media-Koordination. Dort versuchten ein paar Menschen, die Berichterstattung zu beobachten und zu koordinieren. Und dort erfuhr man auch von den Beschlüssen des Klimakabinetts, das die ganze Nacht und einen Teil des Tages beraten hatte.

Die Bundesregierung wollte in dieser Woche endlich etwas tun. Sie wollte wirkungsvolle Maßnahmen beschließen. Meine Erwartungen waren schon vor der Tagung des Klimakabinetts niedrig. Ich hatte nicht damit gerechnet, dass dort irgendetwas beschlossen wird, was unsere CO_2-Emissionen wirklich ernsthaft reduziert. Und trotzdem hatte ich, hatten wir irgendwie Hoffnung gehabt, dass sich nun endlich etwas bewegt. So war die Verkündung ein Schock für mich. Unsere

Regierung hat sich nicht getraut, CO_2 einen ernsthaften Preis zu geben. Sie gibt zwar viel Geld aus, aber für was? Das Autofahren wird für Pendler nun sogar noch billiger. Wie kann das sein? Mit diesem »Klimapaket« wurden meine Erwartungen weit untertroffen. Sie hatten einen »Kompromiss« gefunden, den selbst Merkels wissenschaftliche Berater als viel zu gering ansehen. Wissenschaftler wissen: Man kann keine Kompromisse mit dem Klima schließen. Dieser »Klimakompromiss« wird uns langfristig umbringen.

270 000 Menschen demonstrierten allein in Berlin, die komplette Innenstadt war voll von fröhlichen Menschen, aber in diesem Büro herrschte eine andere Stimmung, eine große Frustration. Wir hatten Unglaubliches auf die Beine gestellt – und das Ergebnis? Mein Gesicht am Abend in der *Tagesschau* und ein ellenlanger Bericht über das unzulängliche Klimapaket. Es fühlt sich hart an. Es fühlt sich sehr hart an, ein Dreivierteljahr seines Lebens investiert zu haben, mit dem Ziel einer besseren Klimapolitik, und dann nichts erreicht zu haben. Bei dem letzten Mal, als so viele Menschen in Deutschland auf der Straße standen, fiel danach eine Mauer. Wir haben jetzt ein Klimapaket, das eine Katastrophe ist. Ein Paket, das nichts bringt – und dafür habe ich keine Worte mehr. Ich kann es nicht fassen, und es macht mich wütend. Unfassbar wütend.

Was ich aber überhaupt nicht mehr ertrage: Die Bundesregierung feiert sich, und Politiker der Regierungskoalition loben uns. Aber offensichtlich nimmt uns keiner ernst. Das ist falsch. Wir werden nicht aufhören zu protestieren. Und wir werden irgendwann auch wählen dürfen. Unsere Stimmen gewinnen die großen Parteien so nicht.

In meiner Rede an jenem Streiktag habe ich das gesagt. Es gilt auch heute weiter:

Ich stehe auch hier, weil ich Hoffnung habe. Diese Hoffnung kommt jedoch nicht von den Verantwortlichen, sondern von euch. Von den Menschen, die hier seit einem Jahr oder auch zum ersten Mal stehen. Von den Menschen, die sich trauen, laut zu sein und zu zeigen, dass es so nicht weitergehen kann. Von den Menschen, die anfangen, die Klimakrise in andere Kreise zu tragen, und ihr Verhalten umstellen, denn noch ist es machbar, und dafür brauchen wir euch.

Und ich stehe hier, weil ich euch danken möchte. Ich möchte all denen danken, die ihre Freizeit opfern und das auch in Zukunft tun werden. Damit wir eine Zukunft haben. Wir werden hier nicht mehr jeden Freitag streiken, weil es nichts bringt, weil wir frustriert sind, aber wir kommen stärker zurück denn je. Wir geben nicht auf, wir fangen neu an, und wir werden den notwendigen Wandel schaffen. Die Klimabewegung fängt jetzt erst an, wir lassen uns unsere Zukunft nicht wegnehmen, also nehmt euch in Acht. Wir werden nicht schweigen.

Berlin, März 2020

Anhang

Im Anhang finden sich Lesehinweise, weiterführende Links und Literatur zu den einzelnen Kapiteln; aufgeführt sind auch die Studien, Interviews, Bücher oder Webseiten und andere Medien, auf die wir im Text verwiesen haben.

Einleitung

Der Klimabilanzrechner des WWF:
https://www.wwf.de/themen-projekte/klima-energie/wwf-klimarechner/

Der Klimabilanzrechner des Umwelt Bundesamtes:
https://uba.co2-rechner.de/de_DE/

Das Interview mit Winfried Kretschmann:
www.sueddeutsche.de/politik/interview-mit-winfried-kretschmann-verzicht-das-hat-nie-funktioniert-1.2956797?reduced=true

Was man mit einer Kilowattstunde Strom machen kann:
www.schwarzwald-energy.de/kwh-kilowatt-stunde.html
www.verivox.de/themen/1-kilowattstunde/
www.swe-emmendingen.de/2011/08/10/wieviel-ist-eine-kilowattstunde/

Januar

CO_2-Emissionen in Deutschland:
www.umweltbundesamt.de/daten/klimawandel/treibhausgas-emissionen-in-deutschland

Zum individuellen CO_2-Verbrauch:
Der angesprochene »Kassensturz für den Weltklimavertrag« des Wissenschaftlichen Beirats der Bundesregierung Globale Umweltveränderungen (WBGU) von 2009 ist hier zu finden:
www.wbgu.de/sondergutachten/sg-2009-budgetansatz/.
Darin heißt es unter anderem: »Für den Zeitraum 2010–2050 entspricht die vom WBGU vorgeschlagene Verteilung des CO_2-Gesamtbudgets durchschnittlichen Emissionsrechten von etwa 2,7 t CO_2 pro Kopf der Weltbevölkerung im Jahr 2010.« Im Klartext bedeutet das: 2,7 Tonnen CO_2 durfte jede Person 2010 weltweit in die Atmosphäre pusten. Und inzwischen ist es sogar noch weniger geworden, denn seit 2010 wurde fleißig jahrelang zu viel emittiert.
Außerdem hat die Bundesregierung schon 2010 erklärt, dass Deutschland die Treibhausgasemissionen bis 2050 im Vergleich zu 1990 um 80 bis 95 Prozent vermindern werde. Legt man zugrunde, dass man sich international darauf geeinigt hat, die Erderwärmung auf ca. 1,5° C zu beschränken, sind eher 95 Prozent als 80 Prozent angesagt. Sparte man von den 1209 Millionen Tonnen CO_2, die Deutschland im Jahre 1990 in die Luft pustete, nun 95 Prozent ein, so blieben noch etwa 60 Tonnen übrig, von denen die meisten in der Landwirtschaft entstünden. Die Industrie und die Abfallwirtschaft würden ebenfalls noch etwas emittieren – Stoffe, die man nicht rausfiltern kann –, die Energiewirtschaft und der Verkehr wären aber auf null – heute sind beide noch für fast die Hälfte aller Emissionen zuständig. Eine Studie des Umweltbundesamtes belegt relativ detailliert, dass man das angeblich ohne Verluste an Lebensqualität erreichen könnte – bei angenommenen 72 Millionen Einwohnern betrüge der CO_2-Ausstoß pro Person dann durchschnittlich 833 Kilogramm.

Stromverbrauch von Computern:
http://www.roesner-it.com/pc_energieverbrauch.htm
Der Energieeffizienzindex (EEI) legt fest, ob ein Gerät nach A, A+, A++ oder noch besser (oder mit B oder C schlechter) eingestuft wird. Den zu berechnen ist kompliziert, das geschieht mithilfe einer Formel aus Verbrauchswerten, bei Waschmaschinen anhand von solchen, die bei Voll- und Teilbeladung mit 60° C und 40° C gemessen werden. Diese Werte sind von der Europäischen Union festgelegt. Der EEI unserer Waschmaschine liegt zwischen 59 und 68, der einer A+++-Maschine wäre kleiner als 46.

So kann man nun überlegen, ab wann die Anschaffung einer neuen Waschmaschine sich ökologisch lohnt (das finanzielle Polster vorausgesetzt). Ab wann sollte man eigentlich aus Energiespargründen noch funktionierende Geräte ersetzen? Oder gar nicht?
Die Webseite www.die-stromsparinitiative.de, die von CO_2online, einer gemeinnützigen Beratungsgesellschaft in Berlin unterhalten und vom Bundesumweltministerium gefördert wird, weiß Rat. Dort steht zum Beispiel über Waschmaschinen: »Schon gegenüber einer Waschmaschine der Energieeffizienzklasse A können Sie mit einem besonders effizienten Neugerät über 30 Prozent der jährlichen Stromkosten fürs Waschen sparen. Ist Ihr Gerät 10 Jahre oder älter, lohnt sich meist ein Austausch, selbst wenn es noch einwandfrei funktioniert« (http://www.die-stromsparinitiative.de/stromspartipps/die-wirksamsten-stromspar-tipps/bild/8/index.html). Genau berechnen lässt sich das allerdings nicht, denn wann sich der Energieverbrauch der Waschmaschinenproduktion amortisiert hat, hängt natürlich auch davon ab, wie oft man die Waschmaschine wirklich benutzt. Bei einem 1-Personen-Haushalt, in dem sie zweimal im Monat läuft, lohnt sich ein Neukauf wahrscheinlich nie, bei einer Großfamilie mit zehn Kindern dagegen schon früh.
Bei Kühlschränken sieht das anders aus, weil sie rund um die Uhr Strom verbrauchen. Ines Oehme, eine Expertin aus dem Umweltbundesamt, schreibt dazu: »Das Öko-Institut hat ermittelt, dass der geringere Stromverbrauch der neuen Geräte meistens nach fünf Jahren die Umweltbelastungen der Herstellung wieder ausgeglichen hat. Dies gilt zumindest, falls Sie Geräte, die älter als 10 Jahre sind, durch sehr energieeffiziente Geräte der Klasse A++ ersetzen« (http://www.CO_2online.de/service/klima-orakel/beitrag/wie-ist-die-umweltbilanz-eines-kuehlschrankaustauschs-10654/).

Februar

Der Gelbe Bellefleur:
https://www.arche-noah.at/files/gelber_bellefleur.pdf

Der Bericht von 2015 des Öko-Monitorings des Ministeriums für ländlichen Raum und Verbraucherschutz in Baden-Württemberg:
http://oekomonitoring.cvuas.de/berichte.html

Webseite des Bundesamtes für Verbraucherschutz und Lebensmittelsicherheit »Mittlere Gewichte einzelner Obst- und Gemüseerzeugnisse« (2002): www.bvl.bund.de/SharedDocs/Downloads/04_Pflanzenschutzmittel/rueckst_gew_obst_gem%C3%BCde_pdf.pdf?__blob=publicationFile

Die Untersuchungen von Hofer:
www.zurueckzumursprung.at/produkte/obst-gemuese/obst/aepfel
und: www.zurueckzumursprung.at/fussabdruck/vorteil/CO2/

Stefan Röslers Webseite:
http://oecoach.com/dr-stefan-roesler

Die Artenvielfalt auf Streuobstwiesen und Plantagen:
Stefan Rösler: Natur- und Sozialverträglichkeit des Integrierten Obstbaus (2003), Seite 252 (Abb. 53)

Die Berechnungen von Michael Blanke im Detail:

	Deutschland	**Neuseeland**
Anbau	1,0	0,86 (dank höherer Ernteerträge)
Transport vor Ort	0,15	0,22
6 Monate Lagerung	0,96	–
gekühlter Schiffstransport	–	2,8
Vertrieb in Deutschland	0,98	1,19
Transport durch Verbraucher	1,15	1,15
Gesamt	4,24	6,22
	(1,145 kWh)	**(1,679 kWh)**

Klimabilanz für Nahrungsmittel aus konventioneller und ökologischer Landwirtschaft beim Einkauf im Handel (http://www.bmub.bund.de/themen/wirtschaft-produkte-ressourcen-tourismus/produkte-und-umwelt/produktbereiche/lebensmittel/

Nahrungsmittel	CO_2-Äquivalente in Gramm je Kilogramm Produkt nach Anbauweise	
	konventionell	ökologisch
Geflügel	3508	3039
Geflügel – TK	4538	4069
Rind	13311	11374
Rind – TK	14341	12402
Schwein	3252	3039
Schwein – TK	4282	4069
Gemüse – frisch	153	130
Gemüse – Konserven	511	479
Gemüse – TK	415	378
Kartoffeln – frisch	199	138
Kartoffeln – trocken	3776	3354
Pommes frites – TK	5728	5568
Tomaten – frisch	339	228
Brötchen, Weißbrot	661	553
Brot – Mischbrot	768	653
Feinbackwaren	938	838
Teigwaren	919	770
Butter	23794	22089
Joghurt	1231	1159
Käse	8512	7951
Milch	940	883
Quark, Frischkäse	1929	1804
Sahne	7631	7106
Eier	1931	1542

Quelle: GEMIS 4.4

TK = Tiefkühlprodukt

Das Interview mit Monika Setzwein:
www.ugb.de/vollwert-ernaehrung/essen-typisch-maennlich-interview-mit-ernaehrungssoziologin-monika-setzwein/

Der Fleischatlas der Böll-Stiftung und des BUND:
www.boell.de/sites/default/files/fleischatlas_1_1.pdf

März

Zum Torf:
www.klimaretter.info/umwelt/hintergrund/22282-klima-wunderwaffe-nasse-torfboeden
und: www.bund.net/themen_und_projekte/naturschutz/moore_torf/
sowie: www.nabu.de/natur-und-landschaft/aktionen-und-projekte/torffrei-gaertnern/

Reinhard Mey: »Über den Wolken« auf Youtube
https://www.youtube.com/watch?v=lK76cnUcj8U

Die Homepage von Prof. Dr. Wolfgang Strasdas in Eberswalde:
http://www.hnee.de/de/Fachbereiche/Nachhaltige-Wirtschaft/Team/Prof.-Wolfgang-Strasdas/Prof.-Dr.-Wolfgang-Strasdas-K3620.htm

Das Forum Anders Reisen:
wwww.forumandersreisen.de

Bundesverband der Deutschen Fluggesellschaften
www.bdf.aero/

Atmosfair:
www.atmosfair.de/

Flüge kompensieren mit Atmosfair:
www.atmosfair.de/kompensieren/flug

Der Airline Index:
www.atmosfair.de/de/atmosfair_airline_index
Auch die Bundesregierung und die Ministerien kompensieren ihre Flugreisen. Allerdings schreiben sie die Kompensationszahlungen öffentlich aus. »Da geht es oft um das billigste Angebot, nicht immer um das beste. Und wir sind oft nicht die Billigsten. Aber anerkannt mit die Besten«, sagt Dietrich Brockhagen dazu.
Nur wenige Unternehmen erfüllen wie Atmosfair den sogenannten »Goldstandard«, den strengsten existierenden Standard für Klimaschutzprojekte. Das kostet, genau wie der jährliche sogenannte Airline Index – eine Güteliste großer Fluggesellschaften, die Atmosfair jährlich herausgibt. Bei diesem Index wird nicht nach Service, Essensqualität und Beinfreiheit, sondern nur nach der Klimawirkung gefragt. Was für Günther Probleme schafft: Energieeffizienz wird natürlich nicht nur durch Triebwerke und Motoren erreicht, sondern auch durch möglichst viele Passagiere an Bord – was für Menschen über 1,85 Meter oft eine Qual ist. 2016 war die klimapolitisch beste deutsche Fluggesellschaft die TUIfly. Sie landete im weltweiten Vergleich sowohl in Kurz- und Mittelstrecke weit vorne, auf der Langstrecke sogar auf Platz eins – auf Kundenportalen im Internet wird sich hingegen häufig über zu vollgestopfte TUIfly-Flieger mokiert.

Der zitierte *New York Times*-Artikel:
www.nytimes.com/2007/09/03/business/worldbusiness/03iht-carbon.4.7366547.html?_r=0

Die Broschüre »Klimaneutral leben. Verbraucher starten durch beim Klimaschutz« des Umweltbundesamtes gibt es auch im Internet:
https://www.umweltbundesamt.de/publikationen/klimaneutral-leben

April

Die Studie des Umweltbundesamtes lautet:
Repräsentative Erhebung von Pro-Kopf-Verbräuchen natürlicher Ressourcen in Deutschland (nach Bevölkerungsgruppen). Von Silke Kleinhückelkotten, H.-Peter Neitzke und Stephanie Moser, im Internet unter: www.umweltbundesamt.de/sites/default/files/medien/378/publikationen/tex-

te_39_2016_repraesentative_erhebung_von_pro-kopf-verbraeuchen_naturerlicher_ressourcen.pdf
Das Zitat steht auf Seite 55.
Der CO_2-Rechner der Dekra:
http://www.dekra-online.de/CO2/CO2_rechner.html

Das Armaturenbrett des Chrysler Le Baron im Internet:
www.youtube.com/watch?v=xKbBnqWZAsw

Auto durch Neuwagen ersetzen, Klimabilanz:
www.spiegel.de/auto/aktuell/auto-kauf-berechnen-sie-die-klima-bilanz-ihres-neuwagens-a-1066558.html

Die Studie »Ökologische Folgen von Elektroautos – Ist die Förderung von Elektro- und Hybrid-Autos sinnvoll?« des Umwelt- und Prognose-Instituts (UPI) in Heidelberg:
www.upi-institut.de/upi79_elektroautos.htm

Zum Thema »Carsharing – keine Alternative:
www.rbb-online.de/wirtschaft/beitrag/2016/12/carsharing-kritik-umstrittene-nachhaltigkeit.htm/alt=amp.html

Mai

Deutsches Verpackungsinstitut:
http://www.verpackung.org/

Warum die Biogurke im Plastik steckt:
www.br.de/radio/bayern1/inhalt/experten-tipps/umweltkommissar/gurke-bio-plastik-verpackung-umwelt-100.html

Die Deutsche Umwelthilfe über Plastiktüten und andere Einkaufsbeutel:
www.duh.de/index.php?id=5085

Original Unverpackt – Supermarkt in Berlin-Kreuzberg, der damit wirbt, keinerlei Einwegverpackungen zu nutzen:
http://original-unverpackt.de/

Umweltbundesamt über Verpackungen:
www.umweltbundesamt.de/themen/abfall-ressourcen/produktverantwortung-in-der-abfallwirtschaft/verpackungen
Darin heißt es: »Verpackungen aus Papier, Pappe oder Karton haben dabei den größten Anteil mit etwa 8,1 Millionen Tonnen. Es folgen Verpackungen aus Kunststoffen (2,9 Millionen Tonnen), Glas (2,7 Millionen Tonnen) und Holz (3,0 Millionen Tonnen).«

Die Studie von Kurt Schüler von der Gesellschaft für Verpackungsmarktforschung in Mainz im Auftrag des Umweltbundesamtes:
www.umweltbundesamt.de/sites/default/files/medien/376/publikationen/texte_64_2016_aufkommen_und_verwertung_von_verpackungsabfaellen_2014.pdf
Die nicht zitierte Textstelle daraus:
»Die Zunahme des Verpackungsverbrauchs wird durch verschiedene Faktoren getragen. Wesentliche Trends sind
– Der Distanzhandel wurde in den vergangenen Jahren rasant ausgebaut, was sich erhöhend auf das Aufkommen von PPK-Verpackungen auswirkt.
– Veränderungen der Distributionsstrukturen bewirken zudem eine starke Zunahme des Aufkommens von Transportverpackungen aus Wellpappe.
– Es werden vermehrt kleinere Füllgrößen und/oder vorportionierte Einheiten nachgefragt, was sich erhöhend auf den Verpackungsverbrauch auswirkt.
– Der Außer-Haus-Verbrauch von Lebensmitteln und Getränken nimmt zu.
– Die Convenience-Orientierung der Endverbraucher in Haushalten und in Gewerbebetrieben bringt es mit sich, dass den Verpackungen immer mehr Dosier-, Portionierungs- und Handhabungsfunktionen zugewiesen werden.«

Tiefkühlpizzamengen in Deutschland:
www.de.statista.com/statistik/daten/studie/155508/umfrage/inlandsabsatz-von-tiefkuehlpizza-in-deutschland-seit-2008/

Juni

Restaurant Zeus:
www.zeus-restaurant-berlin.de/
Das Restaurant Zeus hat inzwischen übrigens seine Getränkekarte geändert. Statt griechischem Mineralwasser gibt es nun »Römerquelle«. Das Wasser stammt aus dem Örtchen Edelstal im Burgenland/Österreich. Grund für die Umstellung war nicht die Ökologie, sondern der Preis. Die »Römerquelle« kommt natürlich auch in ihrer eigenen, sehr individuellen Flaschenform auf den Tisch.

Karlsruher Trinkwasser – Stadtwerke Karlsruhe:
www.stadtwerke-karlsruhe.de/swk/privatkunden/trinkwasser/wasserqualitaet.php

Zu Mineralwasser:
Mengen, Import, Export – Informationszentrale Deutsches Mineralwasser:
www.mineralwasser.com/startseite.html

Berechnung des CO_2-Ausstoßes von Lkw-Fahrten:
www.dekra-online.de/CO2/lkw.html

Zu Mehrwegflaschen:
www.volle-pulle-umweltschutz.de/oekologische-vorteile/

Die Folgen des Meeresspiegelanstiegs für Bangladesch:
http://wiki.bildungsserver.de/klimawandel/index.php/Meeresspiegelanstieg_Bangladesch_(einfach)

Die Webseite von Valentin Beck an der Freien Universität Berlin:
http://www.geisteswissenschaften.fu-berlin.de/we01/institut/mitarbeiter/wimi/beck/index.html
Sein Buch: Valentin Beck: Eine Theorie der globalen Verantwortung – Was wir Menschen in extremer Armut schulden. suhrkamp taschenbuch wissenschaft 2173, Frankfurt am Main 2016

http://www.suhrkamp.de/buecher/eine_theorie_der_globalen_verantwortung-valentin_beck_29773.html

Jakobs Fairphone:
https://www.fairphone.com/de/

Fairtrade Labelling Organizations International
www.fairtrade.net/

Forest Stewardship Council:
www.fsc-deutschland.de/de-de

Juli

Die Berge für Radfahrer:
www.quaeldich.de/regionen/frankreich/paesse/

Unser Campingplatz im Internet:
www.camping-les-chappas.com/english/

Der Reiseveranstalter:
www.afreisen.de/

Werner Bätzing: Zwischen Wildnis und Freizeitpark. Eine Streitschrift zur Zukunft der Alpen. Rotpunktverlag, Zürich April 2015
Werner Bätzing wird auch zitiert in Günthers Hörfunkfeature »Idyllen unter Druck. Tourismus-Entwicklung in den Alpen und die (nachhaltige) Wirtschaft im Alpenraum« aus dem Juli 2017, www.deutschlandfunkkultur.de/idyllen-unter-druck-tourismus-entwicklung-in-den-alpen-und.976.de.html?dram:article_id=391287

Die Studie des Öko-Instituts Freiburg »Klimarelevante Bereiche einer Urlaubsreise«:
www.oeko.de/oekodoc/1572/2013-428-de.pdf

August

Das Interview mit Winfried Kretschmann:
www.sueddeutsche.de/politik/interview-mit-winfried-kretschmann-verzicht-das-hat-nie-funktioniert-1.2956797?reduced=true

Die Webseiten von Per Espen Stoknes
www.stoknes.no/ und: www.stoknesdotcom.wordpress.com/book
Zum CO_2-Fussabdruck von Produkten:
www.pcf-projekt.de/main/results/results-reports/

Zu den Emissionen, die bei der Herstellung von Textilien entstehen:
www.CO2-emissionen-vergleichen.de/Klimabilanz/Bilanz/Textilien/CO2-Bilanz-Textilien.html

Faire Mode:
www.netzwerkfairemode.wordpress.com/2012/03/27/good-jeans-guide/

Fast-Fashion-Kauf vermeiden:
www.utopia.de/3-fragen-gegen-fast-fashion-28465/

Zwei gute Artikel zum Shoppingwahn:
Wo kommen die Klamotten her:
»›Primark-Preise sagen nicht, wie es Näherinnen in Asien geht‹
Die Billig-Modemarke Primark will weg vom Schmuddelimage. Finanzvorstand John Bason sagte der F.A.S.: Der Preis im Laden habe nichts mit Billiglöhnen in Bangladesch zu tun.«
www.faz.net/aktuell/wirtschaft/unternehmen/f-a-s-exklusiv-primark- preise-sagen-nicht-wie-es-naeherinnen-in-asien-geht-14884328.html
Warum man in den Läden kaufen muss – muss man?:
»›Ich bin grad Primark‹. Es ist einfach, Billigmode zu verachten. Sie einzukaufen ist ein Kampf: Ein Besuch im Reich der Leoparden-BHs, Trendalarm-Kimonos, Push-ups. Und da ist ja noch die Frage nach der politischen Korrektheit solchen Tuns.«
www.faz.net/aktuell/feuilleton/einkaufserlebnis-ich-bin-grad-primark-13078450.html?printPagedArticle=true#pageIndex_2

Kirsten Brodde im Netz:
https://kleiderei.com/www.greenpeace.de/files/publications/20151123_greenpeace_modekonsum_flyer.pdf

www.greenpeace.de/presse/presseerklaerungen/mode-jugend-denkt-grun-kauft-aber-konventionell

September

Franziskas Reitverein:
www.kinderreitschule-berlin.de/

Zur Ökobilanz von Büchern:
www.mehr-gruen.de/blog/2014/02/07/oekobilanz-des-lesens/

Müggelsee-Halbmarathon:
http://laufzeit.de/mueggelsee_hm/

Druckhaus Berlin-Mitte:
http://www.druckhaus-berlin-mitte.de/

Oktober

Die Zeitschrift *gartenbau profi:*
www.gb-profi.de/

Klimaretter Bio? Der Foodwatch-Report über den Treibhauseffekt von konventioneller und ökologischer Landwirtschaft in Deutschland (basierend auf der Studie »Klimawirkungen der Landwirtschaft in Deutschland« des Instituts für ökologische Wirtschaftsforschung 2008):
www.ioew.de/fileadmin/user_upload/DOKUMENTE/Publikationen/2008/foodwatch_report.pdf

Der Riesling stammt aus dem Weinhaus Machmer:
www.weinhaus-machmer.de/blog/
einem Weinladen in Berlin-Steglitz, der nur Weine aus dem eigenen Gut in Rheinhessen verkauft.

Das Interview mit dem Soziologen Andreas Knie kann man hier nachlesen:
www.freitag.de/autoren/christian-fueller/die-stadt-ist-des-autos-untertan

Alle Zahlen zum Ausbau der Fahrrad-Infrastruktur in Berlin und anderen Städten kennt Petra aus:
www.volksentscheid-fahrrad.de/wp-content/uploads/2016/02/160223-Pr%C3%A4sentation-BerRG-Entwurf.pdf
Nachtrag zur Berliner Fahrradpolitik: Nach den Wahlen zum Berliner Abgeordnetenhaus im Jahr 2016 fand sich eine Koalition aus SPD, Linken und Grünen zusammen. Die ist mit einem engagierten Programm zur Förderung des Fahrradverkehrs angetreten. Bislang kann man aber noch keine genauen Ergebnisse sehen – es bleibt abzuwarten, was draus wird.

Die Kosten der A 100:
www.tagesspiegel.de/berlin/a-100-teuerste-autobahn-deutschlands-wird-noch-teurer/6526632.html

November

Zum Stromverbrauch von Waschmaschinen:
www.stromverbrauchinfo.de/stromverbrauch-waschmaschinen.php

Die Stadtwerke Krefeld und ihre Stromtarife:
www.swk.de/privatkunden/energie/strom.html

Die Stadtratsfraktion der Grünen in Krefeld:
www.gruene-fraktion-krefeld.de/

Greenpeace Energy:
www.greenpeace-energy.de/privatkunden.html

Lichtblick:
www.lichtblick.de/

Der Tischler Bernd Aepfler:
www.tischlerei-aepfler-berlin.de/

Dezember

Weihnachtsbaumverkauf statt Fahrradabstellplatz:
www.twitter.com/BjoernSeeling/status/801496793376817155

Petras Buch über Konsum:
Petra Pinzler: Immer mehr ist nicht genug! Vom Wachstumswahn zum Bruttosozialglück. Pantheon Verlag, München 2011
Tim Jackson auf Youtube:
z. B. www.youtube.com/watch?v=NZsp_EdO2Xk

Geschenke von Oxfam:
www.unverpackt.oxfam.de/

Die Frühstückspension in Hallenberg:
www.hof-hallenberg.de/

Andre Wilkens: Analog ist das neue Bio. Eine Navigationshilfe durch unsere digitale Welt. Metrolit, Berlin 2015

Das Umweltbundesamt zum Silvesterfeuerwerk:
www.umweltbundesamt.de/themen/dicke-luft-jahreswechsel

Karte des Umweltbundesamtes zur Feinstaubbelastung am 31. Dezember 2015 und am 1. Januar 2016:
www.gis.uba.de/website/silvester/

Schluss

Attila Hildmann: »Ich möchte nicht nackt im Wald leben«. Interview in der *FAZ* am 6.12.2016:
www.faz.net/aktuell/stil/essen-trinken/ein-interview-ueber-den-hass-auf-veganer-14561854.html

Infos zum Carsharing auf der Webseite des Bundesverbandes CarSharing:
www.carsharing.de/

Zur Stromeinsparung durch das EU-Glühbirnenverbot:
www.spiegel.de/wissenschaft/technik/gluehbirnen-verbot-hat-es-sich-gelohnt-a-1072585.html

Zur Fluggesellschaft Ryanair und deren, man muss schon sagen, asozialem Geschäftsmodell findet sich ein guter Artikel in den *Blättern für deutsche und internationale Politik* von Oktober 2017, online unter:
www.blaetter.de/archiv/jahrgaenge/2017/oktober/ryanair-der-hohe-preis-des-billigen-fliegens

Sachregister

Carola Rackete

Handeln statt hoffen

Aufruf an die letzte Generation

Carola Rackete traf die mutige Entscheidung, sich über das Verbot des italienischen Innenministeriums hinwegzusetzen und mit der Sea-Watch 3 den Hafen von Lampedusa anzusteuern, 40 aus dem Mittelmeer gerettete Geflüchtete an Bord: So wurde die Kapitänin über Nacht weltweit bekannt – und zum Vorbild all jener, die nicht länger zusehen wollen, wie die Rettung von Menschenleben systematisch verhindert wird. In ihrem Buch erzählt sie, warum sie sich so bedingungslos für Menschlichkeit, globale Gerechtigkeit und Naturschutz einsetzt. Denn dass Menschen aus ihrer Heimat fliehen, hängt unmittelbar mit der Klimakrise und der zunehmenden globalen Ungerechtigkeit zusammen. Wir müssen dringend handeln, denn es geht um nichts weniger als die gemeinsame Zukunft auf unserem Planeten.

DROEMER

Monika Salzer

Omas gegen rechts

Warum wir für die Zukunft unserer Enkel kämpfen

Alt sein heißt nicht stumm sein!

In vielen Ländern Europas schlagen rechte Stimmen immer schrillere Töne an. Die OMAS GEGEN RECHTS bilden dazu die sympathische Gegenbewegung. Schon von Weitem an ihren roten Strick-Hauben zu erkennen, kämpft eine stetig wachsende Zahl von Omas in Österreich und Deutschland für Demokratie und gegen Nationalismus und Fremdenfeindlichkeit.

Monika Salzer, die im Internet die Plattform OMAS GEGEN RECHTS gründete, erzählt, was die Omas antreibt, und legt zugleich ein beeindruckendes, streitbares Manifest – für mehr gesellschaftliche Solidarität und Eintreten gegen rechte Positionen – vor.

Mit einem Vorwort von Susanne Scholl

DROEMER